STEFFI ZÄHRL

Wie ich mit meiner Geburtstagsparty aus Versehen zur Marke wurde

UND WARUM MEIN ERFOLG MIT NÄGELLACKIEREN ANFING

STEFFI ZÄHRL

Wie ich mit meiner Geburtstagsparty aus Versehen zur Marke wurde

UND WARUM MEIN ERFOLG MIT NÄGELLACKIEREN ANFING

Hart aber herzliches
Personal-Branding-Einmaleins
für mehr Sichtbarkeit,
Lieblingskunden und Umsatz

IMPRESSUM

1. Auflage 2022
Imprint von MARKE LEBEN!®
ISBN Taschenbuch 978-3-9824490-3-6
ISBN E-Book 978-3-9824490-1-2

Texte: Steffi Zährl
Cover-Design: Steffi Zährl, Alexandra Masraty
Satz: Steffi Zährl, Miriam Brusniak
Portrait der Autorin: Philipp Koch
Titelbild: rawpixel Adobe Stock
Buchmentoring: Fitore Brahimi
Lektorat: Nathalie Spiegelfeld

markeleben.com/buch
instagram.com/marke.leben
buch@markeleben.com

»Wer einmal sich selbst gefunden,
der kann nichts auf dieser Welt mehr verlieren.
Wer einmal den Menschen in sich begriffen hat,
der begreift alle Menschen.«

Stefan Zweig

DIE AUTORIN

Steffi Zährl ist Expertin für Personal Branding und Online-Business-Aufbau.
In ihren Markencoaching-Programmen berät sie Frauen, wie sie sich eine glückliche Selbstständigkeit aufbauen können.

Lange Zeit war genau das ihr Problem! Sie war kreuzunglücklich als Wald-und-Wiesen-Grafikerin mit ihrem Bauchladen-Angebot. Erfolg war etwas, das die anderen hatten. Alles änderte sich mit dem Satz: »Wer will, findet Wege, wer nicht will, findet Gründe.«, der ihr kurz vor ihrem 40. Geburtstag die Augen für ihre eigenen Möglichkeiten öffnete. In diesem Buch beschreibt sie ihren Weg von der erfolglosen Grafikerin Marke »Drama-Queen« zur erfolgreichen Online-Unternehmerin mit »geilem Leben«. Sie möchte Frauen mitreißen, ihr Ding zu finden und Spaß daran zu haben, sich als das zu zeigen, was sie wirklich sind: Wunderbare, einzigartige Persönlichkeiten.

Steffi Zährl ist u. a. studierte Werberin und NLP-Coach. Sie ist ein Sonntagskind Jahrgang 1977 und lebt mit ihrem Mann und ihrem Sohn in der Nähe von Stuttgart. Sie steht für Lesungen, Workshops und Vorträge zur Verfügung.

INHALT

ICH SAG'S DIR LIEBER GLEICH ...

In diesem Buch geht's ans Eingemachte. An meins – und ich hoffe es sehr – auch an deins. Weil wenn wir uns trauen, den ganzen »eingemachten« Quatsch, der eigentlich gar nicht zu uns gehört, mal wegzulassen, kommt am Ende das größte Geschenk raus, das du der Welt machen kannst: ganz du selbst sein.

Mit diesem Buch hab ich das Buch geschrieben, das ich mir für meinen Start in die Selbstständigkeit gewünscht hätte. Grade raus erzähle ich dir, wie es wirklich gelaufen ist – mein Weg von der Wald-und-Wiesen-Grafikerin zum erfolgreichen Online-Business-Coach. Damit du die Abkürzung nehmen kannst und nicht mit 'nem Köpper in jedes Fettnäpfchen hüpfen und jede Extrarunde mitnehmen musst, die ich durch habe in Sachen persönliche Entwicklung und Business.

Dieses Buch will dich bewegen: im Kopf, im Herzen und mit dem Arsch von der Couch. Weil: Du bist schon eine Marke! Glaubst du mir nicht? Ok. Versuchen wir's anders: Du hast schon alles, was du für ein zufriedenes, erfolgreiches Leben brauchst. Klingt schon besser, glaubst du mir auch noch nicht so recht. Du bist gut so, wie du bist! Jetzt spinnt die doch komplett?

Nein. Denn wenn mir mal einer früher gesagt hätte, dass mit mir alles total ok sei, wäre mein Leben bestimmt anders gelaufen. Tja, bloß läuft so der gesellschaftliche Schulsystem-Hase leider nicht und wir kriegen jahrzehntelang auf's Brot geschmiert, was wir alles NICHT gut können. Was »man« halt nicht so macht und was »man« stattdessen zu tun und zu lassen hätte. Das erzählt derselbe »man« uns so lang, bis wir es auch wirklich glauben und unser Leben auf Autopilot nach Schema-F läuft. Warum sagt einem eigentlich keiner, dass man gut so ist, wie man ist? Mit diesem Buch übernehm ich diesen Job für dich. Also: Du bist super, eine Marke, ein echtes Unikat und du hast schon alles, was du für ein erfülltes Leben brauchst.

Hau rein – und so richtig einen raus!

Deine Steffi

VORWORT

von Stephanie Raiser
Millionärin von nebenan

Für ein Buch, in dem ein Kapitel heißt »Mutig ist, wer Durchfall hat, und trotzdem furzt«, MUSS ich unbedingt das Vorwort schreiben.

Mensch, Steffi: Du erklärst das Gesetz der Anziehung, wie es für Marke funktioniert so cool und witzig. Ich behaupte, dass dieses Buch für alle, die sich mit ihrem Business finanziell unabhängig machen wollen, nicht nur die Kirsche auf dem Eisbecher, sondern Pflicht ist.

Und wenn ich, als Millionärin von nebenan, die schon tausenden Kunden genau dabei geholfen hat, das sage, wird wohl was dran sein. Okay, dass Businesserfolg mit dem Prinzip von Sein, Tun und Haben einhergeht, dürften mittlerweile ziemlich viele Leute »verstanden« haben. Damit es wirklich in die letzte Pore sickert, dafür ist Personal Branding, wie Steffi es erklärt, ein mega Tool. Denn es ist nicht nur das Wissen darüber – es ist das Implementieren ins Leben.

Marke für alle Sinne zu denken, heißt wirklich, Marke zu SEIN. Steffis Ansatz, das eigene Business als ganze Welt zu sehen, zu hören und vor allem zu fühlen, begeistert mich. Und wer bitte stellt einem schon Fragen wie »Können dich deine Kunden riechen?« und »Wie schmeckt dein Unternehmen, stünde es auf einer Speisekarte?« – großartig!

Ich habe Steffi als Frau kennengelernt, die durch und durch echt ist. Die ihren eigenen Weg von der so mittel erfolgreichen Grafikerin mit Bauchladen-Business zur erfolgreichen Online-Unternehmerin mutig gegangen ist. Und die sich ihren eigenen Herausforderungen immer wieder stellt, alles wirklich kapieren will, um dann möglichst viele Leute mitzureißen, es ihr gleichzutun: Groß zu denken und mit dem Geld zu verdienen, was wirklich ihr Ding ist.

Das Gesetz der Anziehung, Manifestieren und das Bestellen beim Universum sind die Naturgesetze, die ich selbst auf meinem Weg von der Heilpraktikerin zur Geschäftsfrau mit Millionen-Business in- und auswendig kennenlernen durfte. Und glaub mir: Sie zu begreifen und für mich umzusetzen, haben mich einmal auf links gedreht. Es hat sich gelohnt – heute bin ich die Frau, die ich mir noch vor ein paar Jahren nicht mal annähernd vorstellen konnte zu sein: Die Millionärin von nebenan.

Dieses Buch ist eine Anleitung dafür, wie es gelingt, die eigene Mission fürs Leben zu finden. Und damit die nicht auf einem Vision-Board vergilbt, wie man wirklich ins Tun kommt. Dass Umsatz von Umsetzen kommt, weiß nicht nur ich. Das weiß auch Steffi, die an ihrem eigenen Beispiel auf ihre hart, aber herzliche Art »mit der Zaunpfahlhandlung« erklärt, wie das mit Online-Business-Aufbau funktioniert. Und wenn ihr Buch kein Bestseller wird – wovon ich nicht ausgehe – wäre Steffi die erste, der ich einen Job anbieten würde, damit sie es meinen Kunden beibringt.

Also, liebe Leserin, ich wünsche dir ganz viel Spaß bei dieser Lektüre! Auf dass dabei rauskommt, dass du die nächste Millionärin von nebenan wirst.

Herzlich
Stephanie Raiser

EINLEITUNG

Weißt du, was ich mir wirklich wünsche? Dass du dich mit diesem Buch in ein riesiges Schaumbad verkriechst, dich kringelig lachst und danach voller Tatendrang die Welt eroberst.

Und zwar genau so, wie Gott (oder das Universum oder wer auch immer) dich schuf. Nein, ich meine natürlich nicht unbedingt nackt – oder warte kurz – auf gewisse Weise doch. Mach dich nackig von allen Konventionen, den »das-macht-man-halt-so«-Mustern und dem ganzen nervigen Zeug, das du dir im Lauf des Lebens so in deinen Rucksack gepackt hast. Wir haben gelernt, uns anzupassen, uns zu verbiegen und es allen möglichen Leuten und Umständen recht machen zu wollen. Oder wir meinen es sogar zu müssen! Was wir dabei häufig vergessen ist: Wir können es sowieso nicht allen recht machen. Und dass es unser einziger Job ist, mit dem wirksam zu sein, was ganz unserem natürlichen Wesen entspricht.

Ich glaube fest daran, dass jeder von uns mit einer ganz bestimmten Mission auf die Welt kommt. Ausgestattet mit genau der richtigen »Werkseinstellung« an Gaben, Talenten, Eigenschaften und Fähigkeiten, die es braucht, um genau »richtig« zu sein. Und unsere Aufgabe ist es, mit unserer »Werkseinstellung« dazu beizutragen, dass die Welt rund läuft und noch besser wird.

Es wird sich schon irgendwer irgendwas Schlaues dabei gedacht haben, dass du aus dem Effeff supergut logisch denken, kreative Texte schreiben, singen, zeichnen, nähen, Witze erzählen, gut mit Tieren umgehen, kochen, ansteckend lachen, jodeln, mit den Ohren wackeln, gut zuhören oder komplexe Dinge einfach erklären kannst.

Dieses Buch ist meine Einladung an dich herauszufinden, wer du bist. Warum? Weil wenn wir mal den ganzen Scheiß von »müsste, könnte, sollte« weglassen, bleibt das übrig, was wir wirklich sind. Wunderbare, einzigartige Wesen, die genau richtig sind, wie sie sind. Und wenn man sie das machen lässt, was ihnen entspricht, entsteht maximaler Nutzen! Für sie selbst – und für alle um sie herum. Ich möchte dich dazu inspirieren, dir dein Leben so zu machen, widde-

widde-wie es dir gefällt. Ich selber habe fast 40 Jahre gebraucht, bis ich mich endlich getraut habe, die Frage zu stellen: Wie will ich denn mein Leben WIRKLICH haben? Dabei habe ich quasi »aus Versehen« einen Fahrplan für Personal Branding entwickelt – meine »Markeleben-Methode«.

Darauf gekommen bin ich erstens bei der Planung der Party zu meinem 40. Geburtstag. Und zweitens in meiner Zusammenarbeit als Grafik-Designerin mit vielen Kunden, die von mir ein Logo, ein Branding gestaltet haben wollten. Denen ging es wie mir bei der Partyplanung: Sie wussten genau, wie sie es NICHT haben wollten.

»Anders als die anderen«, »So dass es zu meinen Gästen aka Zielgruppe passt« oder »möglichst perfekt und professionell«. Das klingt alles ziemlich nach Schema F und ist vor allem eines: orientiert an äußeren Maßstäben. Erst die Frage: »Wie bin ich und wer möchte ich sein?« brachte mich nicht nur mir selbst, sondern auch meine Kunden ihrem maßgeschneiderten Branding meilenweit näher.

So wurde das Ding »Personenmarke« eine ganzheitliche Herangehensweise an Persönlichkeitsentwicklung und Marketing. Ein alltagstauglich einsetzbares Tool für den ganz normalen Wahnsinn zwischen Doppelhaushälfte, Haushalt, Hund und Homeoffice.

Personal Branding macht Entscheidungen, Kundengewinnung, Partner- und Jobsuche, Social Media Content und Klamotten-Shopping leicht. Es macht zufrieden und frei, genau zu wissen: So bin ich! Eine »Marke sein« – das ist keine Strategie. Es bedeutet auch nicht, das eigene Ego in den Mittelpunkt seines Lebens zu stellen. Vielmehr ist es, das eigene Ego nicht mehr zu brauchen, um für die Welt ein Beitrag sein zu können.

Ich habe Frieden mit mir geschlossen. Ich will nicht mehr gefallen – ich will glücklich und zufrieden sinnstiftende Dinge tun können! Ich möchte das Leben anderer Menschen und die Welt mit meiner »Werkseinstellung« noch schöner machen. Deshalb ist dieses Buch mein Beitrag dafür, wie du dir ein Leben und – wenn du willst – dein Business so gestalten kannst, dass es zu 111 Prozent DIR entspricht. Und nicht deiner Schwiegermutter, deinem Mann, der Gesellschaft oder dem Markt, dem Social-Media-Algorithmus und irgendeiner lukrativen Zielgruppe.

In diesem Buch gebe ich dir ein kompaktes Einmaleins für Personal Branding an die Hand. Mit konkreten Übungen und Anleitungen, wie es dir gelingt, eine starke Marke zu werden, die unverwechselbar aus der Masse hervorsticht, die so schnell nix umschmeißt und über die die Leute wissen: »Das ist doch die mit ...«. Und ich erzähle dir schonungslos ehrlich meinen Weg von der Wald-und-Wiesen-Grafikerin Marke »Drama-Queen« zur erfolgreichen Online-Unternehmerin.

Du bist genug – und alles, was du für deinen Erfolg brauchst, steckt bereits in dir! Das ist »Marke-leben«: Finde deinen Platz, an dem du am besten wirkst – für dich und für andere! Und Spaß machen darf es auch. Denn wenn's kein Spaß macht, isses Kacke! Lass uns beginnen...

Noch ein Hinweis zur Sprache in diesem Buch: Ich erlaube mir, nicht zu gendern. Weil ich davon überzeugt bin, dass die sprachliche Betonung von Weiblichkeit null Beitrag zur Gleichberechtigung, sondern vielmehr zu emanzipatorischem Ellenbogengerangel ist. Liebe Männer, ich mag euch sehr und ich habe keinerlei Bedürfnis, mit euch in Konkurrenzkämpfchen zu verfallen. Wenn ich »*innen« schreibe, seid ihr immer mit gemeint, eh klar. Dieses Buch ist für Menschen (egal welchen Geschlechts), die motiviert aus Freude und Liebe etwas bewegen, zurückgeben und verändern wollen. Wir wollen die Welt zu einem besseren Ort machen! Wen interessiert dann schon, ob wir m/w/d sind?

Ich wünsche dir viel Freude beim Lesen, Umsetzen und dass du so richtig mutig dein Ding findest und dir ein geiles Leben machst. Ich wünsche dir Spaß, Lach- und Freudentränen und solche der (Be-)Rührung, wenn du erkennst: Es ist schön, dass es mich gibt!

Herzlichst
deine Steffi

TEIL I: MARKE SEIN

KAPITEL 1

»SCHÖN, DASS ES MICH GIBT!«

WIE ICH MICH BEIM PLANEN MEINER GEBURTSTAGSPARTY AUS VERSEHEN POSITIONIERT HABE UND WARUM MEIN ERFOLG MIT DEM NÄGELLACKIEREN ANGEFANGEN HAT

Die »kurz-vor-40-Sinnkrise«

hochqualifiziert und hochgradig unzufrieden

Ungefähr ein halbes Jahr vor meinem 40. Geburtstag bekam ich plötzlich einen Rappel. Heute nenne ich es die »kurz-vor-40-Sinnkrise«. Vielleicht kennst du die auch schon? Oder – im besten Fall – bleibt sie dir durch die Lektüre dieses Buches erspart. Wie auch immer: Es war im Frühjahr 2017 und ich saß an meinem Schreibtisch und heulte. Und zwar Rotz und Wasser. Ich war richtig verzweifelt und hatte das Gefühl, in meinem Leben festzustecken.

Da saß ich, top ausgebildete Fachfrau für »allerhand mit Medien«, hinter meinem Apple, umgeben vom Chaos ellenlanger To-do-Listen, ca. 33 unvollendeten Business-Plänen und mindestens ebenso vielen, halb ausgefüllten Workbooks und kostenlosen Checklisten zu Social-Media-Strategien.

Mein Jahreseinkommen als freiberufliche Grafikerin war ungefähr so zuverlässig wie der Wetterbericht, mein Stimmungsbarometer dementsprechend. Ganz ehrlich? In dieser Zeit hätte ich wirklich nicht mit mir verheiratet sein wollen. Mea culpa an meinen Mann! Er verdient meinen tiefen Dank dafür, dass er mich geduldig ertragen und mich noch dazu immer wieder ermutigt hat, dranzubleiben und mein Ding zu machen.

Weil ehrlich gesagt: Damals fühlte mich einfach nur als Versagerin des Jahres. Zu dämlich, zu doof und zu dick obendrein. Wie kann es denn sein, dass ich – hochqualifizierte Frau – es nicht hinbekam, mich erfolgreich selbstständig zu machen? Dieses »Versagen« war mein größter Schmerz. Ich war sehr ambitioniert in meine Berufslaufbahn gestartet und hatte es in 20 Jahren nicht geschafft, etwas aus meinem Wissen und meiner Erfahrung zu machen. Ich konnte und wusste doch soviel! Die Karriere-Uhr tickte und mein Sohn war bald ein Schulkind. Seine Kindergartenzeit hatte ich mir selbst als Frist für den Aufbau meiner Selbstständigkeit gesetzt. Sollte das bis dahin nicht klappen – dann wollte ich mir eben einen Angestellten-Job in irgendeiner Marketingabteilung su ... Äh, stopp – nein!

Genau DAS wollte ich doch nie! Ich wollte doch immer **wirklich** etwas bewegen. Ich wollte so richtig was voranbringen. Ich wollte kein kleines Rädchen in einem großen Konzernbetrieb sein. Ich wollte Menschen begeistern, die Welt verändern. Und jetzt hatte ich das Gefühl, dass mir meine kostbare Lebenszeit durch die Finger rann und ich nichts »richtig« angepackt hatte. Wo war die Steffi hin, die mit »sweet 16« ihrem Tagebuch geschworen hatte, aus ihrem Leben etwas ganz Besonderes zu machen?

Von Zertifikaten und Identität

Was bist denn du für eine?

Die Steffi mit 39 saß da mit ihren ganzen Zertifikaten: Gelernte Schriftsetzerin, geprüfte Layouterin, Druck- und Medientechnikerin und obendrein ein Studium der Werbung & Marktkommunikation.

ZERTIFIKAT –
Ein Zettel, auf dem uns irgendwer irgendwas bescheinigt zu sein.

Sie war in der Lage, Logos zu entwickeln, knackige Texte zu schreiben, Kataloge, Messestände und Webseiten zu gestalten, Kostenstellenrechnungen für Druckmaschinen zu kalkulieren, hatte Ahnung von Buchhaltung und Betriebswirtschaft, konnte Kommunikationsstrategien und Wettbewerbsanalysen erstellen, ja ganze Marketingpläne konnte sie ausarbeiten. Zumindest hatte sie all das in ihrer Ausbildung mal gelernt.

Mit einer Freundin betrieb ich kurze Zeit einen Gewölbekeller als Event-Location. Ich war von Herzen gern Vorstand einer Blaskapelle und plante mit meinem Mann die coolsten Mottopartys, Skiurlaube und Krimidinner für unsere Freunde. Das erzähle ich, damit du dir ungefähr vorstellen kannst, »was ich für eine bin« – denn genau darum geht's im Endeffekt bei Personal Branding – und in diesem Buch. Es geht darum, dass die Leute über dich sagen: »Das ist doch die mit ...« Es geht darum, deine Identität zu erschaffen.

Also: Ich bin Mama eines großartigen Sohnes, die Frau eines Harley-Davidson-verrückten Steuerberaters, 1,55 m große Schwäbin, mache gerne Yoga, kann sehr gut Querflöte spielen, ganz passabel Fliesen legen, liebe Oper, Bigband, Swing und Blasmusik, kann gut dichten und für ziemlich viele Menschen ziemlich lecker kochen. Ich bin leidenschaftliche Gastgeberin, Einweckerin und liebe meinen Garten, Erich Kästner, Pretty Woman und Geschäftsideen.

Ich kann Wissen aufsaugen wie ein Schwamm, viele Bücher in kurzer Zeit verschlingen, mir die sinnlosesten Dinge, wie zum Beispiel ellenlange Schlagertexte aus den 80ern, merken und bin wirklich nicht auf den Kopf gefallen. Und doch zweifelte ich so sehr an mir.

In keinem meiner erlernten Berufe und auf keinem Fachgebiet fühlte ich mich als Expertin. Ich konnte nicht sagen: »Jawohl, genau das ist meine Spezialität!«

Mein Leben fühlte sich an wie irgendwie alles können – und nix gebacken kriegen. Mir fehlte das Gefühl von Zufriedenheit. Ich wollte nützlich und wirksam sein, ankommen an meinem Platz und wissen, wofür ich hier bin, um der Welt einen Beitrag zu leisten. Dieses Gefühl hatte ich zum ersten Mal, als ich mit meinem Sohn schwanger war. Da war mein Job ganz klar und wunderbar: Du bist dafür zuständig, diesen kleinen Menschen zusammenzubauen und auf die Welt zu bringen. Beruflich hatte ich dieses Gefühl bisher noch nie. Dabei strebte ich so sehr nach Selbstverwirklichung. Stattdessen fühlte ich mich getrieben von Projekt zu Projekt und von Thema zu Thema.

Fisch mit Fahrrad sucht Sinn des Lebens

Du bist voll in Ordnung – auch wenn du noch nicht fliegen kannst

Kennst du auch dieses Gefühl des »nie Ankommens«? Dann bist du vielleicht auch eine vielbegabte Scanner-Frau mit Imposter-Tendenzen. Keine Angst, das ist nichts Gefährliches – im Gegenteil, es ist ein Riesengeschenk. Lies einfach weiter – ich erkläre dir später genauer, was es damit auf sich hat. Soviel vorweg: Hätte ich gewusst, dass es diese Dinge wie Vielbegabung, Scanner-Persönlichkeit, Imposter-Syndrom und Hochsensibilität gibt und dass davon ziemlich viel auf mich zutrifft – ich hätte mich sicher nicht ein Leben lang als Fisch mit Fahrrad gefühlt, der dabei auch noch Querflöte spielen kann. Und ganz sicher hätte ich viele Extraschleifen auf dem Weg zum erfolgreichen Business nicht gedreht.

Du bist dabei, dich selbstständig zu machen, möchtest damit endlich erfolgreich sein und so richtig einen raushauen? Dein Business voranbringen? Vielleicht bist du auch an der Schwelle zum Eintritt ins Unternehmertum? Oder du weißt nach deiner Karriere als Angestellte oder nach deiner Elternzeit nicht, was du mit deinem restlichen Leben anfangen sollst? Wo auch immer du stehst: Um dich mit deiner Persönlichkeit als deinem einzig echten Alleinstellungsmerkmal zu beschäftigen, ist IMMER der richtige Zeitpunkt. Und Achtung, Spoiler:

Es ist eine Reise, die nie endet. Personal Branding – ich verstehe darunter Selbsterforschung, nicht Selbstoptimierung – ist eine Wanderung, kein Sprint. Eines ist sicher: Du bist eine clevere, qualifizierte, erfahrene Fachfrau in deinem Job. Und ich könnte wetten, du hast mehr als nur eine Ausbildung und zig Fortbildungen gemacht. Dann beschäftigen dich vielleicht diese zwei dringenden Fragen:

1. Warum kriege ich MICH und MEIN Business nicht auf die Reihe, wo ich doch so qualifiziert bin?

Zu deiner Beruhigung die allererste Antwort auf diese Frage: Das ist völlig normal. Denn du hast es ja noch nie zuvor gemacht! Und hey, in keiner Ausbildung wird man beiseite genommen und es wird einem gesagt: »Hör mal Schätzchen, das Ding mit Selbstständigkeit und Erfolg und unternehmerischem Denken und Kundengewinnung: Hier hast 'ne Liste, so machst du das jetzt.« Das erklärt einem kein Schwein. Und wir ziehen uns den Selbstvorwurf-Schuh trotzdem an und fragen uns: »Wieso krieg ICH das nicht gebacken?« In diesem Schuh war ich über 10 Jahre lang rumgelaufen – und hatte mich zum absoluten »Ich-bin-nicht-gut-genug«-Profi qualifiziert. Die zweite dringende Frage, die dir womöglich auch schon zigmal durch den Kopf gegangen ist, lautet:

2. Womit soll ich rausgehen? Welche Produkte und Dienstleistungen soll ich anbieten? Was schreib ich denn im Detail auf meine Webseite?

»Konzepte & Design« stand da bei mir. Und eine ganze Litanei an Dingen, die ich konnte. Aha. »Wald-und-Wiesen-Grafikerin« hat es eine Lieblingskollegin mal zutreffend formuliert. Was macht da der Kunde, wenn so Wischiwaschi auf der Webseite steht? Er fragt nach Wischiwaschi! Und dabei kommen halt bedruckte Fußbälle, Hochglanz-Kataloge und Anzeigen fürs »Blättle« raus oder Logos, Stempel, Webseiten und Bücher. Und wenn ich auf alle Kundenanfragen antworte: »Logisch, komm rum mein Bester!« – dann hab ich eben als Resultat Obstsalat – eine Positionierung (und Kunden!) genauso bunt gemischt.

Kunden sind reiner Zufall

Herzlich willkommen in meinem Bauchladen!

Mein Büro als freiberufliche Grafikerin lief nicht gerade überragend. Kunden kamen tröpfchenweise auf Empfehlung und eher »zufällig« zu mir. Es war eine bunte Mischung: von der Werbeagentur über Mittelständler, vom Fußballverein bis hin zu Onkel Benno, der eine Einladung zum 75. gedruckt haben wollte. Ich rief Stundensätze zwischen 33 und 66 Euro auf, denn ich hatte ja gelernt: »Mehr kannste in der Grafikbranche nicht verlangen, das zahlt doch keiner.«

BAUCHLADEN –
Alles, was wir so mit uns rumschleppen, damit wir es auch ja allen recht machen können.

Und vielleicht ahnst du es schon: Damit kam ich auf keinen grünen Zweig. In 15 Jahren Druckerei hatte ich gelernt, wie man kalkuliert. Ich wusste sehr wohl, dass ein Business erst dann ein Business ist, wenn unterm Strich was übrigbleibt. Im Moment war meine Selbstständigkeit eher ein nettes Hobby – zumindest laut der Zahlen am Jahresende. Vergeudete ich damit nicht meine Qualifikation und ein Angestellten-Job wäre besser?

Ich gab alles und schrieb Angebote wie eine Weltmeisterin. Ich reagierte auf alles, was halt gerade so reinkam: Bedruckte Fußbälle? Kein Problem, mach ich. 256 Seiten Katalog? Biete ich gern an. Werbeanzeige für den Malerbetrieb? Geht klar. Ich schob Nachtschichten, um zwischen Kind, Haushalt und Freizeitstress Druck-Deadlines einzuhalten, überzeugte Kunden, dass die »Comic Sans« keine geeignete Schrift für das Corporate Design sei, machte Überschriften fetter und Logos größer und ich trat Entwürfe wieder in die Tonne, weil der Kunde meinte: »Das ist schon ganz nett, Frau Zährl, aber wir haben uns das ganz anders vorgestellt.« Kurzum: Es war mühsam.

Das klingt jetzt vielleicht völlig bescheuert und aus unternehmerischer Sicht ist es ganz klar voll daneben: Viele, viele Stunden, die ich da geleistet habe, habe ich erst gar nicht abgerechnet!

Wenn du dich fragst, warum: Ich gab MIR die Schuld daran, wenn dem Kunden der Entwurf nicht gefiel. Ich nahm es auf MEINE Kappe, für einen bedruckten Fußball fünf Stunden lang einen guten Anbieter zu recherchieren. Die Grafik dafür war ratzfatz in 15 Minuten erstellt – *diese* Zeit hab ich abgerechnet, nicht die Recherche. Ich nahm es mir übel, dass ich nicht gleich gut Webseiten wie zum Beispiel Logos gestalten konnte.

Ja, ich habe mich unter meinem Wert verkauft. Und das Schlimmste daran war: Ich war mir darüber vollkommen bewusst. Dennoch war ich damals nicht imstande, mein Verhalten zu ändern. Ein Grund dafür war, dass ich mich auf keinem Gebiet als richtige Spezialistin, geschweige denn als Expertin gefühlt habe. Über mein mangelndes Selbstbewusstsein und meinen quasi nicht mehr vorhandenen Selbstwert – des Pudels Kern – reden wir gleich.

Ein Mädchen für alles ist keine Expertin

Wo Wischiwaschi draufsteht, ist Wischiwaschi drin

Du kannst das Wischiwaschi-Webseiten-Problem übrigens auf jedes Business übertragen. Ob du Coach bist, Yogalehrerin, Rechtsanwältin, Heilpraktikerin, Lerntherapeutin oder Texterin. Das Einzige, worauf es wirklich ankommt, ist, dass du den Leuten da draußen sagst, welches ihrer Probleme du löst. Und zwar genau EIN Problem. Nicht 1.111.

Aber mal langsam, das wusste ich 2017 ja alles auch noch nicht. Mitten in meinem Schlamassel von »Ich kann alles, aber nix gescheit!« und »Mit den Stundensätzen kann ich einpacken!« hab ich allen Mut zusammengenommen und in einen Online-Kurs zum Thema »Business-Aufbau« investiert. Er versprach: »Finde dein Alleinstellungsmerkmal und deine einzigartige Positionierung!« oder so ähnlich und hat »nur« wenige hundert Euro gekostet. Im Vergleich zu dem, was ich in der Zwischenzeit, ohne mit der Wimper zu zucken, für Coachings ausgebe, war das ein echtes Schnäppchen. Ein DIY-Kurs war das, mit – hey wow – persönlichem Feedback per Mail vom Coach auf zwei individuelle Fragen.

Und *wieder* hab ich mich bescheuert und doof gefühlt: Undiszipliniert, weil ich den Kurs natürlich voll motiviert angefangen, aber nicht vollständig durchgemacht hab. Völlig bescheuert, weil ich vor lauter Angst, die persönliche Antwort vom Coach für Nichtigkeiten zu verplempern, erst gar keine Fragen gestellt hab. Und total doof, weil ICH als Werbefachfrau es nicht geregelt bekam, meine eigene Positionierung zu finden. Bitte schön, wie unfähig muss man denn eigentlich sein?

An dieser Stelle möchte ich dir sagen: Solltest du dich auch nur in einem dieser Punkte finden – du bist völlig okay! Mit dir ist nix verkehrt. Es geht ganz vielen so. Mein Lieblingssatz dazu: »Du kannst dich ja auch nicht selbst kitzeln.« Den kannte ich damals nicht und fand, wenn man sich sechs Semester mit Werbung und Marketing auseinandergesetzt und 15 Jahre Berufserfahrung in dem Bereich hat, sollte doch die Positionierung für eine Wald-und-Wiesen-Grafikerin im Handumdrehen stehen.

Ja denkste. In diesem Online-Kurs kam es wieder und wieder vor, das gemeine Wort, um das ich einen riesengroßen Bogen machte: »spitze« Positionierung. Ja, schönen Dank auch. Kunden vergraulen kann ich mir nicht leisten. Und außerdem war ich schon froh, wenn ich mein Fachgebiet eingrenzen konnte! Wofür sollte ich mich denn bitte »spitz« positionieren?

Alleinstellungsmerkmal is King!

Du bist wie Waschpulver – eines von vielen

Wie man Marken mit einem Alleinstellungsmerkmal oder einem USP (Unique Selling Point oder Unique Selling Proposition) »auflädt«, um sie in einer unbesetzten Nische am Markt zu platzieren, wusste ich aus dem Werbe-Studium. Bei Sachen wie zum Beispiel Waschpulver klappt das super! Da gibt's die besonders ergiebige Marke für die Sparfüchse, die umweltfreundliche für die Umweltbewussten, die traditionelle für die, die waschen wollen wie Mutti und natürlich die mit der antibakteriellen Wirkung für die Hygiene-Fanatiker.

Alles Marke(ting)! Denn im Endeffekt macht Waschpulver nur eine Sache: Wäsche sauber. Alles andere ist ein »künstliches« Alleinstellungsmerkmal und eine Erfindung von Werbeagenturen.

Was MEIN Alleinstellungsmerkmal war? Keine blasse Ahnung! Es gibt so viele Designer und Marketing-Fachleute da draußen wie Sand am Meer! Wie zum Henker sollte ich mich da von der Masse abheben? Doch es half ja nix, ein Alleinstellungsmerkmal musste her!

Ich fragte mich, worauf ich mich spezialisieren konnte. Und besann mich darauf, was mich im Studium am meisten fasziniert und mich meine ganze Laufbahn seit den 90ern in der Designer-Ausbildung begleitet hatte: Marke! Branding mit allem, was dazugehört. Corporate Identity. (Guten Tag, da steckt sie wieder drin: die Identität.)

Das Logo ist übrigens das letzte, was eine Marke ausmacht. Zu einer Brand-Identity gehört vor allem – wie beim Waschpulver-Beispiel von eben – die »Aufladung«. Wofür steht eine Marke? Welche Werte vertritt sie? Wie ist die Tonalität, also zum Beispiel eher modern und knallig, seriös und gedeckt oder sanft und leise? Welche Stimmung, welche Energie kommt da rüber? Guck dir verschiedene Auto-Werbungen an oder die der verschiedenen Mobilfunkanbieter. Dann weißt du bestimmt genau, was ich meine.

Und exakt dafür habe ich wohl ein Händchen: Diese inhaltlichen Schwingungen von Marken auf den Punkt in Grafikdesign zu übersetzen – das ist meine große Gabe. Damals hab ich das übrigens absolut nicht so gesehen! Da war das eher so: »Ach, das ist doch nix Besonderes.« und »Das kann doch jeder Grafiker.« Vielleicht kennst du solche Sätze von dir selbst? Heute weiß ich, wie sehr ich mich damit sabotiert habe und meinem Erfolg im Weg gestanden bin.

Von der Grafikmaus zum Business-Coach

Ich doch nicht – oder doch?

Der Entschluss war also gefasst. Ich werde Branding-Spezialistin, hurra! In einem weiteren Coaching – denn ich hatte kapiert, dass ich allein im stillen Kämmerlein noch elf weitere Jahre mit kostenlosen Webinaren und Checklisten verbringen konnte und mich das nicht weiterbringen würde – sagte eine heute sehr erfolgreiche und bekannte Expertin für Online-Business-Aufbau: »Ganz klar, Steffi: Du wirst Personal-Branding-Coach!«

»Wie meinen? Bitte? Haha, ja klaaar. Iiich und Coach. Im Leben nicht! Erstens bin ich gar nicht drin im Thema »Personal Branding« (eher so Waschmittel und örtliche Malerbetriebe, you know ...) und zweitens werd ich als seriöse Marketingfrau garantiert nicht auf diesen Coaching-Business-Zug aufspringen. Das ist doch so halbgares Zeug und gefühlt macht das doch grad jeder. Und überhaupt: Was sollte MICH denn dazu befähigen, mich »Coach« zu nennen? Da brauch ich zuerst noch eine fundierte Ausbildung. Basta.« So mein Ich kurz vor meinem 40. Geburtstag. Apropos, da war ja noch was! Rotz und Wasser heulen. Am Schreibtisch. Frühjahr 2017.

Konkurrenzanalysen sind blöd

Warum du die Konkurrenz nur dann unter die Lupe nehmen solltest, wenn du dich so richtig schlecht fühlen willst

Der Entschluss, dass Corporate Design und Branding meine Positionierung werden sollte, hat dazu geführt, dass ich mich NOCH ungenügender, erfolgloser und als richtige Versagerin gefühlt habe. Wie das? Nun, ich hab richtig Gas gegeben. Die Ärmel hochgekrempelt, eine Marketingstrategie musste her! Das hatte ich ja gelernt. Ich wusste, dass die großen Agenturen und Marketing-Abteilungen (in denen in meinen Augen nur so mega kreative Gurus mit schwarzen Rollkragenpullovern und ebensolchen Brillen und Porsches arbeiteten) zuallererst eine Marktanalyse machen.

Dazu gehört natürlich, die Konkurrenz unter die Lupe zu nehmen. Ich surfte also durchs Netz und Social Media und erfasste und verglich akribisch alle (halt alle, die ich finden und als respektable Konkurrenz wahrnehmen konnte ...), die irgendwas mit Logo-Design und »Marke« anboten, in Exceltabellen.

Und genau dieses ständige »mich Vergleichen« führte mich in eine emotionale Abwärtsspirale. Bei den anderen ist das Gras ja immer grüner: »Boah, so 'ne professionelle Webseite – krieg ich nie hin. Wahnsinn, so ein ausgeklügeltes Angebot – wie soll ich das bitte kalkulieren? Ach krass, die hat ein wahnsinnig schönes, vielseitiges Portfolio mit echt renommierten Kunden – da kann ich ja gleich einpacken.« Wenn du dich gerade ertappt fühlst, weil du bei der Konkurrenz die Preise angeguckt oder verschämt ihren Insta-Feed mit deinem verglichen hast: Hör um Gottes willen sofort auf damit! Es bringt dich nicht weiter, ganz im Gegenteil. Ich hatte also absolut keine Idee, was ich so auf meine Webseite, geschweige denn auf meine Visitenkarte oder auf meine Angebote (an welche Kunden bitte?) schreiben sollte. Ich fühlte mich leer. Heute würde ich sagen – identitätslos. Und wer weiß, wie viele Runden nach unten ich da noch gedreht hätte, wäre nicht ein unausweichliches Ereignis vor der Tür gestanden: mein 40. Geburtstag.

Wer bin ich und wer will ich sein?
Die Frage nach der Identität

Aber nix da – der 40. stand vor der Tür! Alle 10 Jahre wird groß gefeiert. Mit 100 Gästen, riesen Sause, am liebsten einer Mottoparty. Und ich saß da wie ein Häufchen Elend und fühlte mich nicht nur ungenügend, sondern auch noch wahnsinnig alt. Midlife-Crisis – denkst du jetzt vielleicht ein bisschen mitleidig. Ja, kann schon sein. Ich wollte nicht 40 werden. Da kam das schlechte Gefühl hoch, mit meinem bisherigen Leben noch nicht wirklich viel angefangen zu haben. Karriere? Fehlanzeige. Erfolgreiches Business? Haha, sehr witzig. Große Familie mit mindestens drei Kindern? Nada.

Sieben Jahre lang hatten mein Mann und ich vergeblich versucht, ein Kind zu bekommen. Der unerfüllte Kinderwunsch, der Druck und die ganzen Behandlungen haben mein Selbstbewusstsein nicht gerade gestärkt. Die Geburt unseres Sohnes war ein riesengroßes Geschenk – und doch wusste ich 2017 noch nicht sicher, ob mein Kinderwunsch wirklich abgeschlossen war. Hallo? Ich wurde 40! Tick – tack ... Und jetzt sollte ich lustig eine Mottoparty planen? Damit alle mich und mein Leben feiern? Darauf hatte ich ungefähr so große Lust wie auf eine Blasenentzündung.

Nun – es half ja nichts. Die Party war angekündigt, die Location reserviert. Und – kennst du vielleicht auch – die größte Inspiration ist bekanntlich die Deadline. Ich setzte mich auf den Hosenboden und begann mit der leichtesten Übung: mit der Gästeliste. Ok – das war nicht so schwer. Also als Nächstes: die Einladungen. Wer mich kennt, weiß, dass es da natürlich nix von der Stange sein soll. Da wollte mein kreativer Kopf schon mehr bieten. Diesmal wollte aber keine Idee für ein Motto zu mir kommen. Ich begann, mir Fragen zu stellen: Wie möchte ich mich an meinem Abend fühlen? Wie sollen sich meine Gäste fühlen? Was sollen sie sich nach der Party erzählen? Woran würden sie merken, dass sie auf einer echten Steffi-Party waren? Und: Woran würde ICH das merken?

So kam eins zum anderen. Die Musik war mein Startpunkt. Ich war gerade auf dem Swing- und Bigband-Trip und hörte Parov Stellar, Postmodern Jukebox, Jazz- und Bigband-Klassiker der 40er & 50er rauf und runter. Da stand das Motto: »Swing the forty!« Puh, was für eine Geburt – dabei war's doch eigentlich ganz einfach. So langsam fing mir die Sache an, Spaß zu machen. Und wenn mich eine Sache mal so richtig gepackt hat, dann entwickle ich ungeahnte Kräfte und wachse über mich hinaus. Kennst du bestimmt ...

Mottoparty also. Was braucht's? Deko natürlich, Einladungen, Dresscode, Essen, Getränke, Programm für die Gäste und Musik.

Beim Dresscode war meine erste Idee natürlich: Hurra, ich kann mir endlich ein Polkadot-Kleid kaufen! Mit Petticoat versteht sich. Ich weiß schon, das gehört eigentlich eher in die 50er, aber so dogmatisch wollten wir mal nicht sein. Die Gäste sollten es möglichst einfach haben und vor allem – sie sollten Spaß haben!

Als mein Outfit stand (weißes Kleid mit roten Punkten), war der Rest ein Kinderspiel. Das Farbkonzept: alles rot, weiß und schwarz ... meine Lieblingsfarben. Weiter im Text. Was noch? Lichterketten natürlich und Papier-Deko-Puschel wollte ich schon immer mal haben. Getränke? Ah, Bowle passte gut und, oh jaaa, eine Candybar mit rot-weiß gestreiften Tütchen, roten Gelee-Kirschen, weißen Mäusen und Lakritz-Schnecken. Zum Essen Burger aus Papiertüten mit Zeitungsaufdruck. Mal sehen, was fehlte noch? Ah, klar: Prosecco aus selbst gestalteten Dosen – ein Hoch auf meine Skills als Wald-und-Wiesen-Grafikerin! Und eine liebe Freundin wurde mit einer gepunkteten Geburtstagstorte beauftragt.

Fehlte noch das Programm für die Gäste. Nur zu essen und zu trinken, ist ja langweilig. Polaroid-Fotos wären cool: Eine Fotobox kann man mieten – passt. Ein paar lustige Props mit Schnurrbärten und abgefahrenen Sonnenbrillen dazu – wunderbar! Musik? Meine Lieblings-DJs mit Rockabilly-Swing- und Partymucke gebucht – grandios. Es fehlte noch ein Highlight.

Und eine Sache hatte ich ja auch noch nicht so wirklich berücksichtigt: Weder ich noch meine Gäste konnten Swing tanzen. Was lag also näher, als eine Tanzlehrerin zu engagieren? Gesagt, getan. Hurra – die Party stand! Ich freute mich jetzt sogar richtig drauf. Und um es kurz zu machen: Es war ein rauschendes und rundum gelungenes Fest. Viele Helferlein packten mit an beim Auf- und Abbau, hatten viele tolle Geschenke und sogar einen Flashmob für mich parat und ich war einfach nur dankbar für so viele liebe Menschen um mich herum. Was will ich dir mit der Story rund um meine Geburtstagsparty sagen?

> DEIN LEBEN IST DEINE MOTTOPARTY, DIE DU PLANEN DARFST.

Was ist Personal Branding?
Die Kunst alles wegzulassen, was nicht DU bist

Jeder Mensch ist eine unverwechselbare Marke aufgrund seiner einzigartigen Persönlichkeit. »Marke sein« ist deshalb, dich für dich zu entscheiden. Es ist die Kunst, all das wegzulassen, was nicht zu 111 Prozent dir entspricht. Eben nicht den gelben Pulli zu kaufen, bloß weil er im Angebot ist. Und auch nicht die Geburtstagsparty mit Tischkärtchen und Blumengesteck zu planen, weil »sich das so gehört« und die Verwandtschaft das so von einem erwartet.

Als Quintessenz meiner Party-Planung habe ich meine »Markeleben-Methode« entwickelt. Denn bei meinen Überlegungen hatte ich unbemerkt etwas gemacht, was meinen weiteren Weg (ja, auch im Business!) nachhaltig beeinflusst hat. Ich hatte mich definiert und mich dabei selbst gefunden. Indem ich mir die Fragen gestellt hatte, was mich ausmacht, wofür ich stehen möchte und wie sich meine Gäste auf meiner Party fühlen sollten.

Es fiel mir wie Schuppen von den Augen: »Genau das brauchen deine Kundinnen, Steffi, wenn sie dich für ein Corporate Design briefen!« Denn wie oft kamen Leute zu mir, die gerne ein Logo wollten und null Vorstellung davon hatten, wie es aussehen sollte. Sie taten sich so schwer damit, sich für eine Farbe zu entscheiden. Sie wussten einfach nicht, was sie mit diesem Logo ausdrücken und wofür sie stehen wollten. Außer für ihr Produkt oder ihre Dienstleistung natürlich, aber damit waren sie meist nicht die einzigen Anbieter auf dem Markt. Deshalb wurde ich ganz oft gebeten, es halt »bewusst anders als die Konkurrenz« zu machen. Oder zu schauen, »was es noch nicht gibt«.

Klar fragte ich – ganz die professionelle Marketingfrau – in einem Briefing-Fragebogen ab, wofür das Logo, die Marke, das Branding denn stehen sollten. Also Werte, Charaktereigenschaften, Zielgruppe, Preisgefüge und so weiter und so fort. Ein Briefing – um das kurz zu erklären, falls du den Begriff noch nicht kennst – ist eine Zusammenfassung deines Marketingvorhabens für deinen Designer oder deine Werbeagentur.

> ANDERS ALS DIE KONKURRENZ
> IST KEINE POSITIONIERUNG.

Ganz oft schauten mich meine Kunden mit großen Augen an und die Antwort war: »Das weiß ich nicht!« Sie taten sich so schwer, sich festzulegen. Sie wussten einfach nicht, wofür sie stehen (wollten). Höchstens, wofür *nicht*, und das war meistens das, wofür die Konkurrenz stand. Wenn nicht klar ist, wofür wir mit unserem Business stehen, können wir auch den Mehrwert nicht präzise formulieren. Und schon gar nicht festlegen, in welcher Tonalität wir das gerne tun wollen. Meine Kunden konnten nicht sagen, wie sie das Design oder den Text haben wollten, weil sie sich das Ergebnis nicht vorstellen konnten. Ich habe es mehr als einmal erlebt, dass Kunden kamen und sagten: »Mir gefällt mein Branding ja gut, aber es fühlt sich nicht richtig an.«

Es. fühlt. sich. nicht. richtig. an. DAS war es. Genau das war es, was ich mit meiner Steffi-Motto-Party geschafft hatte, dass es sich für mich rundum richtig gut anfühlte. Mit dem Ergebnis, dass es sich auch für meine Gäste richtig gut anfühlte.

Seither plane ich also als Personal-Branding-Coach mit meinen Kundinnen die besten Mottopartys ihres Lebens. Ich lasse sie ihre Musik auswählen, ihr Outfit zusammenstellen, ihr Menü planen. Damit sie sich ihren Gästen – ihren Kunden – so zeigen können, wie sie sind. Und damit die wiederum genau wissen, auf welcher Party sie da eingeladen sind. Und bei wem.

Das »Sein-Tun-Haben-Prinzip«

Das Outfit kommt zum Schluss!

Was sich allerdings bei meiner »Marke-leben-Methode« grundlegend anders verhält als bei meiner Partyplanung, ist die Reihenfolge. Nicht von Outfit zu MehrWERT – sondern andersrum. Personal Branding geht nur von innen nach außen. Das Logo kommt zum Schluss – es ist nie der erste Schritt.

Und falls du jetzt zusammenzuckst und denkst: »Oha, dann hab ich das wohl völlig verkehrt gemacht«, ist nicht so schlimm. Und ich kann dich gut verstehen. Wenn wir ein Business gründen – wie gerne würden wir schon das fertige Ergebnis vor uns sehen. Es ist wie beim Hausbau. Da fühlst du dich auch erst als richtiger Hausbesitzer, wenn du die Tür aufschließen kannst.

Die Urkunde vom Notar und die Zeichnung vom Architekten sind erstmal nur abstrakt. Und so ist es auch bei der Selbstständigkeit. Wir rennen los und wollen allen nach außen zeigen: DAS IST MEIN LADEN! Wenn du ein physisches Ladengeschäft hast, dann ist das ja eher möglich. Aber was machen all die Solopreneurinnen im Online-Business, die Dienstleister ohne Büro und ohne Laden? Klar, sie wollen eine Webseite, einen piekfeinen Social-Media-Auftritt und natürlich: ein Branding. Also Logo, Farben, Schriften, passende Fotos und das alles. Und auch die Frau mit dem Ladengeschäft steht vor der Frage: Was schreib ich denn auf mein Schild, wie streich ich die Wand und was kommt ins Schaufenster?

Klar, sie kann sich einfach für Farben und einen Schriftzug entscheiden und loslegen. Machen auch die meisten so. Aus Erfahrung möchte ich an dieser Stelle aber lauthals »STOOOPP!« rufen. Denn ich habe schon genug Rebrandings gemacht, um zu wissen, dass es einfach die verkehrte Reihenfolge ist.

> PERSONAL BRANDING GEHT NUR VON INNEN NACH AUSSEN.

Da sind sehr viel Zeit, Geld und Nerven in ein Corporate Design, eine Webseite und womöglich Drucksachen oder eine ganze Ladengeschäft-Ausstattung investiert worden, um nach einer Weile zu bemerken: »Passt irgendwie nicht richtig. Keine Ahnung, warum, aber es passt nicht. Fühlt sich nicht richtig an.« Mach also nicht den Fehler, den letzten vor dem ersten Schritt zu machen, so verlockend es auch sei!

Das »Sein-Tun-Haben-Prinzip« greift immer. Um am Ende des Tages (oder des Business-Aufbaus und des ganzen Lebens) etwas zu haben, ist es erforderlich, davor etwas zu tun. Und wie oft rennen wir los und tun wie verrückt, um am Ende doch zu scheitern. Das passiert dann, wenn wir etwas gewaltig unterschätzen. Nämlich dass wir es erst »sein« müssen. Wir müssen es fühlen können, was wir am Ende haben wollen. Ein nichtrauchender Raucher bleibt immer Raucher – erst wenn es geschafft ist, eine Nichtraucher-Identität wirklich zu fühlen, wird man nicht mehr zur Zigarette greifen. Alles, wirklich alles, ist eine Frage der Identität.

IDENTITÄT –
Das, was wir uns selbst glauben zu sein.

Genauso ist es auch beim Business-Aufbau. Wenn wir unser Ziel nicht »fühlen« können, also beispielsweise die erfolgreiche Unternehmerin im Online-Business wirklich zu SEIN – werden wir in unserem Alltag nicht die Dinge tun, die eine erfolgreiche Unternehmerin tun würde –

und werden am Ende auch nicht ihre Ergebnisse haben. Das meine ich mit »von innen nach außen«. Meine »Marke-leben-Methode« für Personal Branding, die ich aus diesem Prinzip entwickelt habe, unterstützt dich dabei.

Dein erster Schritt zum Business-Erfolg

Warum mein Erfolg mit Nägellackieren angefangen hat

Wenn also das Logo NICHT der erste Schritt zum Business-Erfolg ist – was ist es dann? Jetzt könnte ich dir natürlich raten, dass du es so machst wie ich: Lackier dir die Nägel! Aber womöglich hast du dafür nichts übrig. Also wäre es für dich nicht die richtige Empfehlung. Deshalb lass mich dir erklären, warum mein Erfolg mit Nägellackieren angefangen hat.

Bei meiner Partyplanung hatte ich mich nicht nur gefragt, was ich anziehe, sondern auch wie sich meine Gäste und wie ICH MICH fühlen sollte. Dabei kamen mir typische Steffi-Eigenschaften und -Werte in den Sinn. Witzig, alles passt zusammen und ist doch ein wenig durchgeknallt, von allem viel und üppig, eigenwillig, verrückt, herzlich, offen, großzügig und lustig und trotzdem durchdacht und ein bisschen tiefgründig.

Mit meinen lackierten Nägeln war ich eine andere Frau. Sie gaben mir Selbstbewusstsein und eine neue »Identität«. Ich konnte eine andere Steffi sein: selbstbewusst, mutig und voller Power. Natürlich kamen da noch andere Dinge und nicht nur ein bisschen roter Nagellack ins Spiel – dazu später.

Mitreißen zu Spaß, Freude, Freiheit, Lebenslust und Mut. Das war es, was ich mir für mich und meine Partygäste wünschte. Und es ist haargenau das, was ich dir, meiner Leserin, und allen meinen Lieblingskundinnen da draußen wünsche!

Das ist der Inhalt der Marke Steffi Zährl alias »Reklamedame«, die Frauen dazu motivieren will, ihre Marke zu leben. Deine Party, deine Regeln! Und auf scheinbar wundersame Weise passen diese Eigenschaften und Werte haargenau zu meinem Branding in Schwarz, Rot, Weiß, mit Punkten und Streifen – fröhliche Stimmung, die trotzdem klar und geordnet ist.

Schritt für Schritt zur Personal Brand

Marke werden von innen nach außen

Zuerst hab ich mich gefragt, wie ich SEIN möchte. Und erst dann, was ich TUN kann, um das zu besorgen, was ich auf meiner Party HABEN möchte. Gedanken, Werte, Charaktereigenschaften und Gefühle sind SEIN. Das Logo beauftragen, den Businessplan schreiben und den Social-Media-Plan erstellen ist TUN. Ein stimmiges Gesamtbild aus einem Guss, klare Kommunikation und dadurch Lieblingskunden anziehen ist HABEN.

Es erfordert Mut, sich der Frage zu stellen: Wer bin ich und wer möchte ich sein? Muss man wollen. Und ich kann dir aus eigener und aus zahlreicher Erfahrung mit meinen Kundinnen sagen: Es lohnt sich so, so sehr!

Ich hab dir ja erzählt, dass mein Selbstwert und mein Selbstbewusstsein nach all den Jahren unerfüllten Kinderwunsches und erfolgloser Selbstständigkeit quasi nicht mehr vorhanden war.

In meinem ersten Coaching mit dem Thema «Online-Business für Mütter«, das ich mir 2017 gebucht hatte, kam ich zum ersten Mal in Berührung mit den Begriffen »Glaubenssätze« und »Mindset«. Es gab in diesem Kurs ganze Module dazu!

GLAUBENSSÄTZE –
Annahmen, die wir (uns) glauben.
Das, was wir für wahr halten.

Und was dachte ich? »Pah, ICH, die professionelle Marketingtante, brauch mir doch bloß die hinteren Module für Online-Marketing reinzuziehen. Das ganze Psycho-Blabla bringt mir doch für mein Business eh nix.« Schön überblättert habe ich die Inhalte. Ich sollte meine Lebenshüte definieren, meine Glaubenssätze auf Wahrheit überprüfen. Ähm – nein. Zeitverschwendung. So dachte ich lange Zeit, bis in einem der Calls die Rede davon war, dass man sich selbst mögen müsse, um für andere gut sein zu können.

So langsam dämmerte es mir, dass es mit meinem Selbstwert, meiner Selbstachtung nicht weither war – und ich vielleicht deshalb auch anderen keine große Unterstützung sein konnte.

In den letzten Jahren hatte ich mich selbst total vernachlässigt. Meinen Körper (der war lange Zeit nur eine nicht funktionierende Gebärmaschine für mich) genauso wie meine Gedanken. Um uns in mehr Achtsamkeit üben zu können, gab uns der Coach den Tipp, uns jeden Morgen mit Body-Lotion einzucremen. Sich selbst etwas Gutes zu tun. Ok – schaden tut's ja nicht, kommen die zwei angestaubten Flaschen im Badschrank endlich mal weg. Das hab ich gemacht und der Effekt war erstaunlich: Ich habe begonnen, mich wieder selbst zu spüren.

Ich lernte, die Aufmerksamkeit auf mich zu lenken. Mit jedem Mal, mit dem ich mir die Fingernägel schön lackierte, stärkte ich mein Selbstbewusstsein. Ich FÜHLTE mich einfach anders mit gemachten Nägeln. Ich behielt den Look meiner Party bei und führte die eiserne Regel ein: Nur geschminkt und mit Straßenschuhen an den Schreibtisch. Allzeit bereit für meine Lieblingskundin. Das war wirklich der Durchbruch! Hatte ich doch jahrelang am Küchentisch im Schneidersitz in der ausgeleierten Jogginghose mit dem Oberteil, an dem wahlweise noch Milch, Brei oder Tomatensauce klebte, gehockt. Mir dabei den Rücken kaputt gemacht, by the way. Don't do this!

So habe ich Selbstwertschätzung in kleinen Schritten in mein Leben integriert. Ich stellte meine Ernährung um, nahm elf Kilo ab und shoppte Klamotten in meinem Look. Denn ich wusste ja genau, was zu mir passt, und was nicht. Endlich fühlte ich mich frei.

Es folgten ein Fotoshooting für neue Portraits, eine neue Webseite, ein neues Branding. Ich hatte richtig Lust darauf, mich allen zu zeigen. Hurra, seht her, das bin ich! Es war wie ein kleines Wunder für mich. Zum allerersten Mal in meinem Leben fühlte ich mich richtig »okay«. Was hatte ich früher mit mir gehadert: mit meiner Figur, mit meiner Karriere, mit der Familienplanung. Es war wie eine Befreiung! Das Beste daran: Ich hatte mich selbst befreit. Aus eigener Kraft, von innen nach außen.

Ich kam aus dem Überlebensmodus in den Erlebensmodus. Meine Energie war eine andere. Damit kam die Klarheit. Ich konnte leicht Entscheidungen treffen, weil ich genau wusste, was ich wollte und was nicht. Ich wusste, wer ich war. Ergo konnte ich sagen, was zu mir passte und was nicht. Ich lernte »nein« zu sagen – zu Jobs, zu Kunden, zu Klamotten, zu Einladungen und zu Nachrichten, TV- und Social-Media-Feeds, die mich in Richtung Abwärtsspirale zogen.

Und ich sagte »ja« zu Menschen und Dingen, die mich stärkten und kam in die Sichtbarkeit. Ganz natürlich, ohne große Strategie und Trara. Ich zeigte mich einfach! Weil ich so richtig Lust darauf hatte. Es ging leicht. Plötzlich hatte ich Kunden. Aufträge kamen, von denen ich jahrelang nur geträumt hatte. Es fiel mir leicht, meine Angebotspakete zu schnüren: »Branding für Unternehmerinnen«, »Von der Strategie bis zum Logo« und »Vom Logo bis zur Unterhose« – schrieb ich damals in meine Angebote. Ruckzuck hatte ich in einem Quartal den Jahresumsatz vom Vorjahr erreicht.

Im nächsten Kapitel erzähle ich dir, welches Umdenken mir dabei am meisten geholfen hat.

GUTE FRAGEN:

Nimm dir Zeit für dich und mach eine Bestandsaufnahme!

- Was ist gut in deiner jetzigen Situation?
- Worauf bist du stolz und was ist deine Superkraft?
- Wer bist du gerade?

JUST DO IT!

Plane die Mottoparty deines Lebens! Beginne »innen« und starte mit der Übung »Herzenssache«. Mach ein Brainstorming und schreib auf: Woran erkennt man DICH? Woran erkennen deine Freunde, dass sie auf deiner Motto-Party eingeladen sind?

WORKSHEETS: MARKELEBEN.COM/BUCH-BONUS

KAPITEL 2

»**WILL** ICH DAS? WILL **ICH** DAS? WILL ICH **DAS?**«

WAS DEIN SELBSTWERTGEFÜHL MIT DEINEM BUSINESS ZU TUN HAT

Von Komplimenten und Fettaugen

Warum wir aufhören sollten, das Haar in der Suppe zu suchen

Eine Bekannte: »Hey Steffi, das rote Kleid steht dir aber gut. Ist das neu?« Ich so: »Ach, das ... War ein Schnäppchen, runtergesetzt auf 29,99 Euro und kaschiert echt super meinen Bauch.« So hätte ich früher auf dieses Kompliment reagiert, hätte verschämt auf den Boden geguckt und wär rot geworden wie das Kleid. Heute kann ich einfach »Danke schön!« sagen und meinem Gegenüber ein strahlendes Lächeln schenken.

Hand aufs Herz: Wie reagierst du, wenn du ein Kompliment bekommst? Ganz egal in welchem Bereich – im Job, wenn dein Chef oder ein Kunde dich lobt, in der Partnerschaft, wenn dein Schatz was Nettes zu dir sagt. Vielleicht ertappst du dich auch bei diesem Gedanken: »Ach, das sagt die doch bloß, weil sie nett sein will.« – oder eher so »Pah, das ist doch nix Besonderes.« Dann lade ich dich herzlich ein, das mal genauer zu checken. Denn ich finde, die Art, wie wir Komplimente annehmen, ist ein echter Gradmesser des eigenen Selbstwertgefühls.

In meinem Fall, der Sache mit dem Kleid, war es mit meinem Selbstwertgefühl nicht weit her. Denn hinter »War doch nur'n Schnäppchen!« verbirgt sich in Wahrheit »Ich bin mir nur ein Schnäppchen-Kleid WERT.«. Es schwingt mit, dass es selbstverständlich nur dann ok ist, sich ein neues Kleid zu kaufen, wenn es im WERT reduziert ist. Ich habe mich für ein 29,99 Euro Kleid *gerechtfertigt!*

Geht's eigentlich noch? In meiner Heimat, im Schwäbischen, sagt man: »Net bruddelt, isch g'lobt genug.« Auf deutsch: »Nicht gemeckert, ist bereits gelobt.« So bin ich aufgewachsen. Es wurde nicht »gelobt«. Nicht falsch verstehen, wir hatten es lustig und schön zuhause! Nur gehörte es – getreu dem Motto »Ach, das war doch nix Besonderes!« – eher nicht zum Alltag, Erfolge zu feiern. Die Aufmerksamkeit galt den Dingen, die *nicht* so gut klappten, beziehungsweise (und das ist echt für Fortgeschrittene!) den Dingen, die *wahrscheinlich* nicht klappen *werden*. Und es ist das Selbstverständlichste der ganzen Welt, darüber zu reden.

Problem first! Dieses Denkmuster prägt sich ein. Und haben wir quasi oft genug geübt, die Aufmerksamkeit zuerst auf das Problem zu richten, dann machen wir das irgendwann ganz automatisch. Unser Unterbewusstsein übernimmt und wir merken gar nicht mehr, dass wir freudig in die Hände klatschen und ständig um »Oh yeah, ein Problem!« kreisen. Ich hab das nie hinterfragt und meine Gedanken kreisten um negative Dinge wie die Erde um die Sonne.

Der Hammer bei dieser ganzen Problemfokussiererei ist ja, dass wir uns voll super dabei fühlen. Ach, wie herrlich! Ich war die Queen des Lamentierens und konnte die Suche nach Haaren in Suppen ganz wunderbar zelebrieren. Gerne abendfüllend und am liebsten mit Leuten, die die Haare in der Suppe auch beachtenswerter fanden als die Fettaugen darauf, die bekanntlich eine gute Suppe ausmachen.

Wir suchen uns Verbündete, die mit uns ins Drama einsteigen, um gefühlt im selben Boot zu sitzen. Die Kolleginnen, der Freundeskreis, die Familie, die Social-Media-Blase. Mit dieser Rückendeckung lässt sich der »Schwarze Peter« für *[setze-hier-ein-Problem-deiner-Wahl-ein]* ganz hervorragend dem Mann, der Politik, dem Wetter oder wahlweise der Branche, dem Markt oder den Kunden in die Schuhe schieben. Hach, wie fein.

SELBSTWERT –
Was wir uns selbst wert sind.

Heute muss ich zugeben, dass ich damals nicht besonders nett zu mir war. Denn mit solchen Aktionen machen wir uns klein und stellen uns in die hintere Reihe. Ach, das tut's doch. Mehr brauch ich nicht. Echt jetzt? Ich sage dir: DOCH! Wir brauchen vielleicht nicht unbedingt Kleider für 2.999 Euro. Aber wir brauchen Selbstwert! Denn wenn wir uns selbst nicht wertschätzen können, schaffen das die anderen Leute auch nicht.

Da können sie sich noch so anstrengen und der Chef, der Partner oder die Bekannte uns über den grünen Klee loben – wir werden es immer als Nichtigkeit abtun, wenn wir uns diesen Wert nicht selbst zugestehen. Wir können die Wertschätzung von außen nur dann empfangen, wenn wir bereit sind, sie uns selber zu geben. Das ist in Beziehungen so – wir können nur soviel Liebe empfangen, wie wir bereit sind, uns selbst zu geben. Und – Überraschung – so ist es auch im Business! Und da du dieses Buch ja in den Händen hältst, weil du damit einen großen Schritt vorankommen willst, sag ich dir jetzt, was dein Selbstwertgefühl mit deinem Business-Erfolg zu tun hat. Die Antwort ist einfach. Sie lautet: ALLES!

Die drei größten Hürden bei der Gründung

Und die drei Fragen, die mir alle Kundinnen im Markencoaching stellen

2020 haben allein in Deutschland 537.000 Menschen gegründet und eine Selbstständigkeit im Voll- oder Nebenerwerb begonnen. 38 Prozent davon waren Frauen [Quelle: Statista]. Aus meiner Arbeit mit meinen Kundinnen – und aus meiner eigenen Erfahrung – kenne ich die drei größten Hürden, die sich der motivierten, ambitionierten Gründerin in den Weg stellen.

Hürde 1: Papierkram

Welche Unternehmensform wähle ich? Bin ich Einzelunternehmer, freiberuflich oder gründe ich eine Gesellschaft? Kleinunternehmerregelung ja oder nein? Wie läuft das jetzt mit der Krankenkasse? Mit der Altersvorsorge, den ganzen Versicherungen, der Steuererklärung? Wie funktioniert das mit der Buchhaltung und - what? - Umsatzsteuervoranmeldung im Quartal?

KLEINUNTERNEHMERREGELUNG – Ein Unternehmen gemäß gesetzlicher Vorgabe klein halten müssen.

Ganz ehrlich, wäre ich nicht zufällig mit einem Steuerberater verheiratet, der mir ganz viel von diesem Kram abgenommen oder meine Fragen beim Abendessen zwischen dem Nudeln Kochen und Tisch Abräumen mit engelsgleicher Geduld erklärt hätte: Ich bin mir ziemlich sicher, dass ich über kurz oder lang den ganzen Mist in die Tonne getreten oder sich meine Haar-Färbe-Frequenz erheblich erhöht hätte.

Diese ganzen Fragen bekommt Gründerin nicht in mundgerechten Häppchen auf dem Silbertablett serviert, sondern mit dem 40-Tonner als großen Haufen direkt vor die Füße gekippt. Diesen Haufen krönt – wie einen Banana-Split – ein Fähnchen mit der großen Frage, die sich dir vielleicht auch gerade stellt, wenn du dich im Papierkram-Dschungel so halbwegs orientiert hast: Wie werde ich Unternehmerin?

Hürde 2: Kunden gewinnen

Wenn der Weg durch den Behörden- und Papierkramdschungel mal so grob mit der Machete frei gehackt ist, stellt sich die nächste – nicht weniger große – Frage: Wo kommen jetzt die Kunden her?

Für die meisten ist die Antwort darauf: »Ich brauche dafür eine Webseite, ein Logo und 'ne Visitenkarte. Und Flyer? Oder lieber Werbung auf Google, Facebook oder Instagram? Vielleicht doch besser auf lokale Kunden setzen und eine Anzeige schalten? Hmm, jetzt am Anfang reicht vielleicht einfach ein Schild an der Tür.«

Die meisten meiner Kundinnen kommen zu mir ins Business- und Marken-Coaching, weil sie ein Logo wollen. Denn für viele ist es das Nonplusultra für Kundengewinnung. Ich lasse die Katze aus dem Sack: Ein Logo bringt dir keinen einzigen Kunden. Klar drückt ein Logo aus, was unsere Kunden von uns zu erwarten haben. Aber weder das geilste Logo noch die ausgeklügeltste Webseite füllt unsere Auftragsbücher.

Ich habe häufig erlebt, dass meine Klientinnen viel Zeit, viel, viel Geld und noch viel mehr Nerven in diese – ich nenn's mal – »visuelle Business-Ausstattung« gesteckt haben. Und sich leider hinterher eingestehen mussten: »Es kommen einfach nicht die richtigen Kunden.« – »Es kommen viel zu wenig Kunden.« – »Meine Webseite ist schon cool, aber irgendwas passt noch nicht.« Daraus resultiert die zentrale Frage, die du dir in deinem Personal-Branding-Prozess stellen darfst und die ich mir in 10 Jahren Wald-und-Wiesen-Selbstständigkeit auch gestellt habe: »Wo kommen jetzt die Kunden her?«

Hürde 3: Positionierung

Der Erfolg bleibt aus, wenn man nicht eindeutig positioniert ist. Das ist ein Fakt, über den sich viele nicht bewusst sind, weil sie es einfach nicht besser wissen und sich nicht die Frage stellen: »Wofür bin ich Expertin?« Es ist klar, wenn ich Friseurin bin, mach ich einen Salon auf. Wenn ich Yogalehrerin bin, ein Studio oder ich geb Kurse in der VHS.

Viele meiner Kundinnen sind ausgebildete Coaches: systemische Coaches, Lern-Coaches oder Business-Coaches. Oder sie haben eine Heilpraktiker- oder therapeutische Ausbildung. Egal ob Friseurin oder Coach: Alle haben gemeinsam, dass sie mit ihren Fähigkeiten vielen verschiedenen Menschen bei vielen verschiedenen Problemen helfen können. Du erinnerst dich an meinen Grafikdesignerinnen-Bauchladen? Selbes Phänomen! Es kommen nicht die richtigen Kunden, es kommen zu wenige Kunden und es fühlt sich nach »nicht Fisch, nicht Fleisch« an.

Noch vor ein paar Jahren hab ich den Satz gesagt: »Iiich? Expertin? Haha, ich bin doch keine Expertin. Nein, also sooo gut bin ich doch überhaupt gar nicht.« Und genau in solchen Aussagen liegt der Hund begraben und ich komme endlich zum Punkt, warum dein Selbstwertgefühl der ausschlaggebende Punkt deines Business-Erfolgs ist.

Was denkst du? Wer ist erfolgreicher? Jemand, der über seine Arbeit sagt (A): »Ach, das ist doch nix Besonderes ...« oder (B): »Oh, ich liebe das und bin richtig gut darin!« Ich denke, du kennst die richtige Antwort.

Es ist wie beim Annehmen von Komplimenten: Wir können die Wertschätzung unserer Kunden für unsere Arbeit nur dann empfangen, wenn wir unser Tun selbst als wertvoll empfinden. Und womit wertschätzen unsere Kunden unsere Arbeit üblicherweise? Klaro – mit Geld. Ja, ich spreche von Geld! Und rate mal, wer jahrelang für mickrige Stundensätze Logos gemacht hat, weil »das doch nix Besonderes« ist? Bingo, die mit dem roten Kleid.

Mein Fazit deshalb: Es lohnt sich sowas von hinzuschauen, wie wir über uns selbst denken und über uns selbst sprechen. Die Causa »Komplimente annehmen« ist ein gnadenlos ehrlicher Spiegel dafür, wie es um unser Selbstwertgefühl bestellt ist. Und hey, falls für dich in Sachen »Komplimente annehmen« noch Luft nach oben ist: Erstens hast du mit diesem Buch das nötige Wissen in der Hand, wie du lernen kannst, dich selbst wertzuschätzen. Und zweitens bist du nicht allein, wenn es dir schwerfällt, Komplimente anzunehmen. Warum? Wir sind Lob einfach nicht gewohnt.

Die Lamentier-Queen steigt vom Thron

Der eine Satz, der mein Leben verändert hat

Um bei dem Bild von der Suppe zu bleiben: Für mich war natürlich klar wie Kloßbrühe, warum ich mit meinem kleinen Grafikbüro nur mäßig erfolgreich sein konnte: Schuld war die Branche – mit Design wirste eben nicht reich. Schuld waren die Kunden – zu wenige und die kommen mit komischen Jobs auf mich zu. Schuld war die Zeit – die zu knapp war für Kind, Haushalt, Ehrenamt und Business.

Das war meine Haltung, mit der ich in meiner Selbstständigkeit so vor mich hinwurstelte. Bis ich in einem Workshop für Business-Entwicklung (es ging darum, wie man sich als Coach oder Berater ein profitables Online-Business aufbaut) diesen einen Satz hörte, der für mich wie ein Schlag ins Gesicht war. Er lautete:

> »WER WILL, FINDET WEGE,
> WER NICHT WILL, FINDET GRÜNDE.«

Autsch. Das saß. In diesem Moment ist meine Lamentier-Queen-Krone ganz schön verrutscht, das kannst du mir glauben! Ich weiß noch genau, wie ich mit großen Augen in den Laptop gestarrt hab und bestimmt rot angelaufen bin, weil ich kaum noch Luft bekommen hab. Warum? Ich hab mich in Grund und Boden geschämt. Das, was der Mann da gerade gesagt hatte, hat mich ziemlich getroffen. Was dich trifft, betrifft dich!

Und mir hat's damit mit einem Schlag den Lamentier-Boden unter den Füßen weggezogen und damit die Augen geöffnet. Mir wurde bewusst, dass meine berufliche und persönliche Lage so rein gar nix mit äußeren Umständen zu tun hatte. Ich hatte nach Gründen gesucht, um meine Situation zu beGRÜNDEN.

Es war ja nun auch wirklich ziemlich bequem und auch ziemlich einfach, die Branche, die Kunden und die fehlende Zeit dafür verantwortlich zu machen, dass mein Laden nicht lief. Bloß: *Verändert* hat sich dadurch halt leider rein gar nix. Dieser zugegebenermaßen äußerst unangenehmen Wahrheit musste ich wohl oder übel ins Auge sehen. Denn: Was hab ich als Lamentier-Queen jahrelang gemacht? Ich hab die Verantwortung abgegeben.

Die Verantwortung für mein Business: Einer Branche hatte ich es überlassen, meine Arbeit zu werten. Meine Kunden hab ich darüber bestimmen lassen, welche Leistung ich abzuliefern hatte, also ob Webseite, Logo oder Einladung zum 75. Geburtstag.

Und die Verantwortung für mein Leben hab ich ebenfalls abgegeben: Denn ich hab mein Kind, den Haushalt und mein Engagement im Ehrenamt dafür verantwortlich gemacht, dass ich nicht genug Zeit hatte, für das, was mir wichtig ist. Mooooment mal, Steffi, ernsthaft? Hier läuft ja wohl so ziemlich was schief.

LAMENTIEREN –
Sich ausführlich darüber auslassen, warum etwas nicht geht. (Und wer dran schuld ist, außer man selber.) Zu deutsch: jammern. In Österreich: sudern. In der Schweiz: chlöne, hüle.

»Wer will, findet Wege, wer nicht will, findet Gründe.« Dieser Ausspruch war wie ein Paukenschlag, der in meinem Kopf noch ziemlich lang nachhallte. Ich WOLLTE ja. Ich wollte zufrieden sein und erfolgreich.

Ich traf eine Entscheidung: Ab jetzt keine halben Sachen mehr! Schluss jetzt mit »Wasch mich, aber mach mich nicht nass« und der ganzen Lamentiererei! Jetzt bitte den Waschgang mit 90 Grad, ordentlich Schaum und Schleuderprogramm. Ich wollte es jetzt wissen und von da an beschäftigte ich mich intensiv mit Mindset-Themen. Denn nix anderes sind diese »Denkmuster«, von denen ich bei der Problemfokussierung gesprochen habe. Dank dieses Paukenschlages hatte ich begriffen, dass das alles Entscheidende ist, welche Geschichten ich mir selbst erzähle.

Deshalb sind solche Paukenschläge so großartig, weil sie uns mit dem Zaunpfahl zeigen, wo es uns piekst und triggert. Denn wenn wir uns trauen, die Geschichten, die wir uns erzählen, zu hinterfragen und rausfinden, welche Denkmuster dahinterstecken und sie »umstricken« können, dann sind wir in Meilenstiefeln in Richtung Zufriedenheit unterwegs.

Es sind genau diese blinden Flecken, auf die wir schauen dürfen, wenn wir wirklich Veränderung wollen und nicht nur »gewaschen werden wollen, ohne nass zu werden«. Unsere Trigger zeigen uns die

Stellen in unserer Komfortzone, wo der Hase im Pfeffer liegt. Nach meinem persönlichen Paukenschlag nahm ich allen Mut zusammen und schaute auf meine blinden Flecken. Ich fand meine beiden Hasen. Sie hießen: Eigenverantwortung und Lösungsfokus.

Eigenverantwortung fetzt!

Wer die Verantwortung trägt, bestimmt die Ergebnisse

Eigenverantwortung entzieht dem Lamentieren jegliche Grundlage. Wenn man das ganze »Ja, aber die anderen ...«-Blablabla nämlich mal weglässt, nimmt man sich selbst in die Pflicht und die eigene Handlungsfähigkeit bleibt übrig. Und als Unternehmerin (und als Mensch!) handlungsfähig zu sein, bedeutet, selbstbestimmt zu leben, das Steuer selbst in die Hand zu nehmen und das Schiff auf Kurs zum Ziel zu lenken. Klar ist das anstrengender, als die Branche, die Kunden, den Mann, das Wetter oder die Regierung fürs eigene Glück verantwortlich zu machen. Ich garantiere dir allerdings, dass dich das auf Dauer weder zufrieden noch wirklich frei macht.

Nach dieser Erkenntnis trat ich also meine Lamentier-Krone in die Tonne und beschloss, meine Probleme zukünftig zu lösen, anstatt sie nur zu begründen. Die wichtigste Lektion dabei war: Es ist reine Zeitverschwendung, sich über Dinge Gedanken zu machen, die man eh nicht ändern kann. Die Grafikbranche ändern? Kann ich nicht. Die Wünsche der Kunden ändern? Kann ich auch nicht. Dass Kinder, Haushalt und Ehrenämter Zeit erfordern? Kann ich natürlich auch nicht ändern.

Was ich aber verändern kann, ist, wie ich darüber denke! Und – noch viel wichtiger – ich kann meine Entscheidungen zu diesen Themen treffen. Ich kann nämlich selbst *entscheiden,* ob ich weiter mit branchenüblichen Stundensätzen und einem Bauchladen voller Grafikdienstleistungen arbeiten WILL.

Ich kann auch selbst entscheiden, ob ich mein Kind in eine Betreuung geben, mich ganz allein zuständig für den Haushalt fühlen und wie sehr ich mich für mein Ehrenamt engagieren WILL. Allerdings erfordert das zwei Dinge. Erstens – Entscheidungen zu treffen und zweitens – bei diesen Entscheidungen zu bleiben, auch wenn sie auf Widerstand stoßen. Ich meine hier die Stimmen, die sagen: »Jahaaa, andere Stundensätze schön und gut, aber das zahlt dir doch keiner.« Oder die, die um die Ecke kommen mit: »Ach, Online-Business und Coaching, voll unseriös – bleib lieber bei deinem Grafik-Büro, das ist 'ne sichere Sache.«

Und es sind unsere Glaubenssätze, die da zu uns sprechen und Dinge sagen wie: »Nur wenn du dich im Verein 111-prozentig engagierst, wirst du geschätzt und gemocht.« Dabei spielt es keine Rolle, ob diese Stimmen der Schwiegermutter oder dem kleinen Schweinehündchen auf deiner Schulter gehören! Fakt ist, wir dürfen lernen, mit ihnen umzugehen, wenn wir etwas verändern wollen. Und zwar so, dass sie uns nicht mehr davon abhalten, unser geiles Leben zu führen.

Dafür ist es notwendig, dass wir vor allem unser Monkey-Mind (das ist der Teil unseres Gehirns, aus dem die diversen kleinen Schweinehündchen uns Gedankenbullshitbingo erzählen) in den Griff bekommen.

GEDANKENBULLSHITBINGO –
Glaubenssätze und Geschichten, die uns unser Kopf erzählt, die wir ungeprüft glauben und die uns davon abhalten, die richtig geilen Sachen in unserem Leben zu tun. Und die wir so oft sagen oder denken, bis der Schweinehund »Bingo« bellt.

Ein Problem ist auch keine Lösung

Weg vom »Problemkreisen«, hin zum Lösungsfokus!

Eine effiziente Methode gegen negatives Gedankenbullshitbingo ist Lösungsfokus. Meine beste Freundin Cosima ist Lösungsfokussiererin mit Leib und Seele. Mit ihr ist es quasi nicht möglich, nach Herzenslust zu lamentieren, zu jammern oder zu lästern. Von ihr hab ich gelernt, was »focus on the good« wirklich bedeutet: kompromisslos positives Denken. Es gibt Probleme nur, wenn wir sie uns machen. Punkt. Es gibt immer zwei Seiten einer Medaille. Und es liegt ganz allein an uns, zu entscheiden, welche Seite wir betrachten. Peng.

Weißt du was? Manchmal find ich das so richtig scheiße! Dann WILL ich jammern und lästern und lamentieren und alles besser wissen. Dann ist es für mich sonnenklar, dass es an irgendwelchen doofen Umständen liegt, dass meine Buchhaltung nicht fertig ist oder die Klickrate für mein Freebie im Keller. Dann WILL ich bitte schön glauben, dass jemand anderer Schuld dran ist und es ist mir auch völlig egal wer. Aber ich bin es auf GAR KEINEN FALL! Und unter uns: Ich finde das total okay. Weil ich inzwischen weiß, dass solche Momente nur ein kurzer Flashback ins alte Steffi-Leben VOR dem Paukenschlag sind. Und weil ich den Zusammenhang begriffen habe, dass wir das, worauf wir unsere Aufmerksamkeit lenken, in unser Leben ziehen.

FREEBIE –
Kostenloses, mehr oder weniger nützliches Zeug, das man sich online im Austausch zur eigenen E-Mail-Adresse runterladen kann.

Deshalb lasse ich nicht zu, dass meine Lamentier-Queen gewinnt und habe für mich Mittel und Wege gefunden, wie ich ganz schnell wieder von meinem Thron hüpfen kann.

Du weißt ja schon, dass es reine Energieverschwendung ist, Ressourcen wie Hirnschmalz und Aufmerksamkeit für etwas einzusetzen, was wir eh nicht verändern können. Die Challenge dabei ist, dass wir der Versuchung widerstehen müssen, immer wieder ins Drama einzusteigen.

Dabei hilft uns Cosimas Ansicht zu Buchhaltung und bescheidenen Klickraten. In ihrer Welt ist es so, dass es total super ist, dass ich meine Prioritäten auf das setze, was mir Spaß macht. (Buchhaltung definitiv NICHT!) und dass es ein ganz wunderbares Geschenk ist, wenn mir meine Follower so deutlich mitteilen, dass die Texte in meinem Funnel noch präziser werden dürfen. Das sind die beiden Seiten der Medaille und wir entscheiden uns täglich aufs Neue, welche wir uns anschauen wollen.

Commitment, Baby!
Wie wir Entscheidungen treffen, die uns weiterbringen

Hast du »Matrix« gesehen? Dann erinnerst du dich bestimmt an die Szene, als sich Neo, gespielt von Keanu Reeves, entscheiden muss, ob er die rote oder die blaue Pille schluckt. Die blaue lässt Neo das heile, vertraute Weltbild der Matrix. Lamentieren ist definitiv ein Teil davon, denn wenn wir die gegebenen Umstände als Matrix, als ein System akzeptieren, das nun mal so funktioniert, wie es funktioniert – dann passen wir uns diesen Umständen einfach an. Nehmen wir die rote Pille, entscheiden wir uns für Eigenverantwortung und werden uns bewusst darüber, dass nur wir allein unsere Wirklichkeit konstruieren und dass aus unseren Gedanken, Gefühlen und Taten unsere Realität entsteht.

Dazu möchte ich dir die Geschichte vom Zirkuselefanten erzählen.[1] Sie stammt im Original aus dem Buch »Komm, ich erzähl dir eine Geschichte« von Jorge Bucay. Ich erzähle sie dir in meinen Worten. Es war einmal ein Elefant, der sein ganzes Leben in einem Zirkus verbracht hatte. Sein Alltag bestand daraus, in der Manege die Menschen mit seinen Kunststücken zu unterhalten, Unmengen an Heu zu verspeisen und den lieben langen Tag angekettet inmitten der Zirkusmenschen zu wohnen.

Das war sein Leben – er kannte es nicht anders. Als er zum ersten Mal mit der Kette an den Holzpflock gebunden wurde, war er noch ein kleiner Babyelefant. Er hatte versucht, sich mit seiner ganzen Kraft zu befreien und es war ihm nicht gelungen und irgendwann hatte er es gar nicht mehr versucht. Heute ist der Elefant erwachsen, groß und sehr stark. Ihm wäre es ein Leichtes gewesen, die Kette samt Pflock aus dem Boden zu reißen – und sich zu befreien. Doch er tat es nicht! Er hatte gelernt, dass er es einfach nicht schaffen kann und begnügte sich daher mit seinem Leben aus Kunststücken, Heu und ein paar Quadratmetern Auslauf.

Geht es uns Menschen manchmal nicht genauso? Wir halten uns selbst gefangen in unserem Alltag, fügen uns in äußere Umstände und hinterfragen nicht mal mehr, ob unsere paar Quadratmeter Auslauf wirklich alles sind, was wir vom Leben erwarten dürfen.

Der Elefant hätte mit der roten Pille wahrscheinlich erkennen können, dass er sich selbst gefangen hält. Im Film entscheidet sich Neo für die rote Pille und sieht, dass er in einer Realität gelebt hat, die für ihn konstruiert wurde, um ihn im System zu halten. Er hat damit seine eigene Selbstwirksamkeit erkannt. An dieser Stelle möchte ich darauf hinweisen, dass rote Pillen einen Menschen nicht erhabener, weiser oder erleuchteter als andere Menschen machen. Es ist eine andere Sichtweise auf die Dinge, die ein wenig Mut, Bereitschaft zur Veränderung und ein ehrliches »sich-selbst-tief-in-die-Augen-Schauen« erfordert. Kann man – muss man nicht.

So ähnlich war das auch bei mir. Und du ahnst es vielleicht schon: Es wäre natürlich wesentlich einfacher gewesen, die blaue Pille zu wählen und weiterhin auf meinem bequemen Lamentier-Thron sitzen zu bleiben. Denn die rote Pille hat Nebenwirkungen, die ganz schön unangenehm sein können. Das sind die Paukenschläge, die blinden Flecken und die Hasen im Pfeffer. Es sind unsere Ängste vor den eigenen Abgründen und unsere emotionalen Wunden, die schmerzen, wenn wir uns trauen, uns ihnen zu stellen. Manchmal noch banaler:

Die Angst vor Veränderung. Das ist der Unterschied zwischen blauen und roten Pillen – verdrängen oder hinschauen. Los komm, lass uns damit anfangen, unsere Gedanken so zu wählen, dass sie FÜR uns arbeiten – und nicht länger gegen uns. Es wird sich so lohnen, versprochen!

Als ich mich dazu entschieden hatte, das Steuer auf meinem damals noch recht kleinen und wackeligen Business-Floß eigenverantwortlich zu übernehmen, waren mir diese Nebenwirkungen noch nicht bewusst. Trotzdem war es für mich alternativlos: Ich musste dringend aufhören mit dem Lamentieren. Und zwar pronto! Denn ich hatte verstanden, wenn ich die Verantwortung weiterhin an alle möglichen »anderen« abgebe, hab ich am Ende halt auch deren Ergebnisse!

> »WHATEVER WE ARE NOT CHANGING,
> WE ARE CHOOSING.«

Versteh mich nicht falsch: Ich hab nicht von heute auf morgen mein Leben umgekrempelt und mich einer magischen Gehirnwäsche mittels roter Pille unterzogen. Ich hab keine 180-Grad-Drehung mit quietschenden Reifen hingelegt. Und du musst das auch nicht.

Meine Denkweise, die ich mir in fast 40 Jahren angeeignet hatte, veränderte sich in kleinen Schritten. Es ist ein immerwährender Prozess, diese altbekannten Gedanken zu überprüfen und gegebenenfalls neu zu denken. Aber hey, der erste Schritt war getan! Und zwar in dem Moment, als ich mir selbst das Commitment gegeben habe, zu WOLLEN. Die rote Pille. Meine Wahrheit, meine Verantwortung und meine Ergebnisse. Die gute Nachricht ist: Du kannst das auch!

Für mich war der Fall jedenfalls klar: Wenn ich die Entscheidung über mein Angebot als Grafikerin weiterhin meinen Kunden überlasse, gestalte ich Anzeigen fürs Mitteilungsblatt und Einladungskarten für 75. Geburtstage bis zum Sankt-Nimmerleins-Tag – und werde damit ganz bestimmt nicht reich und berühmt.

COMMITMENT –
sich zu etwas verpflichten oder bekennen.
Finde kein treffenderes, deutsches Wort dafür,
deshalb von mir »eingedeutscht«.

Im Prinzip ist es doch ganz einfach: Biete einfach nur noch das an, worauf du Bock hast und nimm den Preis dafür, der dir dafür angemessen erscheint. Klingt doch gut, oder? Warum machen wir das also nicht einfach? Weil uns Ängste und Zweifel im Nacken sitzen. Sie hindern uns daran, die Entscheidungen zu treffen, die fällig wären, damit wir den Kurs auf unser Ziel halten könnten. Zu Jobs einfach »nein« zu sagen zum Beispiel.

Für mich war es am Anfang eine riesige Herausforderung, »nein« zu sagen. Zu Aufträgen, zu Stundensätzen und zu Kunden. Man schickt keine Kunden weg. Im Leben nicht! Der Kunde ist König. Wir können uns glücklich schätzen, dass uns seine königliche Hoheit mit dem Auftrag beehrt. So hab ich das in meiner beruflichen Laufbahn bei der Zeitung, in der Druckerei und in der Agentur gelernt.

Am Prinzip »Der Kunde ist König« hat sich für mich bis heute nichts geändert. Meine Lieblingskundinnen sind für mich Königinnen. Und doch gibt es jetzt einen riesengroßen Unterschied: Ich versuche nicht mehr, es allen recht zu machen. Denn mit meinem Grafikbüro hatte ich genau das versucht! Ich wollte eine gute Webdesignerin sein, eine hervorragende Logo-Gestalterin und eine top Katalog-Setzerin. Ich wollte für Mittelständler, Agenturen und Privatleute da sein. Kurz und gut: Ich wollte ALLEN gefallen.

> »EVERYBODY'S DARLING
> IS EVERYBODY'S DEPP.«

Um es kurz zu machen: Das geht nicht! Und deshalb brauchst du es auch gar nicht zu versuchen. Denn die Konsequenz dieses Versuchs (und die garantiere ich dir so sicher wie das Amen im Gebet) ist Zerrissenheit. Wenn wir allen gefallen wollen, gefallen wir am Ende allen – außer uns selbst. Es hat außerdem zur Folge, dass unsere Kunden nicht genau wissen, wer wir sind und was sie von uns zu erwarten haben. Und wir selbst wissen es am allerwenigsten.

Willst du den Hauptgrund dafür wissen, warum ich mit meiner Selbstständigkeit lange Zeit so herumgeeiert bin? Ich war identitätslos. Ich wusste nicht, wer ich war und für wen ich war. Weil ich es allen recht machen wollte. Ein Sprichwort sagt: »Wer zwei Hasen jagt, fängt keinen.« Und genau das kommt am Ende wirklich dabei raus, wenn wir es allen recht machen wollen: Wir gefallen keinem. Und am allerwenigsten uns selbst. Du erinnerst dich, was ich zu Beginn des Kapitels über Selbstwert geschrieben habe: Wenn wir uns selbst nicht wertschätzen, tun es unsere Kunden auch nicht. So ist es auch hier!

Auf Teufel komm raus wollte ich jeden Auftrag annehmen, alle Kundenwünsche erfüllen und allen gefallen. Lass uns kurz überlegen: Wertschätzte ich mich und meine Arbeit dabei? Nein! Denn ich führte mir damit ganz deutlich vor Augen, was ich alles NICHT konnte, was NICHT so gut klappte, worin ich NICHT gut war. Ich war mittendrin in der Problemfokussierung!

Und ich rechtfertigte mich. Für mein Angebot und für meine Preise. Ich machte mich zur Bittstellerin und unterwarf mich in der Hackordnung meiner Branche und meinen Kunden. Damit hab ich das Prinzip des Selbstwerts bewiesen, denn ich machte das Gegenteil von Selbstwertschätzung: Ich machte mich klein. Und meine Ergebnisse waren ebenso: klein.

Um aus dieser Bittsteller-Nummer rauszukommen, haben wir nur eine einzige Möglichkeit. Sie lautet: Entscheidungen treffen. Und zwar müssen wir uns entscheiden, welchem »Hasen« wir hinterherlaufen wollen. Wir müssen die Entscheidung treffen, was wir für wen tun wollen. Die alles entscheidende Frage, die wir beantworten müssen, lautet: Wer möchte ich sein?

Du darfst das! Dein Business – deine Regeln. Du bist der Kapitän auf deinem Business-Schiff. Du allein bestimmst, worauf du Kurs hältst: egal ob Online-Business, Yoga-Studio oder Großkonzern. Du bestimmst, welche Passagiere du auf deinem Schiff mitnehmen willst: deine Lieblingskunden, auf die du so richtig Lust hast. Und du bestimmst, wer zu deiner Mannschaft gehören soll: die Menschen, die dich begleiten und unterstützen, dein privates Umfeld, deine Mitarbeiter und deine Coaches.

Auf deiner Reise kann es natürlich passieren, dass der ein oder andere Sturm dein Schiff ganz schön durchschüttelt und dass die Wellen meterhoch sind. Das ist ganz normal! Solange du dein Ziel nicht aus den Augen verlierst (Lösungsfokus), das Steuerrad fest in der Hand hältst (Eigenverantwortung) und du stolz und aufrecht auf Deck stehst (Selbstwert), kann nix schiefgehen!

An dieser Stelle möchte ich dir ehrlicherweise sagen, dass ich alleine heute nicht so erfolgreich wäre. Ich hatte immer Coaches an meiner Seite und ein Umfeld von gleichgesinnten, ambitionierten Gründerinnen, die für mich Vorbilder und Unterstützer waren. Diese Menschen, in die ich nach 10 Jahren des Herumkrebsens gern investiert habe, waren für mich die Abkürzung, um heute ein selbstbestimmtes Leben zu führen.

Ich will nicht sagen, dass Business-Erfolg alleine nicht möglich ist. Ich bin mir aber zu 111 Prozent sicher, dass es viel länger dauert, es allein im stillen Kämmerlein nicht so richtig Spaß macht und Wissen allein nicht dafür ausreicht, eine erfolgreiche Unternehmerin zu werden. Es ist die Summe aller Entscheidungen, die wir treffen, die uns zu unserem Glück führen. Und da ist auch wieder die Selbstwertschätzung und die Frage nach der Bereitschaft, IN SICH zu investieren.

WILL ich das? Will ICH Das? Will ich DAS?

Wie du immer gute Entscheidungen triffst

Es liegt an uns, damit zu beginnen, echte Erfolgsentscheidungen zu treffen. Die für die »rote Pille« war die erste – und die hast du ja schon getroffen, gratuliere! Denn du möchtest was in deinem (Business-)Leben verändern, sonst würdest du jetzt nicht dieses Buch in den Händen halten. Sei stolz auf jede Entscheidung, die du auf deinem

Weg bisher getroffen hast – und halte daran fest. Erfolg heißt, Entscheidungen treffen und auch dabei bleiben.

Ich hab mich oft umentschieden. Ich wollte Printdesignerin sein und hab auch Webseiten gemacht. Ich wollte ein Online-Business aufbauen und hab einen Gewölbekeller als Eventlocation betrieben. Es hat mich alles nicht zum Erfolg geführt und ich hab vor allem eins gelernt: »Hin und Her macht Taschen leer«[2]

Wie kannst du gute Entscheidungen treffen, die dich weiterbringen? Du brauchst dir einfach nur diese drei Fragen zu stellen:
Will ich das? Will **ich** das? Will ich **das?** Lass uns das mal an meinem Beispiel eines Grafikjobs durchgehen. Mal angenommen, es käme eine Anfrage rein für ein Buch mit 555 Seiten über das Paarungsverhalten der gemeinen Weinbergschnecke. Ein Freund, dem ich einen Gefallen schulde, hat mich weiterempfohlen. Ich soll das Buch gestalten, Korrektur lesen und in Druck geben – am besten in den nächsten drei Wochen.

(1) WILL ich das? Mit allen Konsequenzen: lösungsfokussiert, eigenverantwortlich und am Ende stolz wie Bolle drauf, dass ich es gemacht hab? – Schneckenbuch: Nö.

(2) Will ICH das? Ist das wirklich mein Ziel oder geht es darum, den Erwartungen eines anderen gerecht zu werden? – Schneckenbuch: Nö.

(3) Will ich DAS? Ist das wirklich mein Ding und zahlt es auf mein großes Ziel ein? – Schneckenbuch: Nö!

Noch vor ein paar Jahren hätte ich das Projekt selbstverständlich angenommen. Ich hätte Verrenkungen gemacht, um es umzusetzen. Ich hätte Gefallen erwidert, Sonderpreise vereinbart und meine eigenen Ziele und Bedürfnisse hintangestellt.

Heute ist die Antwort klar – und die Entscheidung in Sekundenschnelle getroffen. Das ist das Gute an einer starken Marke: Sie weiß ganz genau, was zu ihr passt – und was eben nicht.

Für erste Erfolgsentscheidungen, die dich deinem Ziel näherbringen, empfehle ich dir deshalb meine »Das-kann-weg-Liste«. Da kannst du mal aufschreiben, was du alles nicht (mehr) in deinem Business und in deinem Leben haben möchtest.

Denn vielleicht geht es dir ja so wie mir (und bestimmt vielen anderen, die es gewohnt sind, in einem Problemiversum zu denken). Wir wissen genau, was wir NICHT (mehr) wollen. Wir können ziemlich genau sagen, dass wir das blonde Haar in der Suppe NICHT wollen. Wenn uns der Kellner allerdings fragt, was uns in der Suppe noch fehlt, sieht es schon anders aus. Mach die Liste ganz intuitiv! Deine innere Stimme sagt dir ganz genau, was auf die Liste darf. Dein Bauchgefühl, deine Intuition hat immer recht.

Mit Entscheidungen mistest du also dein (Business-)Leben aus. Alles muss raus, was kneift und zwar ganz ohne Kompromisse. Warum? Weil wir nur dann in einer guten Energie sein können, wenn nur die Dinge, Menschen und Tätigkeiten unser Leben füllen, die uns bereichern. Wo du draufklickst, kriegst du mehr davon! In einer guten Energie sein, ermöglicht Erfolg. So krass auszumisten, mag sich vielleicht hart für dich anhören. Es ist jedoch das effizienteste Mittel, das ich kenne, ich habe es selbst erprobt.

Und oft sind es schon Kleinigkeiten, die so viel bewirken, wie Unterhosen, Socken oder von der Schwiegermutter geschenkte Blumenvasen, die du zwar potthässlich findest, dich aber aus Höflichkeit bisher nicht getraut hast wegzuhauen.

Es können natürlich auch Kunden sein. Ein Produkt, eine Dienstleistung, die du nicht mehr anbieten möchtest. Es kann eine Beziehung, eine Gewohnheit oder eine Tätigkeit sein, die du bloß noch pflegst, weil sie halt schon immer da ist. Übrigens – ein todsicherer Indikator dafür, was auf die »Das-kann-weg-Liste« kann, ist das Wörtchen »eigentlich«. Wenn wir »eigentlich« sagen, haben wir uns »eigentlich« schon längst für die andere Option entschieden und begründen »eigentlich« nur noch, warum wir uns »eigentlich« nicht trauen, sie zu wählen.

Wenn deine »Das-kann-weg-Liste« voll ist, gehst du sie Punkt für Punkt durch. Frag dich dann: Was möchte ich stattdessen? Schreib es auf. Dann kannst du dir zu jedem Punkt unsere drei Fragen stellen: WILL ich das? Will ICH das? Will ich DAS? Hab ganz viel Spaß beim Treffen deiner Entscheidungen!

GUTE FRAGEN:

Mach Tabula rasa und halt fest, was gehen darf.

- Was stört mich und liegt es in meiner Hand, es zu ändern?
- Was fühlt sich im Alltag mühsam an?
- Worauf hab ich »eigentlich« keinen Bock mehr?

JUST DO IT!

Mach eine »Das-kann-weg-Liste«. Schreib alles auf, was du auf gar keinen Fall mehr haben möchtest. Was lässt du gehen?

WORKSHEETS: MARKELEBEN.COM/BUCH-BONUS

KAPITEL 3

»NOT MY CIRCUS, NOT MY MONKEYS«

WIE DU DEIN GEHIRN DAZU BRINGST, FÜR DICH ZU ARBEITEN

»Als Grafikerin kann ich nicht mehr verdienen.«
»Dafür gibt es keinen Markt.«
»In meiner Branche werden nur miese Stundensätze bezahlt.«
»Neue Kunden gewinnen ist schwer.«
»Der Kunde ist König.«
»Als Selbstständige arbeitest du halt selbst und ständig.«

Das ist nur ein Bruchteil der Geschichten, die ich mir im Laufe von fast 25 Jahren im Berufsleben erzählt habe. Und ich wäre nicht mal auf die Idee gekommen, sie zu hinterfragen. Dieses Gedankenbullshitbingo war meine Wahrheit, so hatte ich es nun mal gelernt. Weil ich Gründe dafür suchte, warum mein Leben so war, wie es nun mal war. Weil sie mich beruhigten, dass mit mir – bitte schön – alles okay sei und ICH schließlich nix für meine Lage konnte. Weil mein Umfeld so dachte.

Du ahnst es schon: Die Lamentier-Queen lässt herzlich grüßen und – Überraschung – diese Gedanken waren nicht wirklich hilfreich für eine raketenmäßige Business-Entwicklung. Doch genau diese »Geschichten« entscheiden darüber!

Der Reihe nach. Diese Erkenntnis kam mir erst im Coaching. Da war die Rede von »Mindset«. Musste ich erstmal googeln, kannte ich vor ein paar Jahren tatsächlich noch nicht. Mindset – auf Deutsch: »Denkweise«. Ich so: »Hä, wie jetzt? Was soll denn meine Denke mit meinem Business zu tun haben? Nee, nee, nee ... Ich bin ja hier, um meinen Laden auf Vordermann zu bringen und nicht, um mich mit meinen Gedanken auseinanderzusetzen.«

Ich hab dir ja schon erzählt, dass ich in diesem Coaching den ganzen Mindset-Kram einfach mal überblättert habe. Für mich war klar: Was ich brauche, ist ’ne gescheite Strategie, Online-Marketing und -Technik und einen Businessplan. Klarer Fall, das ganze Bohei um diesen heute inflationär gebrauchten Begriff »Mindset« ist doch bloß überflüssiges Blablabla von selbsternannten Gurus. Ein Morgenroutine-Journaling-Achtsamkeitsritt in Richtung Selbstoptimierung.

MINDSET –
Unser Guckloch durch den Zaun, durch das wir die Welt sehen. Unsere Denkweise, die unsere Realität bestimmt. Oder einfacher: unser Denkrahmen.

Und wenn du jetzt zustimmend nickst und denkst: »Jawohl, endlich sagt's mal wer!«, DANN ist dieses Kapitel ganz besonders für dich. Es ist die wohlgemeinte, herzliche Einladung an dich, mal zu checken, ob hier womöglich gerade deine persönliche Lamentier-Queen am Werk ist und Gründe sucht, warum diese Mindset-Arbeit für dich ja nicht funktionieren kann. Denn ob du dir darüber bewusst bist oder nicht: Du tust sie schon!

Was Zähneputzen mit deinem Mindset zu tun hat

Von Glaubenssätzen, Gedankenhighways und Gedankenbullshitbingo

Diese Geschichten, die ich mir da erzählt hab, nennt man Glaubenssätze. Im Wort steckt's schon drin: Das sind Sätze, die man sich glaubt. Und jeder erzählt sie sich! Alle tun das. Du und ich und die anderen 8 Milliarden Menschen auf der Welt. Es gibt Glaubenssätze, die für uns hilfreich sind und die, die uns eher sabotieren. Das Fiese an ihnen ist, dass sie uns oft gar nicht bewusst sind. Denn wenn sie uns bewusst wären, könnten wir sie ja dann und wann als völlig bescheuertes Gedankenbullshitbingo entlarven.

Wir denken zirka 60.000 Gedanken pro Tag. Und wenn wir jeden ganz BEWUSST denken würden, kämen wir ja gar nicht mehr hinterher! Du denkst ja nicht: »Ich gehe jetzt Zähneputzen, sonst krieg ich Plaque, Karies oder Parodontose.« Sondern du machst es einfach.

Und beim Zähneputzen denkst du auch nicht: »So, jetzt noch 24 links oben in kleinen kreisenden Bewegungen und dann Zahnseide.« – sondern du putzt einfach. Als dir deine Eltern das Zähneputzen beigebracht haben, flutschte das noch nicht so automatisch und du musstest es zuerst üben. Jetzt ist es für dich Routine und höchstwahrscheinlich putzt du dir die Zähne jeden Tag auf dieselbe Weise. Beobachte das mal! Wir putzen die Zähne immer in derselben Reihenfolge. Zahnpasta auf die Zahnbürste und los geht's. Ich fang immer links oben an. Du vielleicht rechts unten. Unter der Dusche seifen wir uns übrigens auch immer in der haargenau gleichen Reihenfolge ein.

Zähneputzen, duschen, mit Messer und Gabel essen, eins plus eins gleich zwei, Englisch-Vokabeln lernen oder Auto fahren hast du irgendwann zum ersten Mal gemacht. Du hast es *gelernt!* Und genauso hast du auch irgendwann mal deine ganzen Glaubenssätze gelernt. Es gibt immer ein erstes Mal. Dabei haben sich in deinem Gehirn Strukturen verändert.

Der Fachbegriff dafür ist »neuronale Plastizität« und der Beweis, dass die Ausrede »das ist bei mir halt so« nicht gilt. Wir sind in der Lage, unser Gehirn zu verändern, indem wir andere Gedanken denken. Physiologisch gesehen, verändern sich beim Lernen in unserem Hirn die Verbindungen von Nervenzellen.

Je öfter wir etwas denken und üben, desto stärker werden sie, wie ein Trampelpfad auf einer Wiese, durch die du das erste Mal gehst. Je öfter du denselben Weg nimmst, umso breiter wird er. So wird auch aus einem Gedanken-Trampelpfad irgendwann eine breite Gedanken-Autobahn, weil sich die Nervenstränge vom feinen Trampelpfädchen zu einem fetten sechsspurigen Highway verbinden. Herzlichen Glückwunsch, dann haben wir es geschafft! Das Gelernte ist ins Unterbewusstsein gerutscht und zur Routine geworden. Dann schalten wir auf Autopilot und müssen nicht mehr an »24 links oben in kleinen kreisenden Bewegungen« oder »kuppeln, schalten, blinken, bremsen, Schulterblick« denken.

Genauso ist es auch mit unseren Geschichten, die wir uns den lieben langen Tag erzählen. Sie sind zur Routine geworden. Wir haben uns an sie gewöhnt, indem wir sie immer wieder gelernt, gehört und gedacht haben. »Ich bin unsportlich.« – »Für viel Geld muss man viel arbeiten.« – »Ich muss den Teller leer essen, sonst regnet's.« – »Ab 40 wird der Stoffwechsel träge.« – »Ich bin halt nicht gut in Mathe.«

Wir überprüfen ja nicht mal mehr bewusst, ob das überhaupt stimmt! Wir ziehen unser »erstes Mal«, als wir diesen Gedanken gedacht haben und die dabei gefühlten Emotionen und daraus resultierenden Erlebnisse und Ergebnisse, als Referenzsituation heran.

Wir glauben unseren Eltern, unseren Lehrern, den Mitschülern, Geschwistern, Nachrichtensprechern, Schwiegermüttern und unserem Social-Media-Feed. Damit wir nicken und sagen können: »Stimmt! So isses.« Wir nehmen es als bare Münze.

Genau wie ich, die never ever auf die Idee gekommen wäre zu hinterfragen, ob »als Grafikerin kann ich nicht mehr verdienen« WIRKLICH stimmt, denken wir täglich tausende Gedanken, die über unsere Gedanken-Autobahnen flitzen, ohne an der Bewusstseins-Mautstelle ihr Ticket zu zeigen. Deshalb entscheiden die meisten auch nicht bewusst, ob sie das jetzt wirklich denken und glauben *wollen* – oder besser nicht.

So entsteht unser Teller mit Rand, über den wir mehr oder weniger flexibel rausgucken. Naturgemäß bleiben wir am liebsten auf unserem Teller. Was da drauf ist, ist gut und richtig. Basta. (Beliebter Glaubenssatz übrigens: Man kann nicht alles haben.) Deshalb suchen wir für unsere Geschichten nach Beweisen, die sie uns bestätigen. (Wer will, findet Wege, wer nicht will ... – du weißt schon.)

Wir wollen dazugehören und vertreten deshalb gerne dieselbe Meinung wie unser Umfeld. Wir wollen »recht« haben und mit unseren Annahmen (denn nix anderes sind unsere Glaubenssätze!) richtig liegen. Das gibt uns ein Gefühl der Sicherheit – und Sicherheit bewahrt uns vor Angst.

Warum schreibe ich in einem Personal-Branding-Ratgeber über Glaubenssätze und Angst? Weil ich dieses Buch für Menschen schreibe, die sich weiterentwickeln möchten. Deshalb hältst DU es jetzt in den Händen. Du möchtest erfolgreich sein mit deinem Business oder weiterkommen im Job und du wünschst dir ein selbstbestimmteres und damit zufriedeneres Leben. Und um das zu erreichen, ist eine Sache unvermeidlich: Veränderung. Eine Frage, die mir dabei sehr geholfen hat, ist: »Willst du recht behalten oder dich verändern?« Recht haben = blaue Pille ...

Reptiliengehirn meets Säbelzahntiger

Stell dich tot – und mach's dann trotzdem!

Immer wenn eine Veränderung ansteht, wir etwas Neues ausprobieren und uns auf unbekanntes Terrain wagen, schauen wir über unseren Tellerrand hinaus. Ob wir einen neuen Job suchen, das erste Mal live auf Instagram gehen oder einfach nur ein neues Sofa kaufen: Wir machen mit solchen Entscheidungen einen Schritt raus aus unserer kuschligen Komfortzone mit ihren vertrauten Routinen, Menschen und Gedanken-Highways. Das ruft einen uralten Schutzmechanismus in unserem System auf den Plan: die Angst.

Wir bekommen feuchte Hände, Schnappatmung, fangen an zu zittern und werden bleich. Zu verdanken haben wir das dem ältesten Teil unseres Gehirns, dem Hirnstamm. Gemeinsam mit dem Sympathikus, einem Teil unseres vegetativen Nervensystems, ist es bei uns für die Basics zuständig: Herzschlag, Atmung, Hunger, Durst und Klo (du weißt schon, was ich meine). Der Hirnstamm wird oft auch als Reptiliengehirn bezeichnet, weil er bei Wirbeltieren wie den Reptilien fast das gesamte Gehirn ausmacht.

Ein äußerer Reiz löst unsere Angst aus: Vorstellungsgespräch, Instagram-TV, Sofakauf. »Oh wow, krasse Sache. Hat sie noch nie/nicht so oft gemacht, is 'ne große Nummer – Gefahr im Verzug!«, denken sich Reptiliengehirn und Sympathikus und übernehmen das Kommando. Und bestimmt weißt du um die Scharfsinnigkeit und den Intellekt von Krokodilen Bescheid und kannst dir deshalb denken, dass es dann auch bei UNS mit diesen Fähigkeiten nicht weither sein kann, wenn dieser Teil des Gehirns gerade Chef spielt.

Sie fahren unser System runter auf Überlebensmodus. Der ist – das sei am Rande erwähnt – übrigens nicht gesund für unseren Körper. Er ist als kurzfristige Sache gedacht und deshalb macht es uns krank, wenn wir uns dauerhaft Angstsituationen aussetzen, weil unser Körper Stresshormone produziert. Diese »Gedankenhygiene« ist darum sehr wichtig – vor allem für deine Gesundheit. Wenn wir uns im Überlebensmodus befinden, greift unser Körper zu drastischen Maßnahmen. Er bereitet uns auf eine »Fight or flight«-Reaktion vor. Dabei tun wir, was unsere Vorfahren vor Millionen von Jahren schon gemacht haben, als der Säbelzahntiger um die Ecke gebogen ist: totstellen, wegrennen oder angreifen.

Das sympathische Reptiliengehirn setzt nämlich Mechanismen in Gang, die uns bei diesen drei Tätigkeiten maximal unterstützen. Es blendet bei Gefahr unwichtige Sachen wie intellektuelle, rationale Denkleistung, Empathie und übrigens auch den Sexualtrieb für den Moment mal komplett aus. Klar, ist ja auch alles unnützes Zeug, wenn man womöglich gleich gefressen wird. Viel, viel wichtiger ist jetzt, dass wir schnell reagieren!

Deshalb wird der Adrenalin-Knopf gedrückt und unser Atemvolumen und unsere Muskelkraft erhöhen sich. Die Sache hat bloß leider einen Haken: Wir werden ja nicht gefressen, wenn wir auf Instagram live gehen! Auch der nette Herr im grauen Zweireiher beim Vorstellungsgespräch bedroht nicht Leib und Leben und der Kauf eines Sofas schon zweimal nicht. Wenn wir wachsen und Veränderungen wollen, bleibt uns also nix anderes übrig, als diese Ängste zu überwinden. Wir müssen Dinge trotzdem tun, auch wenn wir dabei das Gefühl haben, gleich gefressen zu werden.

Aufschieberitis, Perfektionismus und die Lamentier-Queen

Woran du die Ängste dahinter erkennst und wie du sie überwinden kannst

Um Ängste zu überwinden, ist der erste Schritt, dass wir uns diese Ängste erstmal bewusst machen. »Gefahr erkannt, Gefahr gebannt« sozusagen. Und da macht es uns unser System ziemlich kommod – die Zeichen der Angst zeigen sich deutlich. Zwar tarnen sie sich gerne als Aufschieberitis, Perfektionismus oder Lamentier-Queen, aber hey, ich verrate dir jetzt, wie du sie bei dir aufspüren kannst. Dafür ist es gut, wenn du über die drei verschiedenen Zustände Bescheid weißt, die uns in Angst versetzen können:

Variante eins: Tot stellen.
Wir befinden uns in einer Art Schockstarre. Wir machen lieber erstmal gar nix und schieben eine Entscheidung vom Komfortzonensofa aus mit Engelsgeduld vor uns her: »Insta-TV? Ach, lieber doch nicht. Das ist vielleicht gar nicht sooo wichtig. Ich bin doch noch gar nicht soweit.«, »Job wechseln? Och, vielleicht nächstes Jahr. Weil sooo schlimm ist der Chef ja auch nicht und dafür sind die Kollegen total nett und das Gehalt ist auch ganz ok.«

Variante zwei: Flucht.
Die erkennst du daran, dass plötzlich die Priorität für den Korb mit der Bügelwäsche ungemein über die der Insta-Lives gestiegen ist. Oder daran, dass du an der Grafik für deinen neuen Facebook-Post noch stundenlang Bildchen millimeterweise von rechts nach links verschiebst, noch 'ne andere Schrift ausprobierst und am Ende gar nix postest. So hüpfen wir munter von A nach B, um dann C zu beginnen, obwohl wir A noch nicht mal zu Ende gedacht haben. Dahinter steckt meistens der Kollege Perfektionismus. Und hinter ihm verbirgt sich immer eine Angst. Getriggert durch Glaubenssätze wie zum Beispiel »Ich bin nicht gut genug.« oder »Was werden bloß die anderen über mich sagen?«.

Variante drei: Kämpfen.
Da ist sie, die Lamentier-Queen. Sie plappert eifrig drauf los: »Also nein, in diesem Jahr kann ich den Job auf keinen Fall wechseln, der Arbeitsmarkt gibt gerade einfach nix her.« Oder: »Live auf Instagram? Ich muss ja nicht jedem Trend hinterherlaufen.« Oder: »Die spinnt wohl, so viel Geld verlangt die für ein Coaching? Nein, also das ist ja völlig überteuert und woher weiß ich denn überhaupt, ob mir das wirklich was bringt?« So rechtfertigen wir uns, um unseren vermeintlichen »Gegner« zu bekämpfen. Gib dir das mal! Wir kämpfen gegen eine Entscheidung, die wir mal aus bester Absicht und im besten Sinne *für* uns treffen wollten.

Apropos »Was wohl die anderen über mich sagen.« ... Es gibt noch die »soziale Angst«. Denn wir Menschen sind aus unserer Evolution heraus als soziale Wesen konzipiert. Zur Zeit des Säbelzahntigers waren wir auf die Unterstützung unserer Sippe angewiesen. Logisch, schließlich kann ich alleine kein Mammut erlegen. Und wenn's hart auf hart und der Säbelzahntiger kommt, bin ich besser dran, wenn ich noch ein paar Schleuderspeere mehr als Rückendeckung bekomme. Deshalb ist unser System so gepolt, dass wir uns einem sozialen Gefüge zugehörig fühlen wollen. Einfach deshalb, weil es die Sicherung unseres Überlebens bedeutet. Damit uns unser System ab sofort nicht mehr davon abhält, die Dinge zu tun, für die wir uns entschieden haben und die notwendig, hilfreich und erfolgversprechend für uns sind, können wir es überlisten.

Folgendes können wir tun, um unsere Ängste zu überwinden:

Erstens: Sich die Angst bewusst machen.
Sag: »Hallo Angst, danke, dass du dich zeigst. Ich weiß, du willst mich beschützen. Aber hey, schau her, ich bin in Sicherheit. Mir kann nichts passieren.« Verurteile dich nicht für die Angst. Es ist okay, dass sie da ist. Sie gehört zu dir und sie möchte dir etwas sagen.

In ganz akuten Angstsituation hilft es, ein Glas Wasser zu trinken. Das signalisiert dem System: »Ah, wir trinken Wasser! Prima, dann war's wohl doch kein Säbelzahntiger. Lass uns wieder auf normalen Betriebsmodus umschalten.« Dann können wir wieder rational denken und werden handlungsfähig. Auch mit bewusstem Atmen können wir die Angst überwinden. Atme eine Minute lang langsam und gleichmäßig. Der Puls wird ruhiger, dein Körper entspannt sich. Mir hilft Yoga und Meditation dabei, mein System in besonders turbulenten Phasen ausgeglichen zu halten und mich zu »entstressen«. Vielleicht beobachtest du auch, dass »Achtsamkeit« gerade hoch im Kurs steht. Find ich super!

Und ich finde es ganz großartig, dass immer mehr Menschen verstehen, wie krass sich Stress und Ängste auf ihren Körper auswirken. Es macht uns gesünder, zufriedener und ausgeglichener, wenn wir gute Gedanken denken. Denn sie können uns stärken. Negative Gedanken hingegen können uns tatsächlich krank machen. Gesundheit hat also nicht nur was mit gesunder Ernährung, Körperpflege und Bewegung zu tun, sondern auch mit »Gedankenhygiene«.

Zweitens: Den Trigger herausfinden.

Das ist das Zweite, was du tun kannst, um deine Angst zu überwinden: Herausfinden, welchem Auslöser sie entspringt. Dafür müssen wir uns bloß mal selbst beim Denken zuhören. Welche Geschichten erzähle ich mir denn jeden Tag so? Was denke ich über mich und über andere? Welcher Gedanke oder welche Situation war der auslösende Trigger, der mich gerade volle Pulle in eine Angsthaltung katapultiert hat?

Ganz oft pieksen uns Glaubenssätze, die wir verankert haben und die jetzt zu dieser neuen Option oder unserer geplanten Veränderung einfach nicht passen wollen. Vielleicht widerspricht es einem Grundsatz, den wir von unseren Eltern gelernt haben. »Sei immer fleißig und bescheiden!« zum Beispiel – du aber willst mit deinem Business so richtig einen raushauen, mindestens Millionärin werden und voll in die Sichtbarkeit gehen? Aber Kindchen, DAS geht doch nun wirklich nicht ... Klar, wer widerspricht schon gern seinen Nächsten und wirft das, was er als »richtig« und »falsch« gelernt hat, einfach über Bord?

So zwickt und piekst es und fühlt sich einfach nicht richtig an. Es fühlt sich viel zu groß an. Es fühlt sich fremd an. Und – zack – ist sie da, die Angst. Und unsere beiden Kameraden Reptiliengehirn und Sympathikus unterscheiden nicht, ob es eine reale Bedrohung für Leib und Leben gibt, oder ob das Horrorszenario nur in unserem Kopf stattfindet. Die machen einfach ihren Job!

Ob Säbelzahntiger oder Lamentier-Queen ist denen völlig schnuppe. Sie drücken den Adrenalinknopf, fahren dein System auf Überlebensmodus und machen dich damit nicht wirklich entscheidungs- und schon gar nicht handlungsfähig.

In diesen Triggern liegt das größte Potenzial für uns. Denn sie zeigen uns mit der ganzen Zaunpfahlhandlung, wo wir hinschauen dürfen, wenn wir uns weiterentwickeln wollen. Und dass persönliche Entwicklung die Voraussetzung für Business-Entwicklung ist, hatte die Wald-und-Wiesen-Grafikerin und Lamentier-Queen Steffi inzwischen auch mitbekommen. Und du kannst das auch! Nur Mut. Schau hin, was gerade ist. Hör zu, welche Geschichten du dir erzählst und schau vor allem nach vorn, wie du dein Leben haben willst! Es ist wie ein Spiel. Und es ist die Frage, wen du gewinnen lässt im Gedankenbullshitbingo: deinen Kopf oder dein Ziel.

Wer gewinnt im Gedankenbullshitbingo?
Glaub dir nicht alles, was du denkst!

»Ich bin keine richtige Grafikerin.« Das war mein Glaubenssatz, der mich viele Jahre sabotiert hat. Trotz fast 20-jähriger Berufserfahrung, einer Ausbildung als Schriftsetzerin, als Layouterin, mit abgeschlossener Ausbildereignungsprüfung, Abschluss als Druck- und Medientechnikerin und einem Werbestudium wäre ich nie auf die Idee gekommen, mich als »Grafikdesignerin« zu bezeichnen.

»Warum um Gottes willen das?«, fragst du dich jetzt vielleicht. Weil ich kein »richtiges« Designstudium an einer Hochschule gemacht habe, sondern »nur« eine berufsbegleitende Ausbildung. Weil ich keinen Strich zeichnen kann und von Illustration keinen blassen Schimmer habe. Weil ich nie in einer »richtigen« Werbeagentur gearbeitet habe, sondern »nur« in Druckereien, Grafikstudios und Marketingabteilungen.

In meiner Welt waren Grafikdesigner Leute, die vom Piktogramm bis zur Infografik, vom Portrait bis zum 1.111-Seiten-Katalog und von der Webseite bis zum edlen Magazin ALLES können. Für mich waren studierte Leute echte Designer und nicht so teilzeitausgebildete Wald-und-Wiesen-Mäuschen wie ich. Diese Geschichte hab ich mir ungefähr 20 Jahre lang erzählt und ich habe sie mir wirklich geglaubt. Dass ich damit einem riesengroßen Irrtum aufgesessen bin, weiß ich heute – damals war die Story für mich wahr. So konstruieren wir uns unsere eigene Welt und denken und handeln nach Regeln, die wir uns selbst zurechtzimmern.

Du kannst übrigens den Satz »Ich bin keine ...« beliebig auf dich übertragen, wenn auch über dir ein Gedanke wie ein Damoklesschwert schwebt und dich daran hindert, erfolgreich, selbstbewusst und zufrieden zu sein. Käme heute eine Kundin mit diesem Satz in mein Coaching, wäre meine erste Frage: »Woran würdest du denn merken, dass du eine richtige Grafikdesignerin bist?« Hätte ich mir damals diese Frage gestellt, wäre mir wahrscheinlich ziemlich schnell bewusst geworden, welchen Stress diese Annahme bei mir verursachte und welchen Scheiß ich mir da erzähle.

Ich traute mich nämlich nicht, mich auf coole Jobs zu bewerben, selbstbewusst dem Kunden gegenüberzustehen und zu sagen »so ist es professionell gemacht, dein Briefing war halt Kacke«, geschweige denn angemessene Preise für meine Arbeit zu verlangen. Und noch viel schlimmer: Ich fühlte mich einfach »nicht gut genug«. Was war passiert? Ich war mitten reingetappt in die »Annahmen-Falle«.

Die »Annahmen-Falle«

Und ein einfaches Tool, mit dem du aus ihr rauskommen kannst

Unsere Glaubenssätze sind oft voller Bewertungen, Erwartungen und Befürchtungen. Schon Marcus Aurelius wusste: *»Alles, was wir hören, ist eine Meinung, nicht ein Faktum. Alles, was wir sehen, ist eine Perspektive, nicht die Wahrheit.«* Das ist die große Weisheit, die wir von den Stoikern lernen können.

Wir nehmen nämlich bloß an, dass wir in einer bestimmten Branche nicht mehr verdienen können. – Wer weiß, womöglich kann man da steinreich werden? Wir nehmen an, dass diesen Preis keiner zahlen wird, ganz ohne ihn jemals verlangt zu haben und zu wissen, ob es nicht 'ne Menge Leute gibt, die ihn ohne mit der Wimper zu zucken, bezahlen.

Wir nehmen an, dass uns die Konkurrentin schräg anguckt, weil sie fürchtet, wir könnten sie nachmachen. Ohne dass wir mit ihr gesprochen hätten, ohne dass sie jemals was geäußert hätte. Vielleicht hat sie selber ja einfach nur Angst, dass wir besser sind als sie?

Also: Hier geht es ja darum, wie du als starke Marke selbstbestimmt und handlungsfähig bist. Der Kapitän auf deinem Schiff, der das Steuer fest in der Hand hält. Daher die Frage: Was passiert denn, wenn wir solchen Annahmen Glauben schenken? Dann glauben wir nicht nur ungefiltert unseren Gedanken. Sondern wir geben auch unsere Verantwortung ab! Denn wir sagen:

»Ich kann ja auch nix machen, wenn in der Branche so mies bezahlt wird.«

»Ich kann ja nix dafür, dass die Kunden so knickrige Sparfüchse sind und am Preis rummachen.«

»Iiich kann ja auch nicht helfen, wenn die mich doof anguckt. Die blöde Kuh ist schuld, dass ich mich schlecht fühle.«

Obacht, jetzt wird's kurz unangenehm: Die kann gar nicht machen, dass wir uns schlecht fühlen! Das machen wir schon selber – mit unseren Gedanken. Denn in Wahrheit hat sie ja gar nix gemacht. Sie war einfach nur da und hat ihren Job gemacht und sich gezeigt. Die

Arme wird von uns als Konkurrentin eingestuft und kann gar nix dafür, dass wir uns über sie eine Geschichte erzählen. Darüber, was sie womöglich über uns denken KÖNNTE. Wie krass ist das denn bitte? Ich mach mir ins Hemd aufgrund einer haltlosen Vermutung.

Um aus der »Annahmen-Falle« schleunigst wieder herauszukommen, gibt es ein Tool von Byron Katie, das »*The Work*«[3] heißt. Dabei nimmt man seinen Glaubenssatz oder einen Vorwurf (»Die blöde Kuh guckt mich doof an.«) und stellt sich diese Fragen:

Ist das wahr? – »Natürlich!«.

Kannst du mit 111-prozentiger Sicherheit sagen, dass das wahr ist?
– »Ähm – nein.«.

Wie fühlst/verhältst du dich, wenn du diesen Gedanken glaubst?
– »Ich werde wütend und fühle mich klein und herausgefordert.«.

Wie würdest du dich fühlen oder verhalten OHNE diesen Gedanken?
– »Ich würde einfach mein Ding machen und gelassen sein.«

Dann wendet man den Satz auf SICH an: »Ich blöde Kuh gucke MICH doof an.« – »Ja stimmt! Wenn ich da so klein und herausgefordert hocke, guck ich mich sogar saudoof an.«

Jetzt kann man den Satz ins Gegenteil drehen: »Die blöde Kuh guckt mich NICHT doof an.« – »Ja, das stimmt. Sie guckt mich wirklich nicht doof an.«

Das ist ein wirklich großartiges Coaching-Tool im Schweinsgalopp erklärt. Und meistens fällt damit das Gedankenbullshitbingo-Konstrukt mit Gelächter oder von vor Staunen weit aufgerissenen Augen wie ein Kartenhaus in sich zusammen. Es ist die grundehrliche und manchmal schonungslose Erkenntnis, dass unsere Gedanken mächtige Lügen sind, die wir uns selber erzählen.

Und es passiert noch etwas, wenn wir den Markt, die Kunden und die blöde Kuh dafür verantwortlich machen, dass wir uns zum Beispiel klein und herausgefordert fühlen: Wir handeln nicht selbstbestimmt. Wir agieren nicht, wir reagieren (siehe mein Bauchladen). Wir sind nicht der Kapitän auf unserem Schiff, der das Steuer fest in der Hand hält, sondern die Branche, der Kunde und die Konkurrentin bestimmen als hochschlagende Wogen oder gar Sturm unseren Kurs.

Im ersten Moment sind wir zwar mal fein raus, weil wir uns kurz entspannen können und den »Grund« gefunden haben, warum etwas nicht funktioniert oder warum es uns schlecht geht. »Tja, bei DEM Seegang kann ja kein Mensch gescheit lenken ...!« Eine wirkliche Veränderung, die auf unser Ziel einzahlt, bringt uns das jedoch nicht.

Wenn wir nicht Eigenverantwortung übernehmen, können wir keine Entscheidungen treffen. Die Verantwortung für uns selbst übernehmen, können wir immer! Ja, wirklich! Ich zum Beispiel habe in einer anderen Branche Fuß gefasst, weil ich für mich entschieden habe, dass ich nicht mehr stundenweise als Grafikerin arbeiten möchte. Zum Thema »Das zahlt doch keiner.« hab ich entschieden, dass es das ja wohl nicht sein kann und habe mir mit einem Coach meine Glaubenssätze zum Thema »Geld« angeschaut. Wobei übrigens das Ende vom Lied war, dass mir dabei die im vorherigen Kapitel beschriebene Nummer mit dem Selbstwert ein Bein stellte. Und dass ich mir erstmal meinen Selbstwert genauer anschauen durfte, um eine entsprechende Honorierung von außen zu erhalten.

Ein hilfreiches Werkzeug, um rauszufinden, ob sich gerade die Lamentier-Queen verselbstständigt oder ob ich im Käptn-Steffi-Modus unterwegs bin, ist die Frage nach der »Angelegenheit«. Wenn du das auch herausfinden möchtest, kannst du dir in solchen Fällen diese einfache Frage stellen: »In welcher Angelegenheit bin ich gerade unterwegs?« Davon gibt es dreierlei: Die eigene Angelegenheit. Die Angelegenheit anderer Menschen. Die Angelegenheit des Universums.

Zwei dieser Angelegenheiten können wir nicht ändern: die der anderen und die des Universums. Das war mein größtes Learning und quasi der Turbo zum Erfolg für meine Selbstständigkeit. Ich habe aufgehört, Ressourcen für Dinge zu verschwenden, die mich nix angingen. Ich kann ja die Branche, den Markt, den Kunden oder die Konkurrentin nicht verändern.

Die sind wie das Wetter – einfach da! Die sind so, wie sie sind. Völlig wertfrei. Und ICH kann jetzt entscheiden, welche Rolle ich im gemeinsamen Spiel spielen möchte – und welche nicht. Äußere Umstände können wir nicht verändern. Nur unsere Haltung dazu.

Wir können nur für unsere eigenen Angelegenheiten Verantwortung übernehmen. Für alles andere gilt: »It's not my business!«

Die Lamentier-Queen-Facebook-Gruppe, in der du regelmäßig Feedback gibst? Raus da! Die Nachbarin, die sich gerne über den anderen Nachbarn beschwert? Lächeln und winken. Der Partner, der seine Socken rumliegen lässt? Ach, küss ihn einfach. Das Kind, das es nicht fertigbringt, den Schulranzen von der Treppe zu räumen? Not your business! Wir können anderen Leuten ihre Eigenverantwortung schenken, indem wir uns unsere eigene zurückholen.

Auch hier gilt: Von der Milchstraße aus betrachtet, liegen da einfach nur Socken rum! Oder ein Schulranzen. Mehr nicht. Der ganze Rest mit »Ich hab dir das jetzt schon tausendmal gesagt.« und »Muss ich dir denn ständig hinterher räumen?« passiert nur in unserem Kopf! Verblüffend, seit ich die Sache mit dem Schulranzen komplett ignoriere (= keine Ressourcen / Energie mehr drauf gebe), hat sich dieses Thema ganz von allein erledigt …

Unsere Angelegenheit ist es, unser Leben so zu gestalten, dass wir glücklich und zufrieden sind. Dass wir so leben, wie wir mit unseren ganzen Ideen, Gaben, Talenten, Human-Design-Typen, Sternzeichen, Visionen und Fähigkeiten die Welt besser machen können. Dafür dürfen wir die Verantwortung übernehmen. Alles andere geht uns doch nun wirklich nichts an.

Das 5-Menschen-Prinzip
Wer fährt mit auf deinem Schiff?

Jim Rohn, einem amerikanischen Unternehmer und Autor, wird das Zitat »*You are the average of the five people you spend the most time with*«[4] zugeschrieben. Zu deutsch: Du bist der Durchschnitt der fünf Menschen, mit denen du die meiste Zeit verbringst. Demnach sind wir in unserem Sein also ein Produkt aus den Ansichten, Verhaltensweisen, Gewohnheiten, Meinungen und Gedanken unseres sozialen Umfelds. Und genauso wie wir beeinflusst werden, beeinflussen wir mit unseren Verhaltensweisen und Meinungen die anderen Menschen in unserem Leben.

Und das passt ganz hervorragend zu dem, was wir in diesem Kapitel bereits über Glaubenssätze, Angst und Angelegenheiten besprochen haben. Denn unser Umfeld, in dem wir uns täglich aufhalten, ist ein ganz entscheidender Faktor dafür, in welcher Weise wir auf unseren Teller und über den Rand hinausschauen. Das liegt an der Funktionsweise unseres Gehirns.

Schon als Babys gleichen wir unser Verhalten an die Vorbilder aus unserem sozialen Umfeld an. Es wurde nachgewiesen, dass Neugeborene ihnen gezeigte Gesichtsausdrücke imitieren. So lernen wir quasi zu »überleben«. Dafür verantwortlich sind die sogenannten Spiegelnervenzellen. Sie wurden in den 90er Jahren von Wissenschaftlern der Universität Parma unter der Leitung von Giacomo Rizzolatti im Nervenzellnetzwerk von Affen entdeckt. Und zwar in den Zentren des Gehirns, wo »zielgerichtete Handlungen geplant und gesteuert werden«[5]. Spiegelneurone wurden auch beim Menschen nachgewiesen.

Professor Joachim Bauer von der Universität Freiburg schreibt: *»Die Spiegelnervenzellen versorgen uns durch ihre stille Mit-Reaktion mit einem inneren Wissen über die Bedeutung der Handlung, die wir beobachten. Dieses innere Wissen ist intuitiv, es stellt sich von alleine in uns ein. Wir müssen nichts tun, um die Spiegelneurone in Aktion zu setzen, sie werden von alleine aktiv.«*[6] Und zwar immer dann, wenn wir mit Menschen aus unserem Umfeld interagieren.

Wie krass! Denn das bedeutet, dass wir ganz automatisch unser Fühlen und schließlich unser Verhalten an unser Umfeld anpassen. Im Klartext: Sind deine Freunde alle Sportskanonen, bist du mit Sicherheit auch keine Couchpotatoe. Bist du in einer Clique von vielen Rauchern, bist du sehr wahrscheinlich selber Raucher. Sind in unserer Familie einige übergewichtig, haben vermutlich wir selbst auch ein paar Pfunde mehr.

Besonders spannend finde ich, dass uns nicht nur die engsten fünf Menschen beeinflussen. Angeblich haben Forschungen ergeben, dass man sogar zunimmt, wenn der Freund eines Freundes ein paar Kilo zugelegt hat. Irre spannend, oder?

Wie dem auch sei, fand und finde ich es auf dem Weg meiner persönlichen Entwicklung hilfreich, hinzuschauen, welche Menschen mich umgeben. Es war sehr wichtig für mich, Vorbilder zu haben, aber auch gleichgesinnte Frauen im Business-Aufbau, die ich in Coachings kennenlernte, die meine Kundinnen wurden und heute Freundinnen sind.

Hast du Lust, dir dein soziales Umfeld mal näher anzuschauen? Auf meiner Webseite stelle ich dir ein Arbeitsblatt zur Verfügung, auf dem du dir mal ganz easy sichtbar machen kannst, welche deine »Big 5« sind, mit denen du dich täglich umgibst. Und dazu gehören nicht nur dein Partner, deine Kinder und meinetwegen die Schwiegermutter, sondern auch deine Social-Media-Kontakte, deine WhatsApp-Buddys und dein Arbeitsumfeld. Sie alle kommunizieren mit uns – und wir mit ihnen. Und dabei erzählen wir uns Geschichten, die zu unseren Glaubenssätzen werden. Sie bringen uns in eine Stimmung. Wir nehmen eine Haltung ein: Lamentier-Queen oder Kapitän.

Deshalb dürfen wir uns die Fragen stellen: Welche Menschen bringen uns in eine gute Stimmung? Wer inspiriert uns? Wer unterstützt uns? Wer tut uns gut? Von wem können wir lernen? Umgib dich mit den Menschen, die schon dort sind, wo du hinwillst!

GUTE FRAGEN:

Wer fährt denn so mit auf deinem Schiff?

- Was ist das Schlimmste, was dann passieren kann?
- Stimmt das wirklich, was ich gerade denke?
- In welcher Angelegenheit bin ich gerade unterwegs?
- Welche Menschen sind für mich und mein Ziel ein Beitrag?

JUST DO IT!

Du bist der Kapitän, der bestimmt, wer da so mitfahren darf auf deinem (Business-)Schiff! Lade dir die Vorlage für das »5-Menschen-Prinzip« herunter und mach dein Netzwerk sichtbar!

WORKSHEETS: MARKELEBEN.COM/BUCH-BONUS

KAPITEL 4

»FIRST THE INNER ATTITUDE. THEN THE OUTER FORM«

WIE DU DEINE ZIELE ALS UNTERNEHMERIN ERREICHST UND WAS WIR VON DONALD TRUMP LERNEN KÖNNEN

»Alles, was ein Mensch erreicht und alles, was zu erreichen ihm misslingt, ist das direkte Ergebnis seiner ureigensten Gedanken.«[7] Dieser Satz stammt nicht von einem Business- oder Motivations-Guru der Neuzeit, sondern aus dem Buch »As a Man Thinketh« von James Allen, ursprünglich aus dem Jahr 1903. Es ist in der mir vorliegenden Ausgabe gerade mal 50 Seiten stark und dennoch enthält es für mich die Quintessenz dessen, was heute als Geheimrezept für millionenschweres Erfolgs-Business gehandelt wird: eben jenes »Erfolgs-Mindset«.

Klingt doch einfach, oder? Wir müssen nur die richtigen Gedanken denken und zack – biste Millionärin. Oder Aufsichtsratsvorsitzende. Oder Bestsellerautorin, Yachtbesitzerin, Marathonläuferin oder Bundeskanzlerin (wenn das für dich erstrebenswerte Ziele sind).

Und wenn du jetzt denkst: »Ja nee, is klar Steffi, wenn's so einfach wäre, gäb's ja wohl bloß noch Millionäre!« – dann finde ich deine Zweifel absolut nachvollziehbar. Und trotzdem bin ich der felsenfesten Überzeugung, dass das Prinzip »mit unseren Gedanken erschaffen wir unsere Realität« stimmt. In diesem Kapitel schauen wir uns dieses Prinzip genauer an und finden heraus, wie du es für dich und dein Business nutzen kannst. Denn wie du womöglich bereits richtig erkannt hast, gibt's an der Sache einen klitzekleinen Haken. Du kennst ihn schon! Er heißt: Gedankenbullshitbingo.

Zuallererst schauen wir den Mechanismus an, mit dem wir unsere Ergebnisse erschaffen. Mit »Ergebnisse« meine ich alles, was gerade real um dich herum so los ist: Du sitzt vielleicht auf deinem Sofa in deiner Doppelhaushälfte. Oder du fährst mit der Bahn ins Büro.

Du hast Kinder, Garten, Mann und Hund oder du lebst als digitale Nomadin auf Bali. Völlig egal, was du gerade hast oder erlebst, dieses Ergebnis ist die Summe deiner Entscheidungen, die du irgendwann mal getroffen hast.
Das funktioniert folgendermaßen:
Gedanke – Emotion – Verhalten – Ergebnis. In meiner Ausbildung zum NLP-Coach habe ich diesen Zusammenhang (kennen)gelernt und selbst erfahren dürfen, dass Denken und Fühlen verbunden sind.

NLP – NEUROLINGUISTISCHES PROGRAMMIEREN
Durch manipulative Methoden schmieriger Autoverkäufer und Politiker in den 90ern in Verruf geratene Kommunikationstechnik, die – reinen Herzens eingesetzt – ein brillantes Coaching-Tool für schnelle, effektive Lösungen, eine hilfreiche Lebensanschauung und ein probates Mittel gegen Gedankenbullshitbingo ist.

Wir haben einen Gedanken, der in uns eine Emotion auslöst. Und dieses Gefühl ist ein ganz entscheidender Faktor in diesem Kreislauf! Denn es bestimmt die Energie, in der du bist und handelst. Dieses Gefühl führt zu unserem Tun und voilà: dem Endergebnis.

Du denkst: »Ja klar will ich Kinder, Garten, Mann und Hund« und schwups, sitzt du in einer Doppelhaushälfte im Schwäbischen, gehst Gassi und räumst Socken und Schulranzen durch die Gegend. Natürlich passiert das alles nicht im Handumdrehen von heute auf morgen. Es haben dich viele, viele, viele Entscheidungen zu diesem Ergebnis geführt. Wie das eben so läuft! Wir lernen unseren Partner kennen, entscheiden uns für Kinder, bekommen sie, die Wohnung wird zu klein, die Kredite sind gerade günstig, ach komm, lass uns in ein Eigenheim investieren, und wie schön wäre doch ein Hund als Familienmitglied, wollten wir doch schon immer.

Der Ursprung von alledem war ein Gedanke. Gedanke – Gefühl – Verhalten – Ergebnis. Das ist das Prinzip, der Kreislauf, mit dem wir alles, alles, alles in unserer Realität erschaffen. Wir »manifestieren«. Das Wort kommt von lateinisch »manifestare« (wörtlich übersetzt »handgreiflich«) und bedeutet nichts anderes, als dass ein Gedanke greifbar wird.

Moment mal! Wenn das, was wir über Gedankenbullshitbingo jetzt wissen, stimmt, dann würde das im Umkehrschluss ja bedeuten, dass auch meine Gedankenbullshitbingo-Gedanken manifest werden? Jap. Ganz genau. So ist es. Lass uns mal hinschauen, was ich mir als Wald-und-Wiesen-Grafikerin so alles manifestiert habe.

Nachtschichten. Meine Gedanken: Meine größte Inspiration ist die Deadline und der Kunde ist König. Meine Gefühle dahinter? Ich habe mich gestresst gefühlt, unter Druck gesetzt und hatte Angst, dass ich es nicht rechtzeitig schaffe. Was hab ich gemacht? Jobs ewig vor mir hergeschoben, dann Nächte lang bis 3 Uhr morgens am Schreibtisch gehockt und das Druck-PDF auf den letzten Drücker abgeliefert.

Mickrige Stundensätze. Aus den Gedanken »Das zahlt doch keiner!« und »Mehr kann ich als Grafikerin nicht verlangen.« entstand das Gefühl von »Ich fühle mich ausgenutzt, ich fühle mich klein, nicht wertgeschätzt und unzufrieden.« Mein Verhalten war entsprechend. Um mehr zu verdienen, musste ich mehr arbeiten und nahm alle Jobs an, die reinkamen.

Bauchladen. Der Gedanke dahinter war »Man schickt keine Kunden weg.«. Das Gefühl war, überfordert zu sein, mich inkompetent zu fühlen und von mir selbst enttäuscht zu sein. Ist ja klar! Ich hab ja geglaubt, als Grafikerin müsse ich *alles* können. Also hab ich mich irgendwie durchgewurstelt. Das war mein Handeln: stundenlang Tutorials geguckt, mich in Tools und Programme eingearbeitet und dauernd neue Sachen gelernt.

Nachtschichten, mickrige Stundensätze, Bauchladen: Manifestieren läuft bei mir! Dann hab ich angefangen, umzudenken. Meine ersten Coaches gebucht, neue Menschen kennengelernt, die mir andere Geschichten erzählt haben. Und plötzlich gab es eine neue

Realität: Online-Business. Mein erstes Marken-Coaching als Gruppenprogramm. Doppelter Jahresumsatz. NLP-Ausbildung mit ganz viel persönlicher Weiterentwicklung für mich selbst.

Unsere Gedanken bestimmen unsere Ergebnisse.
Als ich diesen Zusammenhang gecheckt hatte, bin ich wieder mal paukenschlagmäßig fast vom Stuhl gefallen. Der Trick ist also, unsere Gedanken zu managen und in den Griff zu bekommen, und sie durch solche zu ersetzen, die sich auf unsere Ziele, Wünsche und Träume richten – und sie nicht sabotieren.

Ein berühmter Golf-Spieler soll auf die Frage, wie man so erfolgreich werden könne wie er, mal geantwortet haben: »Learn to play the inner game!« – seine Bezeichnung für Gedankenbullshitbingo. Dieses »Inner Game« meint auch James Allen, wenn er uns mit seinem Buch ermuntern will, die *»Wahrheit für uns zu entdecken«, dass wir »selbst durch die Gedanken, die wir wählen und unterstützen, unsere eigenen Schöpfer sind.«*[8]

Es bedeutet, die rote Pille zu schlucken. Es bedeutet, diesen Mechanismus zu verstehen, zu verinnerlichen und zu nutzen. Angst erzeugt ein anderes Verhalten als Freude. Problemiversum-Denken erzeugt ein anderes Verhalten als Lösungsfokus. Das Resultat daraus sind zwei verschiedene Ergebnisse – die beide unseren Gedanken entspringen.

Lass uns mal den Satz »Ich bin doch keine Expertin« als Beispiel nehmen. Wir denken diesen Gedanken. Und aus Kapitel 2 weißt du ja schon, dass jede Medaille zwei Seiten hat, von der sie sich betrachten lässt. Die Cosima-Seite wäre: »Yeah, total cool, ich kann noch nicht alles und ich kann und darf noch soviel dazu lernen!« Die Gedankenbullshitbingo-Seite wäre: »Kacke, ich kann das nicht so gut, da gibt's andere, die viel besser sind.« Preisfrage: Wie FÜHLST du dich mit der einen und wie mit der anderen Betrachtungsweise? Es liegt an uns, unser »Inner Game« zu meistern. Deine Personenmarke unterstützt dich dabei, denn sie wird dir als Leitplanke für all deine Entscheidungen dienen, die auf dein Ziel einzahlen.

Markenmagnetismus

Möge die Macht mit deiner Marke sein!

Nach meinem Verständnis ist etwas, das ich den »Markenmagnetismus« nenne, das Herzstück von Personal Branding. Entdeckt habe ich ihn zu einem Zeitpunkt, als ich vom »Manifestieren« und allem, was dahintersteckt, noch keinen blassen Schimmer hatte.

Es war in einem meiner ersten Marken-Coachings mit einer Lieblingskundin. Anita war Illustratorin und Grafikerin wie ich und kam zu mir, weil sie ihren (Zitat) »Laden auf Vordermann« bringen wollte. Sie hatte ganz ähnliche Bauchladen-Probleme wie ich. Es kamen einfach nicht die richtigen Kunden. Es kam der Handwerker von nebenan und wollte eine Beschriftung für seinen Sprinter oder der Handharmonika-Verein wollte ein Plakat fürs nächste Konzert. Sie war auf diese Leute fast schon ein wenig sauer, weil sie ihre Kompetenz »Illustration« so gar nicht schätzten und sie mit stinknormalen Grafiksachen beauftragten.

Denn meine Klientin hatte ein klares Ziel: Sie wollte als Illustratorin ernstgenommen, für ihre Arbeit honoriert und mit künstlerisch wertvollen Projekten beauftragt werden. Und sie wollte für Kunden arbeiten, die das genauso sahen. Ein wichtiger Teil von Markenarbeit ist Kommunikation.

In einem Coaching-Call haben wir ihre Webseite mal unter die Lupe genommen. Die war natürlich schön gestaltet – nix zu meckern! Wir haben sie im Hinblick auf ihr Ziel »als Illustratorin Geld verdienen« beleuchtet. »Ich bin diplomierte Grafikerin und erstelle sehr gerne für Ihr Unternehmen schnell und günstig alle Werbesachen, die sie brauchen« stand da sinngemäß. Es war natürlich nicht der Wortlaut, aber es war diese Energie! Ich bat meine Kundin, ihre Webseite mal aus der Perspektive des Klempners anzugucken, der kürzlich wieder eine Werbung für seinen Kastenwagen bei ihr bestellt hatte. Und ich vergesse NIE den Moment, als sie mich mit Augen, so groß wie Suppentassen, anschaute. Sie ist richtig zusammengezuckt! Wie ein Blitz hatte sie die Erkenntnis, dass der arme Mann ja wohl gar nicht anders KONNTE, als sie damit zu beauftragen. Sie hatte sich den ja quasi »bestellt«, indem sie genau das auf ihre Webseite geschrieben hatte, wonach er suchte. »Das muss sofort weg, Steffi!« Noch während unseres Calls nahm sie die Seite vom Netz. Und ich glaube, sie hat bis heute keine neue Webseite – und ist trotzdem sehr erfolgreich.

Was war passiert? Sie hatte sich dafür entschieden, nur noch dafür präsent zu sein, was sie SEIN wollte – du erinnerst dich ans »Sein-Tun-Haben-Prinzip«. Nämlich eine professionelle, mordsmäßig kreative, kompetente und vor allem selbstbewusste Illustratorin, die ihren Wert kennt. Sie zeigte sich auf Instagram, postete dort Arbeitsbeispiele, zeichnete wild drauflos in ihrem ganz eigenen Stil und ließ den Klempner einen guten Mann sein. Auf Instagram war sie einfach sie selbst. Sie lebte dort ihr selbstbewusstes Illustratorinnen-Ich. Auf ihrem Kanal spürte man es in jedem Post, in jeder Zeichnung und in jedem Wort.

Es dauerte gar nicht lange, da berichtete sie mir: »Steffi, es ist unglaublich! Seit ich die Nummer mit Instagram mache, habe ich einen neuen Kunden gewonnen. Stell dir vor, ein großes Hotel hat mich mit Illustrationen für die Hotelzimmer beauftragt! Und ich hab noch mehr Anfragen, ich bin wie ein Magnet ...« Wow! Wie genial ist DAS bitte? Ohne Angebote schreiben. Ohne am Preis feilschen. Ohne Webseite. Ohne Werbung. Kunden anziehen wie ein Magnet, und zwar nicht irgendwelche, sondern genau die, die zu dir passen, deinen Wert schätzen und denen du mit deiner Expertise und dem, was dir Freude macht, maximal weiterhelfen kannst.

Das ist das, was ich unter Markenmagnetismus verstehe und ich erkläre dir jetzt den Mechanismus dahinter. Du weißt ja schon, dass wir mit unseren Gedanken unsere Realität erschaffen. Und du weißt auch, dass unsere Gefühle, die wir dabei haben, ein entscheidender Faktor sind. Denn negative Emotionen bescheren uns unweigerlich negative Ergebnisse. Kennst du bestimmt, wenn du schon mal eine Pechsträhne hattest und vielleicht zuerst die Spülmaschine streikte, dann der Brief vom Finanzamt kam und zu guter Letzt auch noch die Heizung kaputt ging – zu Weihnachten. Dann hast du dich bestimmt zwischen diesen ganzen Ereignissen eher so mittel erfreut gefühlt und dich gefragt, »Ogottogottogott, was wird jetzt wohl als Nächstes passieren?!« und zack – kotzendes Kind mit Magen-Darm. Genauso ist es übrigens mit: »Ogottogottogott, zu dem Preis kauft das doch keiner.« und mit: »Ich bin keine richtige Grafikerin.« Die Ergebnisse sind bekannt …

Am Beispiel meiner Kundin Anita lässt sich der Markenmagnetismus ganz wunderbar erklären. Vom Prinzip her funktioniert er so wie der Facebook-Algorithmus. Nur dass wir da nirgends »draufklicken«, sondern auf etwas »Energie« lenken.

MARKENMAGNETISMUS –
Das »Gesetz der Anziehung« konkret angewendet im Marketing. Manifestieren für Marken sozusagen.

Du kannst dir das ungefähr so vorstellen wie »die Macht« aus Starwars. Das ist dieses Telekinese-Ding, das Yoda besonders gut beherrscht. Damit können mittels mentaler Energie Lichtschwerter, Raumschiffe und alle möglichen Dinge von A nach B befördert werden. Vielleicht erinnerst du dich an die Szene in Episode V, als Yoda Luke Skywalker die »Macht« demonstriert und den X-Wing aus dem Sumpf hebt.[9]

Da, wo wir unsere »Macht«, unsere Energie, hinlenken, bewegt sich was! Ist halt nur die Frage, was – denn es kommt darauf an, worauf wir unsere Energie lenken:

> FOCUS ON SHIT – SHIT GROWS.
> FOCUS ON YOU – YOU GROW.

Anita hatte jahrelang (genau wie ich) eher Energie auf negative Dinge und entsprechende Emotionen gegeben, wenn es um ihr Business und ihre Kunden ging. »Die zahlen bloß mickrige Preise.« – »Die schätzen meinen Wert nicht.« – »Die haben doch keine Ahnung von gutem Design.« Es war dieses augenrollende: »Pah, hey komm, einmal mit Profis arbeiten. Was willst DU Klempner MIR Profi denn von

Grafikdesign erzählen?« In dieser Energie waren wir unterwegs und haben damit (Achtung, jetzt kommt's) genau das angezogen, was dieser Energie entspricht! Die Kunden, die Stundensätze, die Jobs.

Als sie voller Freude, mit Leichtigkeit und Begeisterung ihren Instagram-Account bespielte, war sie in einer völlig anderen Energie! Sie fühlte sich gut dabei, war voller Elan und hatte so richtig Spaß. Und genau das zog sie dann an: Fans und Follower, die diese Energie mochten und sich von ihr »angezogen« fühlten.

Apropos »angezogen« – der Markenmagnetismus ist übrigens nichts anderes als das »Gesetz der Anziehung«. Dass es das gibt und dass ich es als »Markenmagnetismus« in meiner »Marke-leben-Methode« weitergegeben habe, hab ich erst später gecheckt.

Das Gesetz der Anziehung ist eines der kosmischen Gesetze und besagt, dass Gleiches Gleiches anzieht. Es funktioniert so wie ein Radio, das auf eine bestimmte Frequenz eingestellt ist. Es empfängt das, was auf derselben Frequenz gesendet wird. Und wenn ich in diesem Buch von »Markenradio« spreche, dann weißt du ab jetzt, was ich damit meine.

Was das Universum mit deiner Marke zu tun hat

Albert Einstein ist eine Marke – und du bist es auch

Anita war also in einer guten »Energie« und fühlte sich großartig, als sie ihre Wunschkunden für sich gewann. Damit »sendete« sie auf einer anderen Frequenz als vorher – und dementsprechend empfing sie auch andere Dinge. Begründen lässt sich dies mit dem »Gesetz der Resonanz«, einem der zwölf kosmischen Gesetze, bei dem davon ausgegangen wird, dass *»alles, was schwingt, auch eine Frequenz aussendet«* [10].

Albert Einstein hat in seiner berühmten Formel $E=mc^2$ dargestellt, dass Masse und Energie ineinander umgewandelt werden können. Masse ist einfach nur komprimierte Energie. Das bedeutet, dass auch unsere eigene Frequenz, unsere Energie in Materie umgewandelt werden kann. Und das geschieht, indem wir es beobachten. Nachgewiesen wurde das mit dem »Beobachtereffekt« im »Doppelspaltexperiment«. Deshalb kann davon ausgegangen werden, *»dass etwas noch nicht existiert, bevor es beobachtet wird, also bevor ihm Aufmerksamkeit geschenkt wird. Erst die Beobachtung, die Aufmerksamkeit lässt es zur Materie werden, das heißt erschafft und manifestiert es.«*[11] Im Klartext: Wenn wir unsere Energie beobachten, entsteht daraus was Handfestes – Materie.

Personal Branding nach meinem Verständnis ist genau das. Deine Personenmarke wird dir erst dann bewusst und für dich greifbar, wenn du sie beobachtest. »Da« – also im Feld – ist sie nämlich schon längst! Du bist mit deiner Frequenz und deiner Energie schon eine Marke. Und ganz sicher ist das auch schon manifest geworden.

Die Frage ist jetzt bloß noch, ob deine Energie auf der Frequenz schwingt, die WIRKLICH deine ureigene ist. Oder ob sie Spiegelnervenzellen, einer von fünf Menschen aus deinem engsten Umfeld oder Gedankenbullshitbingo geschuldete Störfrequenzen noch verfälschen.

Ich finde es immer wieder erstaunlich, wenn mich meine Kundinnen nach dem Branding-Prozess überrascht anschauen und sagen: »Steffi, es war wirklich schon alles da. Und jetzt ist es mir bewusst und ich SEHE, was mich ausmacht.« Deshalb geht Personal Branding von »innen nach außen« und entspricht dir und deiner Persönlichkeit zu 111 Prozent – weil es aus deiner ureigenen Frequenz heraus entsteht.

»Follow the energy«! Und zwar der guten. Dort, wo es uns aus purer Freude hinzieht, da schwingt die Frequenz besonders hoch. So wie Anita auf Instagram. Sie ist einfach der Freude gefolgt und zack – super Ergebnis da. Wir dürfen wieder lernen, unserer Intuition, unserer Freude zu folgen. Dann können wir sicher sein, stets die richtige Entscheidung zu treffen. Wenn wir also Personal Branding machen, entscheiden wir uns immer FÜR uns – im besten Sinne.

Die Kunst beim Personal Branding ist es, all das wegzulassen, was nicht von Haus aus zu dir gehört und dir darüber bewusst zu werden, wer du tatsächlich bist. Um dann eben nicht mehr den ganzen Scheiß anzuziehen, der nicht zu dir passt und den du (eigentlich) nicht willst.

Alles schwingt in einer Frequenz. Diese Energie-Frequenz messen wir in Hertz. Ich bin ja Musikerin mit Leib und Seele und weiß deshalb, dass zum Beispiel der Kammerton A auf 440 Hertz schwingt. Musik ist ein ganz wunderbares Beispiel, wie Energie-Frequenzen uns beeinflussen. Bestimmt hast du schon mal die Erfahrung gemacht, wie Musik dich in eine bestimmte Stimmung versetzt und damit ganz direkt deine Emotionen verändert. Ein Klavierkonzert von Rachmaninow macht was anderes mit dir als »Enter Sandman« oder »Atemlos«.

Deine Markenfrequenz

Rachmaninow, Metallica oder Helene Fischer?

Für Marke bedeutet das: Bist du eher ein Rachmaninow-Konzert, Metallica oder Helene Fischer? Oder anders ausgedrückt:
Die Vibes, die du aussendest, wirst du empfangen. Möchtest du eher mit Rachmaninow-Fans arbeiten oder bevorzugst du die Helene-Fischer-Fraktion? Ha, und jetzt kommt's! Wenn du jetzt denkst: »Hach, die Klavierkonzert-Leute sind womöglich die zahlungskräftigeren, dann spiel ich halt Rachmaninow und ziehe die als Kunden an.«, das wird nicht funktionieren, wenn du selbst ein leidenschaftlicher Helene-Fischer-Fan bist. Das ist eine Mogelpackung, mit der du dir selbst und deinen Kunden keinen Gefallen tust. Dann wird es dir so gehen wie Luke Skywalker in der besagten »X-Wing-Sumpf-Macht-Szene« mit Yoda. Da sagt Luke: *»Also, das ... das glaub ich einfach nicht!«* und Yoda antwortet: *»Darum, darum versagst du.«*[12]

Wir können als Marken nicht das anziehen, was wir uns selber nicht glauben. So läuft der Manifestationshase und auch das Gesetz der Anziehung nicht! Das ist der Grund, warum vergilbte Visionboards mit Ausschnitten aus Zeitschriften nicht die Luxusvilla herzaubern. Und warum eine aufgesetzte Markenstrategie und das coolste Logo dich nicht zu einer erfolgreichen Unternehmerin machen. Denn wenn du sie dir selbst nicht abnimmst, glaubst und BIST, die in dieser Hülle der Kern ist, sendet dein Markenradio vielleicht Rachmaninow – und empfängt halt trotzdem Helene Fischer.

Everything is identity & identity is everything!
Personenmarke Donald Trump – und was wir uns von ihr abgucken können

Vielleicht teilst du meine Vermutung, dass Donald Trumps intellektuelle, diplomatische und politische Ressourcen für die verantwortungsvolle Ausübung des Präsidentenamts einer der mächtigsten Nationen der Welt möglicherweise vom Reptiliengehirn aus gesteuert wurden. Und dennoch: Er hat es ins Weiße Haus geschafft! 2015 in seiner ersten Rede als Präsidentschaftskandidat lautete seine simple Wahlkampfbotschaft: *»I am really rich.«*[13]

Wenn man bedenkt, dass Trump in den Neunzigern seine Gläubiger um 800 Millionen US-Dollar brachte, vor dem finanziellen Ruin stand und Schulden in Milliardenhöhe hatte, finde ich seine Haltung sehr bemerkenswert. Trump selbst schätzt den Wert der Marke »Trump« auf über 3 Milliarden Dollar. Er sagt von sich nicht nur »Ich bin reich.«, sondern auch »Ich bin sehr intelligent.«.

Hätte Trump gesagt: »Ich bin noch nicht soweit, ich bin kein großer Politik-Experte, ich bin keiner, der von vielen gewählt wird und ich bin nicht gut genug als Präsident – die Wahl gewinnen, will ich trotzdem!«, glaubst du, dass er dann jemals bis ins Oval Office gekommen wäre?

Was können wir also von Trump lernen? Die beiden entscheidenden Worte in Trumps Statements lauten: »Ich bin.« Und jetzt schließt sich der Kreis zu Yoda, Rachmaninow und dem »5-Menschen-Prinzip«! Trump hat sich das wirklich, wirklich, wirklich geglaubt. In seiner Identität war er – völlig unabhängig von seinem tatsächlichen Kontostand und seinem Image bei seinen Geschäftspartnern – reich und mächtig.

Identität und Image sind die beiden Sachen, die uns auch bei »Marke« begegnen. Identität ist das, was wir uns selbst geben. Image ist das, was die anderen uns geben. Es ist das Ding mit Selbstbild und Fremdbild. Und die Identität ist das »Sein« des »Sein-Tun-Haben-Prinzips«.

Eine Lieblingskundin kam ins Markencoaching zu mir. Sie war auf der Suche nach ihrer Positionierung als Coach. Sie ist erfolgreiche Unternehmerin und ich war ihre Kundin, bevor sie meine wurde. Ich war auf Facebook auf sie aufmerksam geworden, weil sie mit ihren wunderbaren Texten genau meinen Nerv traf. Wow, tolle Frau, mega Content und in meinen Augen war sie ein High-Level-Coach mit entsprechenden Preisen. Im Markencoaching ging es genau um dieses Thema: Image. Und ich beschrieb ihr, wie ich sie sah. Und sie staunte Bauklötze. Nachdem, was ich ihr da gerade erzählt hatte, hätte sie an ihre Honorarnote gerne noch eine Null dranhängen können. Und diese Frau hat weiß Gott kein Problem mit Selbstbewusstsein, Geld oder Mindset, und doch war sie in ihrer Identität nicht dort, wo ich sie mit meiner Außenwahrnehmung gesehen hatte.

Diese Schere zwischen Identität und Image ist die Herausforderung, an der viele scheitern. Nimm gerne mein Beispiel als Grafikmaus am Küchentisch! T-Shirt vollgekleckert mit Karottenpampe vom Kind, im Kostümchen zum Kundentermin, Business zwischen Spülmaschine, Verein und Logo-Präsentation.

Alter Verwalter – wenn ich das rückblickend betrachte, war das ein ganz schöner Spagat, den ich da gemacht habe. Und – mit meinem heutigen Wissen über Emotionen, Eigenverantwortung und Energie – wundert es mich nun wirklich nicht, dass es in dieser Zeit quasi unmöglich für mich war, eine erfolgreiche Unternehmerin zu SEIN. Weil: Ich war es einfach nicht. Punkt. In meinem Selbstbild war ich die Mutti, die nebenbei, mit dem was sie halt mal gelernt hatte, bisschen Geld verdiente. Gedanke – Emotion – Verhalten – Ergebnis. Weißt du jetzt.

Es hat mit der Bodylotion und dem Nägellackieren angefangen und ging weiter zu meiner eisernen Business-Regel, dass ich nur noch geschminkt, in Straßenschuhen und bereit für meine Lieblingskundin am Schreibtisch sitze. So habe ich mir mit einer Allzeit-Bereit-Pfadfinderenergie meine Identität neu erschaffen. Mein »Reklamedame-Gefühl«.

Es gibt ein Coaching-Tool, die »Logischen Ebenen«. Genau »Das Modell der neurologischen Ebenen im NLP«[14], entwickelt von Robert Dilts, einem der Mitbegründer des Neurolinguistischen Programmierens. Es wird eingesetzt, um den Coachee (mit zwei »e«, das ist der, der gerade gecoacht wird) dabei zu unterstützen, sein Ziel zu erreichen. Und ich finde es das Nonplusultra-Tool für alle, die mit dem Manifestieren und dem »sich-Sachen-beim-Universum-Bestellen« bisher eher so mittel erfolgreich waren.

Vielleicht hast du ja schon ein vergilbtes Visionboard oder du schreibst dir Listen mit den Umsätzen, Kunden oder sonstigen erstrebenswerten Dingen, die du in diesem Quartal unbedingt erreichen willst. Und dann bleiben sie aus. Niente. Nada. Dödömm – Pech gehabt. Und du denkst dir so: »War ja klar, dass das bei MIR nicht funktioniert.« Obacht! Dein Gedankenbullshitbingo und die entsprechende negative Energie nebst Frequenz des Markenradios lassen schön grüßen und das Universum hört gut zu. Der Grund, warum wir diese Ziele nicht erreichen, obwohl wir sie uns doch aufgeschrieben und ganz feste vorgenommen haben, ist einfach der, dass wir nicht klar und deutlich die Frequenz unseres Ziels übers Radio gesendet haben. Die Frequenz des Zweifels schwingt mit und verfälscht so das Ergebnis.

Wir sind ja hier immer noch in dem Teil von meiner »Markeleben-Methode«, in dem es um Marke SEIN geht. Und genau da setzen auch die besagten logischen Ebenen an. So wie ich sie bei meinem geschätzten Lieblings-NLP-Ausbilder Ulrich Bührle gelernt habe, gibt es diese Ebenen: Umgebung, Verhalten, Fähigkeiten, Glauben & Werte, Identität (!!!), Zugehörigkeit.[15]

Der Clou an diesem Coaching-Format ist, dass Coachee und Coach – nachdem sie gemeinsam das spezifische Ziel des Coachees formuliert haben, das für ihn attraktiv, messbar, realistisch und natürlich terminiert sein sollte (die Profis erkennen die bekannten SMART-Kriterien bei der Zielformulierung) – so tun, als ob er dieses Ziel bereits erreicht hätte. Und zwar darf er das mit all seinen Sinnen erleben. Sehen, hören, fühlen, riechen, schmecken.

Donald Trump war garantiert mit all seinen Sinnen im Oval Office! Wie sieht's da aus? Was hört er da? Vielleicht die Stimme des russischen Präsidenten übers Telefon ... Wie fühlt sich der Schreibtisch an? Wie fühlt es sich an, wenn er mit seinem Mont-Blanc-Füller ein Dekret unterschreibt? Wie riecht es da? Nach einer Havanna vielleicht oder nach dem Parfum von Melania? Was schmeckt er? Den Kaviar zum Lunch oder das fette Steak ... Präsident mit allen Sinnen! Das wäre eine gute Ausgangssituation für ein Ziel-Coaching.

Es würde so ablaufen, dass man eine ganz konkrete Situation mit allen Sinnen erspürt. Ich kann mich noch gut daran erinnern, als ich im Coaching durch die »Logischen Ebenen« geführt wurde. Mein Ziel war: Mein Markencoaching als Gruppenprogramm anzubieten und bis zum Jahresende an 11 Teilnehmerinnen zu verkaufen.

Wo wäre ich da? In meiner fix und fertig, neu angebauten »Reklamedame«-Schaltzentrale, mit Blick in meinen Garten, an meinem aufgeräumten Schreibtisch, es duftet nach Kaffee, ich fühle die glatte, angenehme Tastatur meines Macbooks und schmecke das heiße Wasser, das ich jeden Morgen trinke.

Was mach ich denn so? Ich habe gerade das neue Logo einer Kundin fertig entworfen und mache mich jetzt an die letzten Seiten meines Personal-Branding-Workbooks für meinen Kurs. Ich schicke es an mein Team für die finalen Korrekturen und beauftrage meine ersten Facebook-Ads. Ich gehe live auf Facebook und zeige mich.

Was kann ich denn jetzt? Ich weiß, wie man ein Gruppencoaching plant und durchführt und wie das ganze Ding mit der Technik funktioniert. Zoom-Meetings, Mitgliederbereich, E-Mail-Funnel.

Woran glaube ich und welche Werte sind mir wichtig? (Jetzt geht's schon ans Eingemachte!) Ich glaube daran, dass es wertvoll und wichtig ist, Frauen auf ihrem Weg in die Selbstständigkeit zu begleiten und dass ich das auch kann. Ich glaube daran, dass es für mich und für andere erstrebenswert ist, sich selbst zu finden und dass wir dadurch alles erreichen können, was wir uns wünschen.

Mir ist dabei wichtig, dass es echt ist und nicht eine aufgesetzte Hülle oder Strategie. Ich stehe dazu, dass das andere nicht so sehen und vergleiche mich nicht mit ihnen, sondern bleibe meinen Werten Freiheit, Unabhängigkeit und Begeisterung treu.

Und jetzt kommen wir zu Pudels Kern – der Identität. Als ich mich da so wahrgenommen habe in meiner Schaltzentrale, mit den Sachen, die ich da gemacht hab, den Dingen, die ich konnte und die mir wichtig waren, spürte ich die »Reklamedame«-Energie wirklich! Ich war eine erfolgreiche Online-Unternehmerin, Expertin für Personal Branding und hatte viele glückliche Kundinnen! Das zu spüren, wie es IST, war der Gamechanger.

Auf der nächsten Ebene, welchen Menschen fühle ich mich zugehörig, waren plötzlich die, zu denen ich bisher nur aufgeschaut hatte. Diese ganzen Online-Größen – ich war eine von ihnen. Völlig klarer Fall, ich BIN eine von ihnen.

Mein Coach hatte alle Erkenntnisse fleißig mitgeschrieben und jetzt konnte ich quasi rückblickend alles einsammeln, was mir an Ressourcen und Gold-Nuggets geschenkt worden war – durch meine Vorstellungs-, meine Manifestationskraft. Und sie eins zu eins auf meine To-do-Liste übertragen: Anbau für mein eigenes Büro, die Schaltzentrale (Gab es damals nur als vage Idee.), Personal-Branding-Workbook, Team, Facebook-Ads, regelmäßig live gehen auf Social Media (War utopisch bis dato!), Mitgliederbereich, Online-Akademie, mein erstes Freebie mit Funnel (Für mich bis dahin krasses Zeug!). Erstellung einer Facebook-Gruppe für eine sich gegenseitig unterstützende »Marke-Leben-Community«. Unterstützung für die Design-Jobs suchen, die ich behalten will und Kunden gehen lassen, für die ich nicht mehr die Grafikerin sein möchte. Eine Mastermind, ein Mentoring oder ein Coaching buchen bei Frauen, die schon da sind, wo ich hin will. Und ich gebe dir Brief und Siegel, dass das alles eingetreten ist. So wahr du dieses Buch in den Händen hältst.

FUNNEL –
wörtlich aus dem Englischen »Trichter«, in den ein potenzieller Kunde im Online-Business-Zirkus oben reingeschmissen und dann automatisiert mit allerlei E-Mails, interessanten Inhalten und zum Schluss Angeboten gepampert wird.

Warum? Ich habe mir geglaubt, dass es so SEIN wird. Ich konnte es bis in die Haar- und Zehenspitzen fühlen, wie es IST. Meinem System, meinem Gedankenbullshitbingo und mir war völlig klar, dass das alles absolut realistisch ist.

Den Unterschied macht das Fühlen. Denn nur damit senden wir eine eindeutige Frequenz über unser Radio. Wir verfehlen unsere Ziele ja nicht, weil wir zu doof, zu undiszipliniert oder zu unkreativ sind. Wir erreichen unsere Ziele deshalb nicht, weil wir sie uns erstens nicht präzise genug setzen und FÜHLEN können und zweitens (und das finde ich noch viel bemerkenswerter), weil wir sie uns schlicht und einfach für uns nicht vorstellen können. Weil »für uns das nicht möglich ist« oder »man doch zufrieden sein muss«. Hallo Gedankenbullshitbingo!

Deshalb setzen wir uns unsere Ziele zu niedrig. Wir erlauben uns nicht, uns große Ziele vorzustellen, die bis in die Haarspitzen prickeln wie Champagner. Und das fühlt sich eben NICHT so an, wenn wir fragen, wie es konkret gehen soll. Dann wird die Sache verkopft und Fragen und Zweifel bestimmen die Frequenz. Ich wusste nicht, wie es geht, ein Team, ein Online-Business oder eine Facebook-Community zu haben. Ich wusste nur: Ich will und werde das haben.

Hättest du mir vor ein paar Jahren gesagt, dass ich ein Darlehen für mein eigenes Büro abbezahle, einen Firmenwagen lease, ein Team beschäftige, meinen Jahresumsatz von Jahr zu Jahr verdopple und ein Buch über Personal Branding schreibe, ich hätte dich für komplett bescheuert gehalten! Das alles ist aber Realität. Und jetzt geht es um dich. Was kannst du tun, um deine Ziele zu fühlen, dein Radio auf die richtige Frequenz einzustellen und deine Marke zu leben? Was ist sonst noch möglich? Das ist die Frage aller Fragen, die wir uns stellen dürfen.

Eine Übung in meinem Personal-Branding-Workbook, mit dem meine Kundinnen arbeiten, heißt: »Das Leben ist ein Ponyhof«. Lass dir bitte von niemandem einreden, dass es KEIN Ponyhof sei, weil wir hier ja nicht bei »Wünsch dir was!« wären. Weil – wie du jetzt aus diesem Kapitel weißt – was du glaubst, ist auf jeden Fall wahr! Wir können deshalb alles sein, tun und haben, was immer wir uns wünschen. Das Universum ist immer FÜR und nicht gegen uns. Also los, stell dir doch deinen persönlichen Ponyhof zusammen und sei gespannt, was du empfängst!

GUTE FRAGEN:
Was ist noch alles möglich?
- Wovon darf es mehr sein?
- Was ist mein größter Wunsch im Leben?
- Wie kann's noch geiler werden?

JUST DO IT!
Hast du Lust, mal ein bisschen Pippi Langstrumpf zu spielen und dir die Welt zu widde-widden? Dann let's go. Lade dir die Vorlage zur Übung »Das Leben ist ein Ponyhof« herunter – mit noch mehr unterstützenden Fragen für deine Vision von deiner Personal Brand, deinem geilsten Leben.

WORKSHEETS: MARKELEBEN.COM/BUCH-BONUS

KAPITEL 5

»WERDE, DIE DU BIST!«

WIE DU DEINE ESSENZ FINDEST UND WAS DEINE HAARE MIT DEINEM LOGO ZU TUN HABEN

»Jetzt geht's ans Eingemachte!« Diesen Satz höre ich von meinen Kundinnen sehr oft, wenn sie sich im Marken-Coaching langsam, aber sicher ihrer »Essenz« nähern. Ich habe dafür noch kein treffenderes Wort gefunden. Nenn es »Espresso«, »Destillat« oder einfach: »Wer bist du, wenn nix is?«

Also ohne das, was du weißt, kannst oder nach außen zeigst? Beim Eingemachten finden wir genau das heraus. Es ist ein bisschen so, als ob wir in deine Seele schauen. Sich dorthin zu trauen, erfordert vielleicht ein wenig Mut, in jedem Fall lohnt es sich und wird sich auch für deine klare Positionierung als Marke auszahlen. Wenn das für dich zu philosophisch klingt, sag einfach »Zwiebel schälen«. Auch das höre ich von Kundinnen, wenn sie nach und nach weglassen, was eben nicht (mehr) so recht zu ihnen passt.

Ich nenne das auch gerne »im Keller aufräumen«. Denn ich hab dir ja schon erzählt, dass nach meiner Auffassung der Personal-Branding-Prozess von innen nach außen stattfinden muss, damit Marke authentisch und echt gelebt – und nicht bloß gespielt – werden kann.

Im Sinne von Trumps »Ich bin.« und im Sinne vom Markenmagnetismus ist es sehr hilfreich, dass du so gut wie möglich über das Bescheid weißt, was deine Personenmarke nun mal ausmacht: über dich.

Darum möchte ich dir jetzt ein paar Besonderheiten vorstellen, die kistenweise in meinem Keller verborgen waren, als ich mich selbst auf die Reise zu mir und meiner Marke machte. Vielleicht stehen bei dir ja auch Kisten mit ähnlichem Inhalt rum.

Hochsensible Scannerpersönlichkeit grüßt den Imposter

Hurra, ich bin ja doch nicht plemplem!

In diesem Kapitel möchte ich dich mit einigen Herrschaften bekanntmachen, die mich seit nun über 40 Jahren in meinem Leben begleiten – oder begleitet haben. Ich kannte sie lange nicht beim Namen, und erst als sie sich mir vorstellten, konnte ich mit ihnen etwas anfangen. Und weil ich weiß, dass der Markenmagnetismus IMMER funktioniert, und du den ein oder anderen meiner Begleiter vielleicht auch kennst oder dringend kennenlernen solltest, möchte ich sie dir vorstellen. Gestatten? Scanner, Tausendsassa, HSP und Monsieur Imposter.

»Fang doch nicht schon wieder was Neues an, Steffi!« Das höre ich gefühlt schon mein ganzes Leben lang. Hey, warum eigentlich nicht?! Mein Freigeist geht bei solchen Ansagen voll auf Konfrontation. Warum soll ich mich denn nicht für 1.111 Sachen interessieren? In meinem Kopf sind einfach dauerhaft ein Haufen Tabs offen. Ich hab nicht nur fünf Ausbildungen gemacht, es fing schon bei meinen Hobbys an. Als Kind hatte ich einen Terminkalender wie ein Konzernmanager: Ballettunterricht, Jazztanz, Flötenstunde, Gruppenleiterin bei den Ministranten, Musikkapelle, klassisches Orchester, Querflöten-Ensemble.

Schon immer habe ich es *geliebt*, mich in Themen zu vertiefen und auf vielen verschiedenen Hochzeiten zu tanzen. Mit neun oder zehn war ich auf dem Nordsee-Trip und mein Kinderzimmer war tapeziert mit Postern von Seehunden, Strandkörben und dem Westerhever Leuchtturm. Ich wusste Bescheid über die Gezeiten, hab mir im Reisebüro Kataloge besorgt (gab ja noch kein Internet!) und sogar mal bei ’nem Bauernhof auf einer Hallig angerufen, weil ich wissen wollte, wie die da so reden.

Ich hab die Bertelsmann-Club-Schallplattensammlung meiner Eltern rauf und runter gehört. Ich kann heute noch die Texte von diversen Operetten-Arien und Opernchören auswendig, kenne alle Mozart-Ouvertüren und kann Brahms »Ungarische Tänze« mitdirigieren.

Während unserer Kinderwunsch-Zeit war ich nah dran am Doktortitel in Endokrinologie und wusste Bescheid über IUI, ICSI und IVF. Facebook war neu – yeah cool, mein neues Thema. Ich zog an den Bodensee ins Praxissemester, tauchte ein ins Dreiländereck und wusste selbstverständlich, dass die Erdkrümmung schuld dran ist, dass man von Konstanz aus nicht nach Bregenz gucken kann. Dann war Italien dran (Commissario Brunetti lässt grüßen) und ich lernte mal ein Semester italienisch.

Vor ein paar Jahren war ich auf dem Koch-Trip und inhalierte Küchenblogs, kochte 8-Gänge-Menüs und probierte mich in molekularer Küche aus. Irgendwann kam ich aufs Einwecken, weil mein Kind jeden Tag ein Mittagessen brauchte und mir Maultaschen mit Ei so langsam zum Hals raushingen. Ah – super Thema! Ich weiß jetzt, wie man Tomatensauce, Kürbissuppe, Knödel und Chili con Carne in Gläsern haltbar macht. Ist echt 'ne Wissenschaft für sich! Das muss die Welt erfahren – ich mache einen Einkochblog.

Dann war noch das Projekt »selbst geschriebene Krimidinner« an der Reihe. Mit passenden Menüs versteht sich. Es fehlen noch der Camping-Trip (ich weiß jetzt, wie man alte Wohnwagen auf Vordermann bringt und dass echte Camper ihre Rollos nur von unten und nach innen aufrollen), der Gemüse-Garten-Trip, der kürzlich in der Anschaffung eines Gewächshauses gipfelte (Wusstest du, dass man das im Winter mit Teelichtern beheizen kann?), die Frankreich-Phase (Bruno, Chef de Police aus dem Périgord und ich wissen jetzt, dass man für das Backen eines Pain d'épi eine Schere braucht), die immer noch anhält und wohl doch 'ne längerfristige Sache ist, weil ich nicht von meinem frankophilen Trip runterkomme und ja nicht zufällig dieses Kapitel im Elsass schreibe. Ah, oui!

Die Themen, mit denen ich mich in meinen Ausbildungen, in der Schule und außerhalb meiner eigenen Angelegenheiten (ich frage für einen Freund) beschäftigt habe, sind da jetzt übrigens noch nicht dabei.

Mit diesen ganzen Trips häufte ich nicht nur ziemlich viel Wissen an. Ich stellte auch fest, dass ich ganz viele Dinge einfach ganz schnell lerne und dann beherrsche. Fliesenlegen zum Beispiel. Hat mir meine Schwiegermutter beigebracht. Ist nicht so schwer. Was noch? Gitarre spielen und ein bisschen Klavier. Ich kann einen Konvektomaten bedienen und für viele Leute kochen. Ich kann Walzer linksrum, Dialekte nachmachen, Sachen reparieren und aus altem Zeug was cooles Neues machen, eine Papierschneidemaschine (so 'ne richtig große in 'ner Druckerei) bedienen, Projekte organisieren, aus allem 'ne Geschäftsidee machen, ich kann Skifahren, mit einer Kreissäge umgehen und lustige Vierzeiler dichten.

Wie viele Jahre habe ich mich mit diesen vielen Interessen und Spezialisierungen wie ein Fisch mit Fahrrad gefühlt – wie ein Alien in der Fußgängerzone – krass drauf eben. Ich fühlte mich anders als die andern. Und die fühlten das wohl auch. Das war nicht immer schön, besonders während der Pubertät hat dieses Alien-Sein meinem Selbstwertgefühl nicht gerade einen Booster gegeben.

Heute weiß ich, dass ich ganz normal bin. Oder eben nicht! Es gibt kein richtig oder falsch. Kein normal oder nicht normal. Es gibt halt Italien und Frankreich. Es gibt Oper und Blasmusik. Es gibt Kürbissuppe und Molekularküche. Es sind einfach verschiedene Dinge – und ich bin eben Steffi, eine »Scanner-Persönlichkeit«. Barbara Sher, eine amerikanische Autorin, hat diesen Begriff geprägt.

In ihrem Buch schreibt sie den Satz, der – hätte ich ihn ein paar Jährchen früher gelesen – ein Segen für mich gewesen wäre: *»Wenn Scanner nicht meinen würden, sich auf einen Bereich beschränken zu müssen, wären 90 Prozent ihrer Probleme gelöst!«*[16]

Als ich zum ersten Mal auf den Begriff »Scanner-Persönlichkeit« stieß, fiel mir ein ganzes Bergwerk vom Herzen: »Hurra, ich bin ja gar nicht verrückt! (oder undiszipliniert, vergesslich und ohne Durchhaltevermögen)! Ich bin einfach nur eine Scannerin.«

Das zeichnet Scanner-Persönlichkeiten aus: *»Eine unbändige Neugier auf eine Vielzahl von Themen, die in keinerlei Zusammenhang miteinander stehen.«*[17] Barbara Sher beschreibt quasi mein Leben (und vielleicht auch deins?), wenn sie aufzählt, was Scanner so machen: *»Sie lieben es, zu lesen und zu schreiben, zu reparieren und Dinge zu erfinden,*

Projekte und Geschäftsideen zu entwickeln, zu kochen, zu singen und perfekte Dinnerpartys zu geben.«[18] Ja. Genau. So. Bin. Ich. Und ich hasse es wie die Pest, Dinge, die ich schon so richtig durchgescannt habe, nochmal machen zu »müssen«.

Krass, es gibt einen Begriff dafür und noch viele andere Menschen, denen das genauso geht. Puuuh, das zu wissen, tat so gut! Denn vielleicht kannst du dir vorstellen, dass dieses ständige Hin-und-Herhüpfen zwischen so vielen Interessen, Themengebieten und damit einhergehenden Projekten ganz schön anstrengend sein kann.

Und dass andere Leute einem dauernd aufs Brot schmieren, wie unstet, oberflächlich und maß-, ziel- und disziplinlos man doch sei und dass das ja so nix werden könne. Ja, mit was denn? Ein Scanner ist ein *»Multitalent, ausgestattet mit einem bemerkenswerten Geist, das in einer Welt zurechtzukommen versucht, die weder seine Persönlichkeit noch sein Verhalten versteht.«*[19] Das Wort Scanner deshalb, weil ein Thema, sobald es von oben bis unten »gescannt« wurde (was ziemlich schnell vonstatten geht, weil Scanner-Persönlichkeiten ziemlich clever und schnell sind), das nächste dran ist.

Was mit den tausend Interessen einer Scanner-Persönlichkeit häufig einhergeht, ist eine Vielbegabung. »Tausendsassa« ist – finde ich – auch ein schönes Wort dafür. Hochbegabung ist der bekanntere Begriff, meint aber etwas anderes: Das sind die Kinder mit Inselbegabungen, die dich mit fünf schon im Schach abzocken und mit fünfzehn Abitur machen.

Diese Begabung lässt sich in Testverfahren messen, ab einem IQ von 130 gilt man als intellektuell hochbegabt. Vielbegabung bedeutet einfach nur, dass man eben nicht nur ein »Käpsele« in Mathe ist, sondern viele verschiedene Sachen gut kann. Fliesen legen, Querflöte spielen, Bücher schreiben. Vielbegabte sind den Leuten ein bisschen unheimlich. Mir wurde schon Bezeichnungen wie »Überfliegerin« oder »Mrs. Perfect« um die Ohren gehauen. Dass ich so viel weiß und kann (und damit keineswegs hinterm Berg halte, sondern es halt einfach mache), ist für viele scheinbar ungewöhnlich oder gar beunruhigend. Das ist manchen eben »zu viel«. Liebe Leute, was soll ich sagen?

Ich werde mich ja nicht blöd anstellen, nur weil mich wer »zu viel« findet. Und du, liebe Leserin, solltest das bitte auch nicht tun und dich verbiegen und auf gar keinen Fall an dir zweifeln oder sogar mit deinen Fähigkeiten hinterm Berg halten.

Scanner-Persönlichkeiten und Viel- und Hochbegabte sind ganz oft auch hochsensibel. Hochsensible Personen (abgekürzt HSP aus dem Englischen von »Highly Sensitive Person«) nehmen aufgrund ihrer neurologischen Veranlagung Reize intensiver wahr. 15–20 Prozent der Bevölkerung sind davon betroffen.[20]

Das macht sich in den verschiedensten Situationen bemerkbar. Im Supermarkt, wenn du nicht nur deinen Einkaufszettel im Fokus hast und ob die Tomaten auch ja keine Dellen haben, sondern auch die Hintergrundmusik, das Gedudel des Werbespots für Weichspüler aus dem Monitor im Waschmittelgang, den Geruch in der Käseabteilung in seltsamer Symbiose mit dem des Parfums der Dame in der Schlange vor dir und das Geschrei vom Kind an der Kasse, weil die Mama »nein« zum Überraschungsei gesagt hat.

Oder bei einem Open-Air-Konzert. Der Normalo-Sensible holt sich ein Bier, quetscht sich in die erste Reihe und los geht's. Hochsensible kriegen da einen zu viel. Warum? Weil sie alle äußeren Reize quasi ungefiltert auf ihre Sinneskanälen reingeballert bekommen: Der Bass hört und fühlt sich abartig laut an, sie verfolgen das Gespräch der Leute hinter ihnen, checken gleichzeitig, dass an der Würstchenbude vorne links gerade ein Steak verkohlt, sie bemerken, dass der Nebenmann heute noch nicht geduscht hat, seine Freundin traurig ist, die Bühnenbeleuchtung empfinden sie so krass wie ein Stroboskop und das Bier schmeckt nicht nur nach Bier, sondern hat auch eine leichte Nuance von Plastik. Stell dir einfach vor, es ist alles doppelt so laut, doppelt so hell und doppelt so schnell.

Hochsensible können dieses »Grundrauschen« in ihrer Umgebung nicht so gut ausblenden. Irgendwann kommt dann der Koller der totalen Reizüberflutung und die Flucht nach dem Motto »Bloß raus hier!«. »Wenn schon, denn schon!», hat sich der liebe Gott oder das Universum bei mir wohl gedacht und hat mir auf die vielbegabte Scannerin noch die Hochsensibilität gepackt. Halleluja! Heute empfinde ich das alles als großes Geschenk. Ich habe Superkräfte!

SUPERKRÄFTE –
Sind unsere Fähigkeiten, die für uns so selbstverständlich sind, dass wir sie schon gar nicht mehr bemerken.

Früher, als ich noch nicht über diese Dinge Bescheid wusste, war das eher anstrengend für mich. Als Hochsensible wirst du gern mal mit Sprüchen konfrontiert wie: »Du bist aber empfindlich, stell dich doch nicht so an.« Ich fühlte mich verkehrt, bezog alles Negative von außen auf mich selbst und konnte mich nicht von anderen abgrenzen. Ich war sehr hart zu mir. Ich stellte mich eben nicht so an. Ich fühlte mich dauerverantwortlich für die Probleme anderer Leute, die selber oft noch gar nix von ihren Problemen wussten. Die Folge war ständiges Grübeln und meine Gedanken kreisten in Endlosschleife nicht nur um meine Probleme – sondern auch um die von anderen.

Mittlerweile habe ich Strategien gelernt, wie ich mit meiner Hochsensibilität umgehen kann und sie mich nicht zermürbt: Ich mache Yoga, meditiere und kenne Tools, die mir beim Abgrenzen helfen.

Denn hochsensible Menschen sind im wahrsten Sinne des Wortes feinfühlig und sehr empathisch. Sie nehmen nicht nur offensichtliche Reize von außen stärker wahr, sondern können auch Emotionen und Stimmungen ihrer Mitmenschen fühlen.

Ich wusste zum Beispiel, dass eine Kollegin schwanger war – noch bevor sie es selber wusste. Ich merke, wenn der Lieblingsdirigent meiner Blaskapelle irgendwie anders dirigiert, weil ihn etwas umtreibt und ich spüre im Coaching die Frage hinter der Frage meiner Kundin, bevor sie sie überhaupt stellt.

Von Hochstaplern und anderen Halunken

Warum Jodie Foster um ein Haar ihren Oscar zurückgegeben hätte

Mit welchem Kerl ich mich längere Zeit hartnäckig rumgeschlagen habe, ist Monsieur Imposter. Auch der hat sich mir lange nicht mit Namen vorgestellt und auf deutsch heißt er »Hochstapler«. Er packt einen am Schlafittchen und sagt einem ins Gesicht: »Mooomen mal Fräulein. So toll ist das jetzt auch wieder nicht. Findest du nicht, dass du einfach nur unverschämtes Glück hattest? So richtig verdient ist das ja wohl nicht. Guck doch mal die anderen an! DIE machen das viel professioneller und sind viel besser als du.«

»Klappe, Monsieur! Ich will dich hier bloß vorstellen, damit die Leute vor dir gewarnt sind.«

Also. Es gibt etwas, das sich »Hochstapler-Syndrom« nennt. Zwei amerikanische Psychotherapeutinnen hatten bei ihrer Arbeit eine interessante Beobachtung gemacht. Ihre Klientinnen waren durch die Bank erfolgreiche Frauen mit Doktortiteln, exorbitanten Karrieren und herausragendem akademischen Renommee. Und sie hatten alle eins gemeinsam: Sie litten unter starken Selbstzweifeln.

Trotz Lob und Anerkennung von außen, trotz Ruhm und Ehre in Form von Auszeichnungen, Spitzengehältern und großer Berühmtheit. Die beiden Therapeutinnen und Professorinnen, Pauline Rose Clance und Suzanne Imes, machten 1978 eine Studie und befragten über 150 Frauen, die sich trotz ihres großen Erfolgs nicht erfolgreich fühlten und sich als Hochstaplerinnen empfanden.[21]

Die Frauen machten für ihren Erfolg nicht ihre eigenen Fähigkeiten verantwortlich, sondern übermäßige Anstrengungen oder äußere Umstände: Glück, Zufall, glückliches Timing, gute Beziehungen zu relevanten Personen oder Fehler zu ihren Gunsten bei der Auswertung von Leistungstests.

Sie hatten das Gefühl, sich ihren Erfolg »erschwindelt« zu haben und ihn nicht zu verdienen, weil sie ihn ja nicht ihrer eigenen Leistung zusprachen. Ihr Handlungsmuster folgte diesem Zyklus[22]: Eine Aufgabe steht an. Sie verfallen in Angst, Selbstzweifel und Sorge, die

Aufgabe nicht zu schaffen. Entweder bereiten sie sich dann exzessiv vor (Perfektionismus!) oder sie schieben die Aufgabe erstmal auf (Prokrastination!). Ist die Aufgabe dann erfolgreich erledigt, stellt sich kurzfristige Erleichterung ein.

Der Erfolg ist für sie aber entweder der übermäßig anstrengenden Vorbereitungsphase oder dem Zufall oder dem Glück zu verdanken. Wenn dann auch noch positives Feedback kommt, wird das Lob und die eigene Leistung heruntergespielt. Und zum Schluss fühlt es sich nach »Betrug« an.

SELBSTZWEIFEL –
Die Mutter des Perfektionismus und die Großmutter aller Probleme.

Auch prominente Berühmtheiten wie Emma Watson, Kate Winslet, Michelle Pfeiffer, Jodie Foster und Meryl Streep haben in Interviews Ähnliches geäußert.[23]

Kate Winslet zum Beispiel: »*Manchmal wache ich morgens auf, bevor ich zu einem Dreh gehe, und denke: ›Ich kann das nicht tun. Ich bin eine Betrügerin. Sie werden mich feuern.‹*«[24]

Jodie Foster sagte in einem Interview mit »60 Minutes«, dass sie ihren Oscar-Gewinn für »einen Zufall« halte. »*Ich dachte, jeder würde es herausfinden und sie würden den Oscar zurücknehmen. Dass sie zu mir nach Hause kommen, an die Tür klopfen und sagen: ›Entschuldigung, wir wollten den Preis jemand anderem geben. Er gehört Meryl Streep.‹*«

Der Hammer ist, dass auch Meryl Streep solche Gedanken hat: »*Du denkst ›Warum sollte mich jemand in einem Film wiedersehen wollen? Und ich weiß sowieso nicht, wie man schauspielert, also warum mache ich das?‹*«[25] Gib dir das mal! Eine Oscar-Preisträgerin denkt, sie hat den Oscar nicht verdient! What? Eine Meryl Streep denkt, sie kann nicht schauspielern? Als ich davon gelesen habe, wurde mir bewusst, dass wohl auch in meinem Keller eine große Kiste mit der Aufschrift »HOCHSTAPLERIN« herumstehen musste. Da sind nicht nur alle meine Zeugnisse und Zertifikate drin, sondern auch die ganzen

Glaubenssätze wie: »Ich bin doch keine richtige Grafikerin.« oder »Ein Buch schreiben ist doch nix Besonderes.« und vielleicht hast auch du eine Kiste mit »Ich bin doch keine Expertin.« im Keller stehen.

Ich denke wir sind uns einig, dass die Gedanken der Damen Winslet, Foster und Streep wenig hilfreich für eine gute Frequenz ihres Markenradios sind, ebenso wenig wie unsere berühmten »Ich bin doch keine ...«-Sätze.

Und es schließt sich an dieser Stelle der Kreis zu den anderen Halunken, die mit Monsieur Imposter einhergehen: Selbstzweifel (Erinnerst du dich ans rote Kleid und das »Komplimente Annehmen«?), in anderen Angelegenheiten unterwegs sein (die ANDEREN finden mich maß- und disziplinlos und werden merken, dass ich eigentlich gar nix kann), meilenweit auseinanderklaffendes Selbst- und Fremdbild (Trump!). Der Auslöser? Gedankenbullshitbingo vom Feinsten!

Was mir am meisten dabei geholfen hat, Monsieur Imposter die Stirn zu bieten, war, dass ich ihn beim Namen kannte. Schon allein das Wissen um dieses Phänomen war die halbe Miete. Heute kann ich ihn austricksen, weil ich seine Masche durchschaue, und die mit ihm verbundenen Glaubenssätze erkenne und einen nach dem anderen verändere. Ich bitte Kunden bewusst um direktes Feedback und lerne, mit Lob umzugehen. Wenn ich gelobt werde, tue ich es ganz bewusst nicht mehr ab, wie ich es früher gemacht hätte, sondern drehe mein Markenradio auf die Frequenz »Freude«.

Jetzt kennst du meine – und vielleicht auch deine? – Weggefährten, die mich zu der einzigartigen Persönlichkeit machen, die ich bin. Und glaube – ehrlich gesagt –, dass es mich und dich nicht wirklich weiterbringt, diese ganzen Herrschaften ausführlich zu studieren. Das hab ich schon für dich erledigt und weiß: lohnt sich nicht. Es ist gut, dass wir wissen, dass es sie gibt im Sinne von »Gefahr erkannt, Gefahr gebannt.«.

Was wir auf gar keinen Fall tun sollten, ist ihnen »Lamentier-Queen-mäßig« den schwarzen Peter in die Schuhe zu schieben und zu sagen: »Tja, ich bin halt Scanner, da kann ich mich nicht für eine spitze Positionierung entscheiden.«

Oder: »Entschuldige mal, ich bin hochsensibel und draußen regnet's, da kann ich unmöglich von der Couch.« Es ist unsere Angelegenheit und Verantwortung, Strategien zu entwickeln, wie wir gut mit diesen Eigenschaften leben und sie zu unserem Vorteil nutzen können.

Ayurveda trifft Marke

Und was das beides überhaupt ist

Schon immer habe ich meine Kundinnen intuitiv in »Markentypen« eingeteilt. Ich kann dir gar nicht genau sagen wie. Ich wusste einfach, mit welchem »Schlag Mensch« ich es da zu tun hatte. Das ist wohl der Vorteil einer hochsensiblen Grafikdesignerin. Es ist meine »Markenintuition«, eine ganze Welt vor mir sehen und spüren zu können, die sich da als großes Ganzes auftut, wenn mir eine Frau ihre Geschichte und ihre Idee erzählt.

Ich weiß zielsicher, wie die Klientin tickt, welche Farben ihr entsprechen und welche Energie ihr Branding braucht – also ob Rachmaninow oder Helene Fischer. Und ich war auf der Suche nach einer Möglichkeit, wie meine Kundinnen das im Prozess auch selbst herausfinden konnten. Sie sollten es selbst spüren, damit sie es SEIN können.

Nun gibt es vielerlei Möglichkeiten und wir versuchen, mit allen möglichen Tools herauszufinden, wer wir sind. Ich glaube, das ist eine große, tiefe Sehnsucht in uns Menschen. Alle Religionen und Philosophien dieser Welt sind Versuche, uns selbst und den Sinn unseres Seins hier auf der Erde zu finden.

Zu ergründen, woher wir kommen, was unsere Bestimmung ist und wo unser bester Platz ist. Und genau das versuchen wir auch, wenn wir uns mit unserem Logo, unserer Idee und unserem Unternehmen als »Marke« zeigen wollen. Wir wollen unseren Platz finden.

Wir sind auf der Suche nach unserer Quintessenz, nach unserer wahren Identität.

Welche Möglichkeiten gibt es fürs Branding? Es gibt die Archetypen nach dem »Heldenreise-Modell«. Wenn wir bei den Farben sind, dann gibt es die Kategorisierung in Jahreszeitentypen. Es gibt Human-Design. Das sind alles großartige Tools (es grüßt dich ein Manifestierender Generator 2/4), bloß finde ich sie für meine Zwecke im Marken-Coaching entweder zu komplex, zu kompliziert oder wiederum zu kategorisch. Die Archetypen sind mir zu sehr Modell »Schublade«.

Und wenn du deinen Farbtyp kennst, weißt du immer noch nicht, welche Bildsprache, welche Schriftart und welches Logo zu dir passen. Und wenn du deine Profile, Tore, Linien und Kanäle kennst, weißt du es halt auch nicht. Versteh mich bitte richtig: Alle diese Ansätze haben ihre Berechtigung und sind auf ihre Art hilfreich und nützlich.

Für meine »Marke-leben-Methode«, wie ich sie dir hier als ganzheitlichen Personal-Branding-Prozess zeigen möchte, sind sie nicht geeignet. Weil du dich als einzigartiger Mensch nicht in ein Modell quetschen brauchst, um einzigartig zu sein.

Es war ein Samstag morgen, ich lag noch im Bett und daddelte am Handy. Und da war meine liebe Freundin und Kundin Barbara live auf Instagram. Barbara ist Coach für Ayurveda. Sie ist eine Granate, wenn es darum geht, komplexe Sachen so zu erklären, dass es ein Erstklässler versteht – und noch dazu mit enormem Unterhaltungswert. Zum Glück ist sie Lehrerin und macht das von Berufswegen.

An diesem Samstag sprach sie über ihr Thema – Ayurveda. Kannte ich bislang nur von Tee, Kochrezepten und Öl-Gieß-Massagen auf Sri Lanka, die mir für mich bis dato nicht in den Sinn gekommen wären. Ayurveda bedeutet im Übrigen in der altindischen Sprache Sanskrit »ayus« = Leben und »veda« = Wissen und beschäftigt sich ganzheitlich damit, wie wir Menschen ein möglichst langes, gesundes und freudvolles Leben führen können. Touché »Marke-leben-Methode«, würde ich sagen! Jedenfalls sprach Barbara über die individuelle Konstitution eines jeden Menschen, die bei jedem anders ist. Jeder hätte eine ganz eigene »Werkseinstellung«.

Aha! Genau wie bei Marke. Alle funktionieren gleich – und doch ist jeder anders. Genau diese »individuelle Konstitution« war es, die meine Kundinnen für sich ermitteln sollten.

Und wenn du dich jetzt fragst: »Wie, was, persönliche Konstitution? Was hat denn das mit meiner Marke oder meinem Branding zu tun?«, dann ist es jetzt wohl an der Zeit, dass ich dir erkläre, was eine Personenmarke ist bzw. wie ich sie definiere:

Was ist eine Personenmarke?

Warum du der »Labello« deiner Branche werden solltest – oder zumindest der »Apple«

Du kennst Marken wie Porsche, IKEA oder Apple. Du kennst Labello, Tempo oder Uhu. Sie alle stehen für ein Produkt und du weißt, was du davon hast, wo es herkommt, welchen Zweck es erfüllt und in welche Preisklasse es einzuordnen ist. Und du weißt auch, dass es noch andere Auto-, Möbel- und Computerhersteller gibt. Und andere Lippenpflegestifte, Papiertaschentücher und Klebstoffe. Du weißt über deren genannte Kriterien Bescheid.

Marken sind ein Qualitätsmerkmal. Schon die alten Römer »markierten« ihre Weinamphoren, damit man gleich wusste, wo der Fusel drin war – und wo der Gute. Marken waren quasi die »Stiftung Warentest« der Antike. So wussten die Leute, von welchem Weinberg und welchem Winzer der Inhalt stammte, vielleicht aus welcher Traube er hergestellt war und natürlich, wie er schmeckte. Sie kauften damit nicht nur eine bestimmte Qualität, sondern auch eine Geschichte und eine »Identität«.

Und diese Identität ist es, die jetzt die Brücke von Porsche, IKEA und Apple zu deiner Personal Brand schlägt. Und zum römischen Winzer der Antike. Du kaufst nicht ein Auto, eine Küche, ein Laptop oder Wein. Du kaufst das Gefühl! Du könntest nämlich auch zu Toyota, Bulthaup oder Toshiba gehen oder einfach eine andere Amphore wählen und würdest dort etwas bekommen, das denselben Zweck erfüllt.

Nur – das ist dann halt anders! Es fühlt sich anders an. Eine Porsche-Tür fällt anders ins Schloss, als die von einem Toyota.

Marken machen Dinge, die denselben Zweck erfüllen, unterscheidbar. Anderer Preis, andere Qualität und vor allem: anderer Spirit. Die Markennamen Labello, Tempo und Uhu haben es sogar geschafft, generell das Synonym für das Produkt zu werden.

Genauso ist es bei Personenmarken. Sie stehen auch für einen bestimmten »Zweck«, das ist zum Beispiel deine Expertise. Ob du selbstständig bist oder nicht, spielt dabei keine Rolle. Auch wenn du dich als Marketing-, Physik- oder Kosmetikspezialistin auf eine Stelle bewirbst, unterscheidest du dich von den anderen Bewerbern.

ALLEINSTELLUNGSMERKMAL –
Was dich von anderen unterscheidet und unverwechselbar macht.

Dein Alleinstellungsmerkmal? Deine Persönlichkeit. Sie ist das einzige echte Kriterium, das wir haben, das uns von anderen unterscheidet. Denn wir sind – wie du schon aus dem ersten Kapitel weißt – kein Waschpulver, das am Werbeagenturreißbrett mit einem künstlichen USP (Unique Selling Point oder Unique Selling Proposition) aufgeladen werden muss, sondern wir haben schon unser ganz natürliches Alleinstellungsmerkmal!

Ich nenne es die UPP, die Unique Personal Proposition. Und jetzt zeige ich dir, wie du sie herausfinden kannst – damit du dieses großartige Alleinstellungsmerkmal auch für dich nutzen kannst.

Wind, Feuer, Erde

Wie du deine persönliche Werkseinstellung rausfindest

Im Ayurveda spricht man von drei verschiedenen Lebensenergien, den sogenannten Doshas. Es gibt die Vata-, Pitta- und Kapha-Energie. Sie bestimmen unsere persönliche Konstitution, unsere »Urschwingung« und regulieren unsere körperlichen und geistigen Funktionen.[26] Das spiegelt sich wider in unseren ureigenen Charaktereigenschaften und unserem Körperbau.

Wie kommen wir zu diesen Energien? Im Ayurveda wird davon ausgegangen, dass unsere *»Urschwingung (Prakriti) unter anderem durch den Zustand der Doshas der Eltern zum Zeitpunkt der Empfängnis [...] beeinflusst wird«*[27]. Du kannst dir das so vorstellen, dass im Moment deiner Zeugung das Universum seine drei Würfel – Vata, Pitta und Kapha – wirft und dass dir je nach Augenzahl der Würfel die entsprechende Energie mitgegeben wird. Meistens dominieren zwei dieser drei, es gibt jedoch auch Menschen, bei denen das Universum einen Pasch würfelt und ihnen gleich viel von allen dreien mitgibt. Das sind die »Tri-Dosha-Typen«.

Jedes Dosha setzt sich aus zwei der fünf Elemente Luft, Erde, Äther (im Sinne von »Raum«), Feuer und Wasser zusammen. In meiner »Marke-leben-Methode« breche ich sie vereinfacht herunter auf »Wind«, »Feuer« und »Erde«, weil sich diese drei sehr plakativ in Farben und Bildsprache übersetzen lassen und sich die fehlenden Elemente Wasser und Äther automatisch dazubedingen. Im Coaching lasse ich meine Kundin ein Moodboard erstellen – und es ist bemerkenswert, dass sich darin alle diese Elemente in Bildern wiederfinden.

Wir schauen uns jetzt die Grundeigenschaften der Doshas an. Die sind die Brücke zu deiner persönlichen Werkseinstellung, die sich in deiner Markenenergie wiederfinden darf. Wenn du sie kennst, ist es möglich, sie in dein »äußeres« Branding zu übersetzen. Das hat die Folge, dass dein Logo, deine Farben und dein Webauftritt nicht nur zu 111 Prozent zu dir passen, sondern sich vor allem so richtig gut und stimmig für dich anfühlen werden.

Das spart viel Zeit, Geld und Nerven! Denn mehr als eine Kundin, die bereits viel davon in ihren Auftritt investiert hatte, kam zum Rebranding zu mir genau aus diesem Grund: »Es fühlt sich nicht nach mir an.«

Die Charakteristika der Doshas lassen sich so beschreiben:[28]

Vata enthält die Elemente Luft und Äther, was ich mit »Wind« zusammenfasse.

Vata ist beweglich, trocken, kühl, leicht, rau, fein, schnell, hell.

Bist du ein Vata-Typ, ist Bewegung dein Ding! Gern in schwindelnder Höhe und leicht wie eine Feder. Du sprichst eher schnell, dein Geist ist sehr sensibel und aktiv. Du bist sehr kreativ und ein wahrer Wirbelwind. Du sprudelst nur so über vor neuen Ideen und es fällt dir manchmal schwer, bei der Sache zu bleiben. Du liebst es leicht und locker, auch wenn dir manchmal eine gewisse »Bodenhaftung« guttun würde.

Du frierst schnell, erkältest dich leicht und hast eher trockene Haut. Appetit hast du eher unregelmäßig, vergisst schon mal aufs Essen und du leidest öfter unter Verstopfung. Du kannst dich sehr schnell für etwas Neues begeistern.

Dank deiner raschen Auffassungsgabe verfügst du über eine hohe geistige Flexibilität. Deine körperliche Konstitution ist ebenso. Deine Statur ist schlank und feingliedrig und du nimmst eher ab als zu. Deine Gelenke sind zart und können knackende Geräusche machen. Du bewegst dich flink und leicht tänzelnd. Deine Haare sind fein, dünn, trocken und fedrig, deine Haut ist »durchsichtig« und kühl, und du neigst früh zu Fältchen.

Bestimmt kennst du eine Frau, auf die diese Beschreibung passt! Das sind die, die gern ein wenig verpeilt sind und auf jeden Fall für eine Überraschung gut. Sie ist vielleicht Pressesprecherin, Schauspielerin oder Lehrerin – auf jeden Fall sehr kommunikativ. Das ist die Freundin, die dich aus dem Nichts plötzlich anruft und sagt: »Hey komm, lass uns doch heute Abend den Zug nach Paris um 21.03 Uhr nehmen!« – und dann zu spät kommt, weil sie davor noch 99 andere

Ideen hatte. (»So what, nicht schlimm, nehmen wir eben den um 23.03 Uhr.«) Weil schließlich musste sie ja dringend noch Blumen kaufen, einen Kuchen backen und eine Serie zu Ende gucken und hat dann einfach ihren Hausschlüssel nicht finden können. Sie hat in ihrer Handtasche auf jeden Fall achtmal Lipgloss, drei verschiedene Sorten Kaugummi und mindestens zwei Kugelschreiber (einer davon kaputt) und total vergessen, dass sie sie überhaupt dabeihat.

Pitta enthält die Elemente Feuer und Wasser.
Pitta ist heiß, schnell, scharf, flüssig, durchdringend und intensiv. Für die Markenenergie behalten wir von den Elementen das Feuer. Denn bist du eine Pitta-Frau, bist du gerne »on fire« und wie ein Vulkan, der jeden Moment ausbrechen kann.

Am wohlsten fühlst du dich, wenn du volle Kraft voraus deinen ehrgeizigen Plan in die Tat umsetzen kannst. Und du hast ruckzuck eine Checkliste zur Hand, die sich dein messerscharfer Verstand in Sekundenschnelle zurechtlegen kann. Es kann schon mal hitzig werden, wenn du für deine Sache kämpfst. Deshalb liebst du eine angenehm kühle Umgebung. Hitze verträgst du nicht so gut, lieber hast du es klirrend kalt.

Du kannst dich sehr gut durchsetzen und bist zielorientiert. Für dich gibt es nur eine Richtung: immer nach vorn. Du begreifst Zusammenhänge und lernst sehr schnell. Du übernimmst gern Verantwortung, bist sehr eloquent und neigst dazu, dir und anderen gegenüber eher kritisch zu sein.

Du hast einen mittelgroßen Körperbau mit sehr flexiblen Gelenken. Du bewegst dich kontrolliert und präzise, dein Körpergewicht hältst du konstant. Deine Haare sind fein und werden leicht fettig. Deine Haut ist warm und geschmeidig und du neigst zu Sommersprossen und Leberflecken.

Die Pitta-Freundin rufst du an, wenn's klemmt. Sie weiß sofort, was zu tun ist und handelt. In Lichtgeschwindigkeit erstellt sie einen Plan und setzt ihn um. Sie ist belastbar, gibt alles ohne Rücksicht auf Verluste und ist schnell. Gibst du ihr genug Kaffee, arbeitet oder tanzt sie mit dir die Nächte durch – und achtet dabei drauf, dass ihr Lidstrich und Lippenstift exakt gezogen sind und zu Halstuch und Handtasche passen.

Die Pitta-Frau will mit dem Kopf durch die Wand und Geduld gehört nicht zu ihren Stärken. Sie liebt es, wenn alles logisch, in Kategorien und in der (für sie) richtigen Reihenfolge ist.

Fang da lieber keine Diskussionen an, wenn du nicht bereit bist für ein Feuerwerk an schlagfertigen Argumenten und eine hitzige Auseinandersetzung. Denn die Pitta-Frau ist überzeugt von ihrem System und verteidigt es bis aufs Blut und nimmt dabei kein Blatt vor den Mund. Pitta-Frauen sind effizient und ehrgeizig. Sie wollen was erreichen und ordentlich was gewuppt bekommen. Deshalb werden sie vielleicht Ärztin, Juristin, Managerin oder Architektin – oder Feldwebel.

Kapha besteht aus den Elementen Erde und Wasser.
Es ist kühl, schwer, stabil, weich, langsam, unbeweglich.
Kapha ist »erdig« – die Markenenergie ist »Erde«. Bist du eine Kapha-Frau, kann dich rein gar nichts aus der Ruhe bringen. Du stehst wie ein Fels in der Brandung oder wie eine 100 Jahre alte Eiche fest auf dem Boden der Tatsachen und zwar mit beiden Beinen.

Deine Stimme ist beruhigend und du sprichst eher langsam. Deine Stärke ist deine Besonnenheit, mit der du wohlüberlegte Entscheidungen triffst. Wenn es so weit ist, ist auf dich 100-prozentig Verlass! Umso schwerer tust du dir mit Veränderungen, denn Stabilität und Struktur sind für dich wichtig.

Du lernst eher langsam, aber was du einmal verinnerlicht hast, vergisst du nicht mehr. Du hast ein Gedächtnis wie ein Elefant. Du bist tolerant, geduldig und gutmütig. Du bist sehr besonnen und ruhig. Du hast einen eher kräftigen Körperbau. Du bist stark und hast feste Gelenke, stämmige Knochen, gute Ausdauer, ein starkes Immunsystem und du neigst zu Übergewicht.

Um dein volles, dickes Haar wirst du gern beneidet, genau wie um deine ebenmäßigen Gesichtszüge und deine festen Zähne. Deine Haut ist geschmeidig, fest und kalt und bis ins hohe Alter ohne Falten.

Deine Kapha-Freundin ist ein Ruhepol. Wenn deine Welt Kopf steht und du vor lauter Wald die Bäume nicht mehr siehst, setzt du dich einfach zu ihr auf die Couch. Da wird sie dich – eingemummelt in eine dicke Decke – empfangen und dir erstmal eine Tafel Schokolade oder ein Glas Rotwein in die Hand drücken. Oder auch kurz eine Sahnetorte aus dem Kühlschrank zaubern und Bratkartoffeln machen – sicher ist sicher.

Sie wird sich geduldig deine Probleme anhören und wenn du völlig am Ausflippen bist – erstmal gar nix sagen, geschweige denn tun. In ihrer Gegenwart kannst du sicher sein, dass dein Puls ruhiger wird und sich deine Gedanken sortieren, bis sie vor dir liegen wie ein klarer Bergsee.

Sie sammelt gern – Wissen und Gegenstände. Sie weiß haargenau, dass dieses eine Buch, das dir jetzt gerade helfen würde, in einer der achtundzwanzig Kisten irgendwo im Keller sein muss – denn sie hebt alles auf. Deine Kapha-Freundin würde dich bei ihr wohnen lassen, dich vom Mount Everest retten und dir die Haare nach hinten halten, wenn's die Situation verlangt.

Deshalb ist sie vielleicht Krankenschwester, Feuerwehrfrau oder auch Bibliothekarin oder Erzieherin. Kümmernd, stark, wissend und geduldig.

Was deine Haare mit deinem Logo zu tun haben

Finde deine Markenenergie!

Jetzt hast du ein Gefühl dafür bekommen, wie sich die Doshas auf uns auswirken und vielleicht erkennst du schon den »Schlag Mensch«, dem du am ehesten entsprichst. Denn wie gesagt, die Doshas kommen meist in einer gesunden Mischung vor.

Apropos »gesund«: Ayurveda kann einen wertvollen Beitrag für unsere Gesundheit leisten. Mit kleinen Veränderungen unserer Lebensgewohnheiten in Punkto Bewegung, Schlaf oder Essen können wir für Ausgeglichenheit sorgen.

So wird es zum Beispiel der Pitta-Frau guttun, wenn sie ihre Energie nicht zusätzlich mit Kaffee oder ordentlich Chili im Essen anfeuert, sondern sich bewusst Ruhepausen gönnt. Denn die Gefahr der Überhitzung droht, was sich tatsächlich körperlich auswirkt und Krankheitsbilder entstehen können.

Der Kapha-Frau hingegen tut die Prise Chili im Essen gut! Nicht nur für ihren Stoffwechsel, sondern auch für mehr Beweglichkeit, Antriebs- und Entscheidungskraft.

Die Vata-Lady darf gerne regelmäßig Essen (eine ordentliche, warme Suppe vielleicht) und einen Baum umarmen, um sich zu erden und sich selbst nicht zu verlieren.

So kann die Erkenntnis über deinen Energietyp ein Beitrag für dein körperliches und seelisches Wohlbefinden sein. Denn das große Ziel ist – das haben Ayurveda und mein Verständnis von Personal Branding gemeinsam –, dass wir ausgeglichen und in unserer besten Energie sind. Du weißt das schon vom Markenradio: Dann sind wir in unserer besten Wirkungskraft und senden auf der Frequenz, die wir auch empfangen wollen.

Jetzt möchtest du bestimmt wissen, was deine Haare mit deinem Logo zu tun haben! Dein Logo (lass uns das als Sinnbild für dein gesamtes Branding nehmen) transportiert deine Markenenergie nach außen. Wenn du eine Kapha-Frau mit festen, dicken, schweren Haaren bist, ein Fels in der Brandung und die Ruhe selbst bist, dann wird ein filigranes geschwungenes Schreibschrift-Logo deiner Energie einfach nicht gerecht. Und andersrum wird eine zierliche, zarte Frau mit Vata-feinen Haaren von einem dicken, blockigen Logo in Rot und mit Wumms-Charakter förmlich erschlagen. Die Pitta-Frau mit akkurater Frisur, dem Scheitel wie mit dem Lineal gezogen und ordentlich Power wird von einem zarten Logo womöglich in Pastell-Tönen und mit Schnörkeln garantiert nicht happy.

Auch wenn das Logo hochprofessionell entwickelt wurde: Es »passt« einfach nicht! Und so kannst du dir das in der Praxis vorstellen: Stell dir vor, deine potenzielle Kundin ist auf der Suche nach einer Expertin, die ihr bei ihrem Anliegen weiterhelfen kann. Sie stellt ihren Sender (in der Energie-Frequenz, die sich für sie gerade passend anfühlt) auf Empfang und googelt oder scrollt durch Social Media. Sie schaut sich verschiedene Anbieterinnen an und stößt auf dich und deinen Auftritt. Dein Logo ist dein Name in einer leichten, geschwungenen Schreibschrift. Dein Branding ist in zarten, hellen Pastelltönen gehalten. Du benutzt feine, leichtfüßige Grafiken und die Bildsprache ist dezent und zurückhaltend.

Die suchende Kundin fühlt sich davon sehr angesprochen. Zum einen vielleicht, weil sie es selbst gerne dezent mag und die leisen Töne liebt. Dann ist sie möglicherweise eine Vata-Wind-Frau. Oder aber sie sucht zu ihrer Energie einen Gegenpol als Ausgleich – im Kontext ihres Anliegens. Dann ist sie vielleicht eine Kapha-Erde-Frau, die auf der Suche nach einem Yoga-Kurs ist, weil sie sich mehr Beweglichkeit und Leichtigkeit wünscht. Dann fühlt sie sich womöglich auch von dieser sanften Energie angesprochen.

Das passiert alles ganz intuitiv und unterbewusst. Denn dieses Gesamtpaket »Branding« mit der Anmutung des Logos, der Stimmung von Bildern und vor allem der Wirkung von Farben löst Emotionen aus. Da ist unser limbisches System am Werk, das mit der Amygdala unsere *»zentrale Bewertungsinstanz und gleichzeitig ein wichtiges ›emotionales‹ Auslösezentrum in unserem Gehirn«*[29] besitzt.

Der Hirnforscher Hans-Georg Häusel bildet dieses System als Landkarte der Emotionen ab, in denen er auch Farben eine »emotionale Heimat« zuschreibt.[30] Das ist die wissenschaftliche Erklärung dafür, dass wir mit Farben Gefühle verbinden und sie Emotionen auslösen. Was passiert jetzt, wenn auf deinem Auftritt »Leichtigkeit, Zartheit, Eleganz und Zurückhaltung« draufsteht, aber die Langsamkeit, Ruhe, Behäbigkeit und Stärke einer Kapha-Frau drinsteckt, weil du in Wirklichkeit eine solche bist? Vermutlich wird die Kundin überrascht sein, wenn sie dich kennenlernt und auch ein wenig verwirrt.

Im schlimmsten Fall geht sie wieder und entscheidet sich gegen dein Angebot. Einfach weil sie etwas anderes erwartet hat, weil sich dein Auftritt anders angefühlt hat als du selbst. So ähnlich wie der Personalchef, dem du eine Bewerbung in knalliger, roter Aufmachung mit Fotos von dir im taffen Hosenanzug, rotem Lippenstift und strenger Brille schickst. Der wird eine andere Frau erwarten (die er einstellen will, eben WEIL er eine taffe, knallige Frau für diese Stelle sucht) als ein leises, zartes Wesen, das ihm letztendlich im rosa Blümchenkleid im Bewerbungsgespräch gegenübersitzt.

Für deine Kundin und den Personalchef bedeutet das, dass dein Branding eine Mogelpackung ist, weil nicht das draufsteht, was drin ist. Und für dich bedeutet es, dass ein knallrotes, dynamisches Logo in dicker, fetter Schrift deine Energie der zarten Vata-Frau völlig erschlagen würde. Es würde dich erdrücken, das Rot wäre dir auf die Dauer selbst zu anstrengend und es würde sich wie eine Verkleidung anfühlen.

Die Pitta-Frau selbst wäre zu grell für ein zartes Schreibschrift-Logo. Sie hätte das Gefühl, sie hätte mit ihrem Pastell-Auftritt keine Chance, sich in ihrer vollen Kraft und Präsenz zu zeigen und - wie es ihrem Naturell entspricht - eine Leaderin zu sein, die gerne den Ton angibt.

Um mit deinem Branding solche Mogelpackungen und den Fall von »mein Auftritt fühlt sich nicht nach mir an« zu vermeiden, gilt es jetzt, deine Markenenergie herauszufinden. Dann kannst du sie nach außen zeigen und es werden die zu dir kommen, für die diese Energie gerade hilfreich ist. Und es werden die »Richtigen« sein.

GUTE FRAGEN:

Finde deine Superkräfte heraus.

- Wenn dein Leben ein Blockbuster wäre. Welchen Titel und Untertitel hätte er, damit viele begeisterte Zuschauer ins Kino kämen?
- Welche besonderen Eigenschaften und Fähigkeiten schreiben dir deine Freunde zu?
- Was ist nach Meinung deiner besten Freundin das Verrückteste an dir?

JUST DO IT!

Hast du Lust, deine Werkseinstellung herauszufinden? Wie du vom lieben Gott, dem Universum oder dem Leben (you name it) gedacht bist? Mal hinzuschauen, wie wir so ticken, ist so hilfreich. Zum einen natürlich in Sachen Haare und Logo, zum anderen, um uns noch besser annehmen zu können, wie wir sind.
Du kannst dir meinen Test zur Markenenergie herunterladen und herausfinden, wie du »gedacht« bist.

WORKSHEETS: MARKELEBEN.COM/BUCH-BONUS

TEIL II: MARKE TUN

KAPITEL 6

»ALLES, WAS DU MIT LIEBE TUST, WIRD ERFOLG HABEN«

WIE DU DEIN DING FINDEST, MIT DEM DU DEINE BRÖTCHEN VERDIENST – UND DIE BUTTER NOCH DAZU

Die »Wenn-Dann-Falle«

Woran du sie erkennst und mit Schmackes wieder rauskommst.

»Wenn erstmal meine Webseite fertig ist, dann ...«
»Wenn die Weiterbildung abgeschlossen ist, dann ...«
»Wenn ich erstmal rausgefunden hab, was ich wirklich machen möchte, dann ...«

Diese drei Ausreden waren meine persönlichen Top-Erfolgsverhinderer. Und beliebt waren auch: »Wenn wir das Haus mal fertig renoviert haben ...«, »Wenn das Kind mal in der Schule ist ...«, »Wenn ich erstmal die 5 Kilo runter habe ...«

Die »Wenn-Dann-Falle« ist gemein. Fast genau wie die Herrschaften Scanner, Tausendsassa und Monsieur Imposter ist mit Frau Wenn-Dann nicht gut Kirschen essen. In ihrem Kern ist sie eine einzige Zäsur und hält uns in vermeintlicher Geborgenheit in einem reaktiven Vakuum: Im Gefühl des »alles richtig Machens« und – wie fies – gleichzeitig in aktionsloser Handlungsunfähigkeit.

Da ist nix mit dem selbstbestimmten Steuer am Business-Schiff! Da wird uns ein Lolli in die Hand gedrückt, der Kopf getätschelt und gesagt: »Braves Mädchen, du machst das fein!« Sie lässt uns vergessen, dass wir doch gerade drauf und dran waren, als verruchte Draufgängerin heimlich mit Hendrik hinter dem Hühnerstall eine rauchen zu gehen und lässt uns stattdessen als liebes Mädchen mit Manuela die Puppenkleider sortieren.

Frau Wenn-Dann ist außerdem eng befreundet mit den Damen Verzettleritis und Prokrastination – und die sind wiederum Töchter von Muddi Angst.

Ich nenne meine Ängste inzwischen »Muddi«. Sätze wie »Liebe Muddi, wovor möchtest du mich denn jetzt beschützen?« – »Ach komm, Muddi, ich kann das.« oder »Geh zur Seite, Muddi, mach mal Platz.«, helfen mir im täglichen Gedankenbullshitbingo-Management ungemein! Gefühlt ist »Muddi« für mich so eine angestaubte Else Kling mit Kittelschürze und Lockenwicklern, die mit Kissen über dem Fenstersims aus dem dauergeöffneten Hoffenster ungefragt ihre Meinung blafft. Pfff, soll sie doch ...

Wie auch immer die Familienverhältnisse der »Wenn-Dann-Falle« aussehen: Sie hat natürlich auch ihre guten Seiten: Schließlich möchte sie uns Sicherheit geben. Nach dem Motto »eins nach dem andern« will sie uns vor Überforderung, Pleiten und völliger Orientierungslosigkeit beschützen. Sie weiß es eben nicht besser und legt uns deshalb erprobte Strategien ans Herz: Erst der Schulabschluss, dann die Berufsausbildung und DANN hast du was vorzuweisen und kannst losmarschieren und deinen Weg machen. Ach, wirklich? Lass uns das mal anschauen, ob das echt so ist. Es gibt nämlich einen kleinen Haken ...

Das Doofe daran ist nämlich: Wir kommen nicht voran. Denn die »Wenn-Dann-Falle« ist keine einmalige Sache, sondern oft eine treue Begleiterin, haben wir mit ihrem Muster erstmal Freundschaft geschlossen. Und wenn wir ständig meinen, noch irgendetwas zu brauchen, damit wir den nächsten Schritt machen können, bleiben wir stehen wie am Bahngleis und warten ständig auf den nächsten Zug. Einsteigen tun wir jedoch selten ...

Weil – Hand aufs Herz, werte Leserin – die Idee, mit Hendrik hinterm Hühnerstall eine rauchen zu gehen (oder sonstige Sachen zu machen) ist mindestens genauso aufregend, wie dein eigener Herr und mit deinem Business so richtig erfolgreich zu sein, oder?

Da willst du hin. Da kribbelt's! Da ist das Abenteuer deiner Zukunft. Puppenkleider zusammenlegen kannst du ja später immer noch – sollte das mal irgendwann für irgendwen einen wirklichen Vorteil bringen.

Versteh mich nicht falsch: Puppenkleider zusammenzulegen, eine fundierte Ausbildung und eine informative Webseite zu haben, ist freilich nicht verkehrt! Auch nicht die Haltung zu haben: »Für eine erfolgreiche Selbstständigkeit brauch ich einen Plan, was ich überhaupt machen will, die entsprechende Fortbildung dazu und damit mich die Kunden überhaupt finden, eine Webseite!«. Stimmt (fast) alles – Fortbildung und Webseite kannst du gedanklich bitte mal aufs Wartegleis schieben. Es ist grandios und genügt für den Anfang völlig, wenn du dir diese eine wichtige Frage stellst: »Was will ich überhaupt machen?«

Denn wenn du dir die beantworten kannst, kannst du dich mit Schmackes aus der »Wenn-Dann-Falle« herauskatapultieren! Und es ist noch grandioser, wenn du nicht die Fehler machst, die die meisten Puppenkleider-Zusammenleger nicht aus der »Wenn-Dann-Falle« hopsen lässt:

Mache nicht eine (fehlende) Fortbildung zu deinem Expertinnen-Ziel. Ja – du sollst eine Expertin sein. Das braucht es für dein erfolgreiches Business. Stichwort »Nische« und »Spezialistinnentum«. Als Fachfrau für dein Gebiet. Und ich bin sicher, dass du das bereits bist. Sonst hättest du den Gedanken an eine Selbstständigkeit erst gar nicht verschwendet. Tief in uns wissen wir, was wir zu geben haben. Es fehlt vielleicht noch ein kleines Stück Fokus, der Mut daran zu glauben, dass es wirklich nicht »mehr« braucht und die Traute, es einfach zu machen.

Jetzt geht es daran, deine Positionierung zu finden. Denn genau darum geht es bei der Frage: »Was will ich eigentlich machen?« und es geht darum in diesem Kapitel. Was wir als »och, is doch nix Besonderes!« erachten, ist für andere (für deine Kunden!) eine ganze Welt. Diese klitzekleine Kleinigkeit, die für dich so selbstverständlich ist wie Zähneputzen, rückwärts Einparken oder Purzelbaumschlagen, ist für andere ein bestaunens- und bewundernswertes Phänomen, das ihnen genau zu ihrem Glück fehlt. Du hast es zigfach gemacht.

Finde heraus, was es ist – und lass dir bitte dabei helfen! Eine Positionierung alleine herauszufinden, ist – nach meiner Erfahrung, auch mit mir selbst – ein Ding der Unmöglichkeit. Wir sind da selber betriebsblind! Deshalb war ich auch in Coachings, die mich dabei unterstützt haben, meine Positionierung auf den Punkt zu bringen. Das ist der berühmte Wald mit den Bäumen und der Effekt, dass du dich ja auch nicht selber kitzeln kannst.

Setze dir ein konkretes Ziel, wo du als Expertin hinwillst – und zwar ein großes. Du kennst vielleicht den Spruch: »Wer sein Ziel nicht kennt, für den ist kein Weg der richtige.«. Genauso ist es!

Denn erstens, wenn du gar nicht weißt, wo du als Expertin stehen willst, weißt du auch nicht, welche Qualifikation dir fehlt und was du auf deine Webseite schreiben sollst.

Und zweitens können wir uns sonst unsere Zukunft als erfolgreiche Unternehmerin nicht konkret vorstellen. Was machen wir da jeden Tag? Wie sieht unser Alltag aus? Woran messen wir unseren Erfolg? Ich habe es oft erlebt, dass ich mich nach einer abgeschlossenen Ausbildung in genau diesem Vakuum befunden habe – und nicht wusste: Was kann ich jetzt eigentlich GENAU? Wofür bin ich jetzt DIE Expertin? Wozu bin ich befähigt?

Woran das wirklich liegt? Kein Zertifikat gibt uns die Bescheinigung: Good for Erfolgsbusiness! Wir müssen uns dazu selbst für »bereit« erklären und dazu befähigen.

Ja, wir haben die Sehnsucht nach einer Garantie für unseren Erfolg. Deshalb hangeln wir uns von Sicherheit zu Sicherheit und von Fortbildung zu Fortbildung und verlieren aus den Augen, warum wir überhaupt losgegangen sind. Und trotzdem müssen wir uns entscheiden, in welchen Zug wir denn jetzt endlich mal einsteigen (und auch wirklich bis zur Endstation sitzen bleiben) wollen! Sonst kommen wir am Business-Erfolgsbahnhof logischerweise nie an.

Das Leben ist dein Ponyhof im Haus am See

Kenne dein Ziel – und lebe dein Traumleben!

Vielleicht hast du dir schon deinen persönlichen Ponyhof erträumt. Dann kommen da vielleicht Dinge vor, die schon auf deiner Bucket List stehen. Eine »Löffelliste« mit den Dingen, die du in deinem Leben unbedingt noch tun willst? Da steht vielleicht drauf »Fallschirmsprung« oder »ein eigenes Pferd besitzen« oder »Nordlichter in Finnland sehen«. Auch wenn beim Abhaken dieser Punkte vielleicht noch Luft nach oben ist – ich finde solche Listen einfach großartig! Nicht nur, weil wir mit ihnen unsere Wünsche laut beim Universum bestellen, sondern weil sie uns der Antwort auf die große Frage »Was will ich mit diesem, meinem Leben anfangen?« näherbringen.

Genau darum geht es im Endeffekt ja IMMER, finde ich. Und im Personal-Branding-Prozess ist es eine essenzielle Geschichte, der Antwort auf diese Frage auf die Spur zu kommen.

Als kleines Mädchen haben wir vielleicht einmal von unserer Zukunft geträumt. Da war der Traum, Balletttänzerin, Schauspielerin oder Stewardess zu werden. Als Teenie wollten wir die Welt erobern und alles »anders« machen als unsere Altvorderen. Mein Traum war es immer, Journalistin zu werden und Skandale aufzudecken. Ich war rebellisch, las Emanzen-Literatur rauf und runter, schrie nach Gerechtigkeit und wollte die Welt sehen – und verändern.

Und dann? Dann kam das Leben dazwischen. Da war der Traum vom Klavierspielen – und eine kleine Dreizimmerwohnung mit wenig Platz. Da war das sensationelle, quietschgelbe VW-Käfer Cabrio, das ich inklusive Katalysator zu einem Spottpreis bekommen hätte können – und einem soliden Golf II den Vorzug gab. Da war eine coole Werbeagentur aus London mit einem Jobangebot auf meinem Anrufbeantworter – und ich hatte gerade meinen Ehemann kennengelernt und rief in London nie zurück.

UNIVERSUM –
von lat. universus = gesamt. Auch Weltall oder Kosmos, das große Ganze mit Energie und Materie um uns herum. Das alles ist auch in uns und wir können aus Energie Materie werden lassen und aus Materie Energie.

Manchmal schickt uns das Universum Fingerzeige für die richtig, richtig coolen Sachen – und wir machen's dann doch nicht. Wir begraben unsere Träume, weil das Leben gerade halt so ist, wie es ist. Wir glauben, dass wir in unseren Umständen feststecken und keine andere Wahl haben. Stimmt das wirklich? Heute weiß ich: Wir haben IMMER eine Wahl. Bloß trauen wir uns nicht zu wählen! Lieber hören wir auf unsere innere Muddi und gehen auf Nummer sicher.

Und das finde ich so schade, weil wir dabei so viel cooles Zeug verpassen. Wie gerne neigen wir dazu, die bequemen Entscheidungen zu treffen. Sie nicht zu hinterfragen und dem Leben einfach so seinen Lauf zu lassen. Und zack – sitzt man in einer Doppelhaushälfte im Schwäbischen, seufzt und Muddi nickt und sagt: »So ist das halt.«

Dieses Buch ist meine Einladung an dich, ein bisschen mehr Pippi zu sein – und weniger Annika. Weil hey: Du bist eine gestandene Frau und hast verflixt nochmal das Recht darauf, dir dein Leben so zu machen, widde-widde wie es dir gefällt.

Der erste Schritt dafür: Ziele setzen. Und zwar nicht bloß so easy abhakbare Löffellisten-Ziele, sondern so richtig coole, große. Denn du KÖNNTEST dir jederzeit einen Fallschirmsprung buchen, ein Pferd kaufen oder nach Norwegen zu den Nordlichtern reisen. (Achtung, jetzt kommt gleich Muddi mit Gründen um die Ecke und sagt: »Keine Zeit, viel zu teuer, kann ich mir nicht leisten und was, wenn du dann mausetot bist? Du solltest wirklich an die Kinder denken!«) »Klappe, Muddi! Hier hat gerade eine Frau Träume! Sie spürt eine große Sehnsucht und in jeder Zelle kribbelt und glitzert es, wenn sie davon träumt. Und vor allem: Sie DARF das! Und sie darf noch viel, viel größer träumen.«

TRÄUME –
Ideen unserer Seele, die darauf warten, von uns manifestiert und gelebt zu werden.

Während ich diese Zeilen schreibe, sitze ich in einer wunderschönen Finca auf Mallorca. Es ist Spätherbst und in Deutschland wird die Heizung eine Stufe höher gedreht und es werden schon mal die Winterjacken durchgewaschen. Ich habe mir erlaubt, mich für eine Woche aus diesem »Achtung-in-acht-Wochen-ist-Weihnachten-Zirkus« mal kurz auszuklinken. Ich hab mir 'nen Flug gebucht, ein Appartement und einen Mietwagen und sitze jetzt hier bei 23 Grad und trinke einen Kaffee Cortado. Und warum?

Weil ich's kann! Und weil ich es will. »Kommen deine Männer zuhause klar, wenn du eine Woche nicht da bist?« – Wie meinen? Ich verstehe die Frage nicht! Klar kommen sie klar. Mein Mann kann den Herd, die Waschmaschine und das Bügeleisen bedienen. Sonst wäre er definitiv nicht seit fast 20 Jahren mein Mann! Es gibt Facetime und auf Mallorca haben sie auch Internet, sodass keine Brieftaube mit Gute-Nacht-Küssen fürs Kind losgeschickt werden muss.

Ja, als Ehefrau, Mama und Teil einer Familie trage ich Verantwortung. Nicht nur für mein Kind, meine Partnerschaft und einen Haushalt. Sondern vor allem auch: für mich!

Das ist wie im Flugzeug mit den Sauerstoffmasken. Da wird es die freundliche Stewardess auch nicht müde zu erklären, dass wir sie uns bitte schön zuerst selber aufsetzen sollen, bevor wir uns um das Kind oder die Oma auf dem Nebensitz kümmern. Aus gutem Grund! Denn im Endeffekt ist ja keinem geholfen, wenn wir blau angelaufen und röchelnd im Sitz hängen. Dann können wir am Ende nämlich keinem mehr helfen.

An dieser Stelle also die Frage: Was haben meine beiden Männer davon, wenn ich mich zuhause gestresst in mein Büro verkrieche und mir zwischen Mama-Taxi, Hausaufgaben und Kartoffel schälen mühsam jede Sekunde Buchschreibezeit aus dem Kreuz leiern muss, damit das endlich mal in Sack und Tüten ist? Richtig: nix.

Von einer freudig aufgeregt nach Mallorca reisenden Steffi, die mit elf Kapiteln Buch strahlend, glücklich und zufrieden zurückkommt, profitieren hingegen alle. Weil dann mein Widde-widde-widd-Konto »katsching« macht und mich in eine wahnsinnig gute Steffi-Energie bringt. Und du weißt ja schon aus Kapitel 4, was es mit Energie und unserer Frequenz auf sich hat. Deshalb finde ich es nur schlau, wenn wir uns die Dinge erlauben und ermöglichen, die unsere Frequenz erhöhen, anstatt sie mit einem »geht-halt-nicht-Seufzer« zunichte zu machen.

Rückblickend betrachtet wäre auch die Anschaffung eines Klaviers, eines VW-Käfer-Cabrios und ein Jahr Agentur in London (und bestimmt hast auch du solche verpassten Gelegenheiten auf deinem Zettel!) enorm frequenzsteigernd gewesen.

Und weil wir das jetzt wissen, machen wir das ab heute anders! Kennst du das Lied »Haus am See« von Peter Fox? Da drin steckt eine wunderschöne Zukunftsvision. Dieses Szenario kann man fühlen. In Kapitel 4 habe ich dir schon ausführlich beschrieben, wie das geht und Donald Trump hat uns gezeigt, was es damit auf sich hat.

Also, meine Liebe, lass mal hören: Wie sieht dein Haus am See aus? Mal dir dein Traumleben in den schönsten Farben aus. (Und wenn du jetzt denkst: »Die spinnt doch, wie soll denn das Realität werden?« – Mach's einfach trotzdem. Weil hey: Wie soll denn das Universum liefern, wenn du dir nix bestellst?)

Warum erreichen wir denn unsere Ziele nicht und leben nicht unser Traumleben? Bestimmt nicht, weil wir zu blöd dafür sind, was gebacken zu kriegen. Bei der Doppelhaushälfte hat's doch auch geklappt! Das Problem ist doch viel eher, dass wir uns unser Traumleben einfach nicht vorstellen (können).

Dass wir uns manchmal so fühlen, als würden wir in unseren Umständen feststecken, liegt zum großen Teil auch daran, dass wir in Aussagen denken. Getreu dem Motto: »Das ist so. Punkt.« stellen wir keine Fragen. Wir nehmen uns damit die Chance, etwas zu verändern. Mit Fragen jedoch verändern wir unsere Welt!

Wir wissen ja schon: Gedanke – Gefühl – Verhalten – Ergebnis. Was bedeutet: Gleicher Gedanke – gleiches Ergebnis.

Und hätten sich schlaue Herrschaften nicht hilfreiche Fragen gestellt, wie zum Beispiel: »Wie kann es noch besser werden?« oder »Was ist noch möglich?« – wir würden heute noch mit den Fingern essen, mit Segelschiffen über den großen Teich gurken und das Rad, die Glühbirne und Netflix wären garantiert auch nicht erfunden.

Und es muss ja für dich nicht gleich die 180-Grad-Wende deines kompletten Lebens sein. Die einfache Frage »Wie kann es noch besser werden?« kann ja auch erstmal beim Inhalt deiner Unterhosenschublade helfen – mit großem Effekt!

Also los, lass uns damit anfangen, Fragen zu stellen! GUTE Fragen, die dich deinem Traumleben näherbringen. Damit in unserem hübschen Kopf die Gedanken mal ihre Richtung ändern dürfen, denn dafür ist er ja bekanntlich rund.

Ich möchte dich einladen, dein Leben mal von der Milchstraße aus zu betrachten. Du schaust runter auf unseren Planeten. Schau dir diese wunderbare Welt mit ihren unendlichen Möglichkeiten an! Jetzt stell dir vor, du könntest alles haben und erreichen, was immer du dir wünschst. Atme mal! Ja! Genauso ist es nämlich.

Hier kommen ein paar hilfreiche Fragen für dein exorbitantes Expertinnen-Ziel: Wo und wie würdest du am allerallerliebsten leben? Wie würde dein Tag aussehen? Was würdest du als Erstes sehen, fühlen, hören, riechen und schmecken, wenn du morgens aufwachst? Mit welchen Themen, Ideen und Menschen umgibst du dich? Welche Zahl steht auf deinem Kontoauszug? Welche Hobbys hast du?

Hier in diesem Kapitel geht es ja darum, wie du deine Positionierung als Expertin findest. Frage dich, wie DU es haben möchtest. Und nicht wie deine Zielgruppe es haben möchte, an die du dich anpasst wie ein Chamäleon. Wir fragen auch überhaupt nicht nach der Konkurrenz! »Bewusst anders als die Konkurrenz« ist die bescheuertste Positionierung, die mir bisher untergekommen ist. Das hast du gar nicht nötig, meine Liebe! Du bist du und gut und klug und bereit genug, dir diese Fragen zu stellen:

Was würdest du am liebsten tun? Welche Handgriffe machst du täglich am liebsten? Welche Tätigkeit beherrschst du im Schlaf? Welches Tun macht dich so richtig glücklich? Wobei vergisst du die Zeit? Woran hast du so richtig Spaß und empfindest Freude? Und bitte: Sei nicht bescheiden! »Bescheidenheit ist eine Zier – doch weiter kommt man ohne ihr!«, hat schon meine Oma gewusst.

Die Experten-Formel

Warum du mit dem Sammeln von Zertifikaten aufhören kannst

Es ist hier die Rede von »Positionierung als Expertin«. Bevor du jetzt – wie übrigens ein großer Teil meiner Kundinnen zu Beginn unseres Marken-Coachings und ich selber früher auch – laut ausrufst: »Waaas, iiich bin doch keine Expertin!«, lass uns bitte erstmal kurz klären, was wir in diesem Kontext unter dem Begriff »Expertin« verstehen wollen.

Welche Faktoren machen uns zur Expertin? Es ist eine einfache Rechnung: Die Summe aus unserer Fachkompetenz und unserer persönlichen Erfahrung. Nicht mehr – und auch nicht weniger.

Fachliche Kompetenz + persönliche Erfahrung = Expertin

Genau diese beiden Faktoren sind es auch, die meinem Verständnis nach in der Formel für »Personenmarke« drinstecken – und die du mit Hilfe dieses Buchs für dich mit Leben füllen darfst:

Persönlichkeit + Positionierung = Personenmarke

Ich bin mir ziemlich sicher, dass deine beiden Schatzkisten »Fachkompetenz« und »persönliche Erfahrung« bereits prall gefüllt sind. Und auch wenn du jetzt vielleicht noch nicht so genau weißt, wie du die beiden miteinander zusammenbringen kannst: Deine Personenmarke ist garantiert schon da. Im nächsten Kapitel erzähle ich dir, wie du diese magische Verbindung aus Fachkompetenz + persönlicher Erfahrung = Personenmarke rausfindest.

Wann suchen wir einen Experten auf?
Immer dann, wenn wir ein Problem haben und dafür eine Lösung suchen. Ob das jetzt eine kompliziert gebrochene Hand, eine komplizierte Beziehung oder eine komplizierte Baugenehmigung ist: Es gibt Menschen, die uns dabei weiterhelfen können.

Sie haben im Gepäck: fundiertes Wissen, handfeste Fertigkeiten und geistige Fähigkeiten, die sie als Werkzeuge für unser Anliegen einsetzen können. Der Handchirurg kann operieren, der Beziehungs-Coach kann die richtigen Fragen stellen und der Architekt kennt die Bauordnung in- und auswendig.

Und noch eine Sache zeichnet Experten aus: Sie verfügen über persönliche Erfahrungen auf diesem Gebiet. Der 111. erfolgreich operierte, komplizierte Trümmerbruch, das 111. Paar, das vor den Trümmern seiner Beziehung steht und doch wieder zusammenfindet und die 111. Villa, die aufgrund guter statischer Berechnung nicht in Trümmern liegt - gelungene Expertenleistung! Das ist ein Teil von Erfahrung: Routine im Tun.

Der andere Aspekt von persönlicher Erfahrung ist die eigene Geschichte. Gerade bei meinen Kundinnen, die in Beratung und Coaching unterwegs sind, ist es häufig ihr eigener Lebensweg, der sie zur Expertin gemacht hat:

Der unerfüllte Kinderwunsch, die Lebensmittelunverträglichkeit, der persönliche Weg aus der unendlichen Diät-Geschichte zum Wohlfühlgewicht, der Bandscheibenvorfall, das Burnout. Bei mir ist es ja ganz ähnlich. Meine Not als Bauchladen-Wald-und-Wiesen-Grafikerin hat mich erst darauf gebracht, dass ich ja anderen diesen Umweg und das Herumgeeiere um das Thema »Wofür stehe ich?« ersparen könnte. Darauf fußt mein Expertinnen-Dasein als »Reklamedame« und meine Positionierung als Personal-Branding-Coach.

Fachidiotenkompetenz wurde mir im Studium der Werbung beigebracht und Routine im Erstellen von Logos bekam ich in 20 Jahren Berufserfahrung. Aber nur aufgrund meiner persönlichen Erfahrung als freiberufliche Einzelkämpferin kann ich heute die Brille meiner Kundinnen aufsetzen. Ich weiß genau und kann mitfühlen, wie es ihnen geht, wenn sie so gar nicht wissen, wo oben und unten ist und für welche Kunden man eigentlich was anbieten soll. Die Brille aufsetzen zu können, macht - glaube ich - einen signifikanten Unterschied: Es ist der Sprung vom reinen Fachidioten zum (be)greifbaren menschlichen Idioten mit Fachkompetenz.

Fachkompetenz bringt Lösungen, persönliche Erfahrung bringt empathische Lösungen! Dieses Einfühlungsvermögen in unsere Kunden ist das, was Marken und Menschen gleichermaßen erfolgreich macht: Denn es stärkt das Vertrauen. Versteh mich nicht falsch, natürlich muss ein guter Handchirurg keine komplizierte Fraktur des Mittelhandknochens überstanden haben und ein guter Burnout-Coach nicht kurz vorm Kollaps gewesen sein.

Für deine Positionierung als Expertin ist nur eine Sache entscheidend zu wissen: Eine Expertin bist du für alle, die dahin wollen, wo du schon bist. Und für die, die erfahren wollen, wie du dorthin gekommen bist.

Allein mit deiner Kompetenz und Erfahrung, die du *jetzt in diesem Moment* vorzuweisen hast, kannst du Menschen helfen. Und zwar an dem einen ganz bestimmten Punkt: an dem DU jetzt stehst - und an dem dein Kunde jetzt steht. Und wenn du jetzt zweifelst und dich fragst: »Was ist das genau, wobei ich helfen kann - es gibt so vieles!«, oder du vielleicht Angst hast, dich festzulegen, oder wenn du glaubst, womöglich (noch) nicht gut genug zu sein: Hey! Du bist in diesem Moment genug. Jetzt. In. Diesem. Moment. Du weißt, kannst und spürst ganz genau, dass du so viel zu geben hast. Der Trick ist, herauszufinden, was genau dieses Momentum ist. Und das machen wir jetzt.

Du bist losgegangen und hast einen Beruf gelernt. Hast vielleicht noch x-Ausbildungen, Fortbildungen und weitere Qualifikationen erworben. Egal wie dein Weg war, der Ursprung war ganz bestimmt die Frage »Was liegt mir?«. Dann kam dein Leben dazwischen und du hast viele, viele Entscheidungen getroffen, um an dem Punkt zu landen, an dem du jetzt bist. Davon waren viele sehr, sehr mutig und andere glaubst du jetzt zu bereuen. Und jetzt komm ich und sag dir:

Es passiert in deinem Leben rein gar nix ohne Grund. Und schon gar nicht, ohne dass ein Riesengeschenk für dich drinsteckt.

Du bist genau jetzt an dem Platz, an dem du sein sollst. Mit all deiner Kompetenz und Erfahrung. Feier dich dafür! Erkenne es einfach mal an, dass du so viel lernen, leben und erfahren durftest. Und jetzt ist der Zeitpunkt gekommen, an dem du damit aufhören kannst, noch mehr Zertifikate für Fortbildungen zu sammeln.

Woher ich das weiß? Nun, du liest dieses Buch! Das bedeutet, dass du so gar keinen Bock mehr darauf hast, im Nebel herumzustochern und dich zu fragen, wo denn nun bitte die Traumkunden, dein Traumbusiness und dein Traumleben verborgen liegen. Du möchtest Nägel mit Köpfen machen – und etwas verändern.

Und das wird dir gelingen, wenn du anerkennst, was du schon alles geschafft hast. Erkenne an, über welchen umfangreichen Wissens- und Erfahrungsschatz du bis heute, hier und jetzt verfügst. Um Expertin zu sein, müssen wir uns selbst glauben, dass wir eine sind – sonst werden wir es nie. Wir müssen uns erlauben, eine zu sein.

Spitze Positionierung? Spitzen Idee!

3 gute Gründe, warum du ab heute eine Expertin bist

Warum ich so auf dem Thema »Expertin« herumreite, hat ganz viel mit meinen Erkenntnissen aus meinem Studium zu tun. Ich habe Werbung studiert und meine Abschlussarbeit drehte sich – wer hätt's gedacht – um »Marke«.

Für eine bekannte Hotelbewertungsplattform habe ich evaluiert, welches Markenimage bei ihren Nutzern ankommt und welche Maßnahmen das Vertrauen in die Marke stärken würden. Damals – 2007 – war der sogenannte »Graswurzeljournalismus« noch etwas völlig Neues. Der bedeutet, dass Otto Normalverbraucher das Medium Internet nutzen kann, um seine persönliche Meinung der Öffentlichkeit kundzutun. Urlauber teilen über diese Plattform ihre persönlichen Erfahrungen und Eindrücke, die sie beispielsweise in einem

Hotel gemacht haben. Vom schimmeligen Duschvorhang, von rugy-artigen Szenen beim Run mit dem Handtuch unterm Arm auf die freien Liegestühle am Pool, bis zum Deluxe-Frühstücksbuffet mit dem Haar im Spiegelei – alles dabei. Erfahrungsberichte wurden so für alle zugänglich, die es googeln wollten.

Der Kern der Sache – dieses Graswurzeljournalismus – ist genau das, was ich mit dem Sprung vom Fachidioten zum menschlichen Idioten mit Fachkompetenz meine: Wir vertrauen Menschen, die genau das erfahren und gelernt haben, was wir wissen wollen. Der Suchende auf dieser Hotelbewertungsplattform will wissen, ob das Klo sauber ist und ob die Pina colada am Strand was taugt oder völlig überteuert ist. Und ob es opportun wäre, den Wecker auf 6.33 Uhr zu stellen, um noch einen freien Liegestuhl am Pool zu ergattern.

Menschen vertrauen also Menschen mit echten Erfahrungen. Real Life sozusagen. Schon das reine »dort gewesen Sein« macht aus normalen Touristen Reise-Experten.

Erfahrungen mit Duschvorhängen in Hotels sind ja nun nicht kriegsentscheidend oder lebensverändernd. Oder vielleicht doch? Auf der Suche nach der Lösung für »Ich will den perfekten Urlaub!« ganz bestimmt. Du siehst – wenn schon der ausführliche Bericht von Otto Normalverbraucher über einen Duschvorhang im Hotel Menschen ein Gefühl von »alles richtig gemacht« geben kann – was kannst du wohl mit deiner Profi-Expertise ausrichten?

Folgend nun die drei Gründe, warum du jetzt damit anfangen solltest, dich als Expertin zu zeigen und warum es für dich nur Vorteile bringt, deine Personenmarke aufzubauen. Der Grundsatz lautet: Menschen vertrauen Menschen. Diese drei Kriterien müssen erfüllt sein, damit Menschen zu Kunden werden – und bei dir kaufen.

1. Kunden vertrauen der Marke und damit dir als Expertin.

Marken geben ihnen ein Gefühl von Sicherheit. Zeig deine Qualität! Deine Identität als Spezialistin ist hier gefragt. Zeige dich als »menschlicher Fachidiot«. Als starke Personenmarke schaffst du diese Verbindung mit Leichtigkeit – denn ...

2. Kunden vertrauen Erfahrung.

Deshalb zählt die Hotelbewertung von Hannelore mehr als die Hochglanzfotos des Hotelbesitzers. Und genau dieses Vertrauen erzeugst du mit der Kombination aus Persönlichkeit und Positionierung. Zeige nicht nur deine Fähigkeiten, sondern sag ihnen, dass du es schon zigmal gemacht hast! Und wenn du das nicht hast, lass sie wissen, dass du es selbst erlebt hast! In deiner eigenen Lebensgeschichte oder in der Erfahrung mit anderen. Zeige, dass du dir selbst diese Kompetenz zusprichst! Überleg mal – wenn ein Herzchirurg bei seiner ersten OP so unsicher rumeiern würde: »Ogottogottogott, ich hab das noch nie gemacht, dafür mach ich's beim ersten Mal auch günstiger.« – Prost Mahlzeit! Es ist wichtig, dass du deinen Kunden Sicherheit gibst und einen nachvollziehbaren Weg der Problemlösung aufzeigst. Damit meine ich nicht das ausführliche Dozieren über deine Tools und Techniken! Beim Zahnarzt willst du ja auch nicht wissen, warum er jetzt welchen Bohrer benutzt. Sag deinen Kunden, wie der Weg zu ihrer Lösung gangbar ist und nicht wehtut. Daraus folgt …

3. Kunden vertrauen sich selbst.

Wenn sie das Gefühl haben: »Jawohl, mit dieser Expertin und ihrem Lösungsansatz werde ich mein Ziel erreichen« – dann marschieren sie los. Für ihre Problemlösung! Dann nehmen sie ihre Beine und Geld in die Hand – und kaufen bei dir. So ziehst du nicht die Kunden mit dem Motto »Wasch mich, aber mach mich nicht nass« an, sondern die, die wirklich etwas verändern und mit 'nem Köpper springen wollen.

Und es gibt noch einen ganz entscheidenden Punkt, warum du ab heute eine Expertin sein solltest. Er hat mit Vertrauen zu tun – und ganz pragmatisch auch mit Geld. Stell dir dazu bitte Folgendes vor: Es ist Sommer, über 30 Grad im Schatten. Und dir ist gerade maximal nach Wassermelone und Eistee. Abends hat dein Schatz vielleicht die Idee: »Hey, wir könnten Sushi bestellen!« Prima! Schatz steht auf Sashimi, gerne mit Thunfisch. Der ist roh und wir wissen, dass die Bekömmlichkeit desselben in kausalem Zusammenhang mit den

Außentemperaturen steht. Deshalb stellt sich die Frage: »Wo bestellen wir?«

Beim Lieferservice, der neben Sushi auch Pizza, Döner, Indisch und selbstverständlich auch Toast Hawaii und Schnitzel mit Pommes im Programm hat? Oder nehmen wir den Weg zum Sushi-Laden in die Stadt auf uns – ist zwar ein bisschen umständlicher, aber der nette japanische Sushi-Mann weiß, was er tut und steht für Qualität. Beide Varianten haben natürlich ihre volle Daseinsberechtigung und beide haben bestimmt zufriedene Kunden.

Die Frage ist im wahrsten Sinne des Wortes eine Preisfrage! Wem bezahlst du freiwillig mehr Geld? Und in welche Variante bist du eher bereit, deine Lebenszeit zu investieren? Bleibst du also auf deinem Liegestuhl und wählst günstigeres Liefer-Sushi – oder ziehst du dir ein T-Shirt über und fährst los zum Sushi-Laden für Premium-Thunfisch? Das kannst du selbst entscheiden – und deine Kunden können das auch! Sie können sich für die schnell-günstig-bequem-Variante entscheiden oder für die Profi-Qualität zum entsprechenden Preis.

Übertragen auf unser Business wird jetzt bestimmt klar, warum uns eine Bauchladen-Positionierung zwischen Sushi und Toast Hawaii mit Gummi-Kirsche nicht weiterbringt. Diese bringt uns natürlich Kunden, nämlich die, die für eine Pizza Funghi und »Schnitzel-rot-weiß« den Allerwertesten nicht vom Liegestuhl bewegen würden – geschweige denn, den Aufpreis für Thunfisch in Sushi-Qualität bezahlen würden, trotzdem sollten wir unsere Positionierung weise wählen – und an unserer Expertinnen-Haltung arbeiten. Deshalb kommen wir jetzt zu einer ganz entscheidenden Sache für dein Ziel:

Die Punktlandung-Positionierung

Wie du mit deiner Expertenpositionierung in der richtigen Nische landest

Was ist das eigentlich – Positionierung? Kurz und knapp:

POSITIONIERUNG –
Wer du bist, wem du hilfst und womit du das tust – damit am Ende ein bestimmtes Ergebnis rauskommt.

Um deine Positionierung zu finden, helfen diese Fragen: Wer bist du? – Wem hilfst du? – Womit tust du das? – Was ist das Ergebnis? Häufig bekomme ich dazu die Frage gestellt, was denn jetzt zuerst geklärt werden müsse. Der Teil mit »Welche Expertin bin ich mit welchem Angebot?« oder »Wer braucht das und wer ist die Zielgruppe?«? Es ist ein bisschen wie die Frage von Henne und Ei. Und ich kann es gut verstehen, dass es eine Herausforderung sein kann, zwischen den Ansprüchen beider Seiten nicht ins Kreuzfeuer zu geraten. Da entstehen dann die Kleinkriege in deinem Kopf, bei denen solche Bömbchen hin und her geschmissen werden: »Ich finde das rote Logo ja besser, aber meine Kunden sind Mütter, die mögen lieber rosa.« Auch beliebt: »Ich würde lieber nur noch online arbeiten – aber meine Praxis ist schon noch gut gebucht.« Oder: »Am liebsten würde ich ja nur noch Webdesign anbieten, aber meine Print-Kunden machen halt einen großen Teil meiner zahlungskräftigen Klientel aus.« Und am Ende schwenkst du entnervt die weiße Fahne und weißt überhaupt nicht mehr, wo oben und unten ist, geschweige denn wo du mit deiner Positionierung jetzt anfangen sollst.

Jetzt kommt die gute Nachricht für dich: Du kannst aus diesem Teufelskreis jetzt aussteigen. Denn, hurra, mit Personal Branding kennst du bereits den ersten Schritt zu deiner Punktlandung-Positionierung. Du ahnst es schon: DU bist der Anfang. Du darfst entscheiden, wofür du die Expertin bist, was du anbietest, wie du arbeitest und selbstverständlich auch, ob dein Logo rot oder rosa ist.

Positionierung bedeutet also, dass du – als Spezialistin für eine Sache – anderen hilfst: Du löst ihr Problem. Das möchte ich an dieser Stelle ein wenig entschärfen. Mit »Problem« ist natürlich nicht nur eine absolute Katastrophe wie Burnout oder Bandscheibenvorfall gemeint. Wenn wir bei der Positionierung über »Probleme« sprechen, dann sind das die Aufgaben, die wir für unsere Kunden mit unserem Angebot LÖSEN. Und das ist das Stichwort, denn dieser Satz hat für mich eine 180-Grad-Wendung für meinen Business-Erfolg bedeutet:

Kunden kaufen nicht dein Produkt – sie kaufen eine Lösung für ihr Problem. Den Satz bitte einmal mit dem Textmarker fett anstreichen! Er gilt auch, wenn du vielleicht Designerin, Yogalehrerin, Texterin, Steuerberaterin oder Kosmetikerin bist und auf den ersten Blick ja keine Katastrophen-Beheberin zu sein scheinst. Eine Problemlöserin bist du auf alle Fälle!

Und noch etwas ist wichtig zu wissen: Du verkaufst auch nicht deine Methode oder deine Tools (Stichwort Zahnarzt und Bohrer). Du lieferst einfach nur eine Lösung für ein Problem.

Die Menschen haben Wünsche, Träume und Ziele. Und auf dem Weg dahin stehen ihnen Hindernisse im Weg. Du zeigst ihnen, wie sie diese Hürden überwinden können und hilfst ihnen dabei. Du bist die Abkürzung zu ihrem Ziel.

Du könntest ganz bestimmt bei so vielen Themen helfen! Du bist ein kleines Genie, dem viele Dinge ganz leichtfallen. Und es wäre ein Klacks für dich, viele Menschen in ganz vielen Bereichen zu unterstützen. Und dir würde womöglich alles Spaß machen.

Und dennoch möchte ich dir eine Sache dringend ans Herz legen: Entscheide dich für ein Thema! Du kannst nicht »allen« helfen. Hab keine Angst, dass du dir mit einer spitzen Positionierung Kunden vergraulst! Du wirst den viel wertvolleren »Markt« erobern – den relevanten! Den mit den Kunden, die genau nach dir und deinem Angebot suchen und die sich von dir magisch angezogen fühlen.

Personal Branding ist Sogmarketing. Die Kunden sind bereit zu investieren, weil sie deine Lösung wirklich, wirklich haben wollen.

Und sie wollen doch viel lieber eine Spezialistin als eine, die irgendwie alles kann.

Deshalb sei mutig! Hab keine Angst vor Nischen. Bring das, was du tun möchtest, spitz auf den Punkt. Eins gilt dabei immer: Sei wie du bist – besonders. Du bist ein besonderer Mensch – und gut für besondere Menschen. Was ist denn jetzt eine »spitze« Positionierung? Lass uns die Bausteine – Wer bist du? – Wem hilfst du? – Womit tust du das? – Was ist das Ergebnis? – mit Inhalt füllen.

Eine Lieblingskundin, Kerstin, kam zu mir ins Marken-Coaching. Ihr Ziel: Weg vom Bauchladen-Angebot, mehr Kunden, die wirklich etwas verändern wollen und ihre Arbeit auch online auszuüben. Kerstin ist Heilpraktikerin mit eigener Praxis. Auf ihrem Firmenschild stand bisher: »Praxis für Naturheilkunde« – et voilà es kamen Menschen mit den unterschiedlichsten Problemen zu ihr – mit Allergien, Hautausschlägen, Migräne, Verdauungsbeschwerden und so weiter und so fort. Im Personal-Branding-Prozess fand sie die Klarheit darüber, welche Bereiche (inklusive der Patienten, Therapie-Methoden und Preis-Pakete) sie gehen lassen wollte. Als Referenzwert diente dabei einzig und allein die Frage: Worauf hab ich wirklich Lust?

Eine spitze Positionierung erreicht nicht nur einen relevanten Markt, sie erleichtert auch unheimlich die Kommunikation nach außen. Kerstin weiß jetzt nämlich ganz genau, für welche Themen sie zuständig ist. Und sie weiß (darüber erfährst du mehr im nächsten Kapitel), welche Menschen sie anspricht. Damit weiß sie auch, wie und worüber sie in ihrem nächsten Insta-Post, auf ihrer Webseite und in ihrem Newsletter spricht.

Das ist ihre Positionierung: *»Ich bin Kerstin, Expertin für Darmgesundheit, und begleite Frauen über 40 ganzheitlich dabei, ihre chronischen Bauchbeschwerden in der Ursache aufzulösen für mehr Lebensqualität.«*

Eine andere Lieblingskundin, Anke, habe ich ebenfalls dabei unterstützt, ihre Positionierung zu finden. Anke ist Energie-Coach, Schneidermeisterin und der Herr allein weiß, wie viele Ausbildungen sie noch gemacht hat. Scanner lässt grüßen. Jedenfalls kam sie mit dem Wunsch zu mir ins Marken-Coaching, künftig als Trauerbegleiterin zu arbeiten und Angehörige bei schweren Verlusten zu unterstützen. Sie hatte in wochenlanger Hirnschmalzarbeit brav die elf Seiten im Personal-Branding-Workbook zur Positionierung ausgefüllt. Und am Tag unseres Calls waren ihre Aufzeichnungen verschwunden.

Es passiert nichts ohne Grund. Denn wir haben in knackigen 30 Minuten ihre Positionierung, ihre Expertinnen-Rolle und ihr Produkt kreiert – denn es war schon alles dafür da. Ihr war plötzlich glasklar, was sie für wen leisten wollte. Und es ist ihre leichteste Übung, weil sie darin fachliche Expertin ist und persönliche Erfahrung mitbringt. Ankes Positionierung lautet: *»Ich bin Anke, Expertin für Krisenintervention, und helfe Frauen nach einer lebensbedrohlichen Diagnose durch enge persönliche Begleitung auf allen Ebenen, ihren Lebensmut zurückzugewinnen.«*

Wow! In solchen Momenten habe ich wirklich Gänsehaut, wenn so eine Positionierung das Licht der Welt erblickt und eine Frau darin aufgeht und leuchtet wie ein heller Stern am Nachthimmel. Anke hatte während unseres Gesprächs tatsächlich GEFÜHLT, wo ihr »richtiger« Platz ist. »Steffi, streich das mit den Angehörigen. Die will ich nicht. Ich helfe denen, um die es so richtig schlimm steht.« An Ankes Positionierung kann man übrigens wunderbar sehen, dass sich unsere Werte und unser »Warum« in einer fühlbar guten, stimmigen Expertinnen-Positionierung widerspiegeln.

Ihre Werte: Lebensfreude, Ganzheit, Freiheit. Ihr »Warum«: *»Ich bringe Menschen mit meiner Lebensfreude dazu, jede Situation anzunehmen und ihren inneren, heilen Ort zu finden, um von dort aus freie Entscheidungen treffen zu können.«*

Du siehst: eine spitze Positionierung kann genau für das stehen, was du bist. In deinem innersten, tiefsten Wesen.

Wie du eine waschechte Expertin wirst

Und was deine Unterhosen mit deiner Positionierung zu tun haben

Du stehst morgens auf, gehst ins Bad, kommst zurück ins Schlafzimmer, öffnest die Unterhosenschublade – und dann das! Alle Lieblingsunterhosen in der Wäsche. Bloß noch die eine übrig, die so kratzt. Kennste bestimmt ... Wahlweise ist es auch die, die rutscht, weil der Gummi ausgeleiert ist, oder die andere, die kneift, weil zu eng. Du grummelst vor dich hin und ziehst sie mit einem geseufzten »Naaa gut!« doch an. Vielleicht denkst du das nicht mal bewusst! Du hast einfach nur dieses mittelgute Gefühl dabei.

Das scheint auf den ersten Blick vielleicht keine weltbewegende Sache zu sein. Doch du weißt ja jetzt um den Kreislauf von Gedanke, Emotion und Verhalten, der uns unsere Ergebnisse liefert. Und das fängt bei so »Kleinigkeiten« wie Unterhosen an und hört beim Abschneiden oller Zöpfe (zum Beispiel einem Teil deines bisherigen Bauchladen-Angebots) bei deiner Positionierung noch lange nicht auf.

Aber nochmal zurück zu deiner Schlüpper-Schublade! Wie fühlst du dich denn, wenn du den ganzen Tag mit einer ausgeleierten, kratzenden oder kneifenden Unterhose herumläufst? Welche Geschichte erzählst du dir selber darüber? Vielleicht so was wie: »Ach, die tut's doch noch. Sieht doch keiner.« Ha! Genau das ist der Punkt. Er heißt: Selbstwert.

In meinem Marken-Coaching hab ich dieses Beispiel mal meiner Lieblingskundin Barbara erklärt. Sie ist Sängerin und Stimm-Trainerin. Sie kam ursprünglich zu mir, weil sie für ihr Online-Business ein Logo haben wollte. Sie konnte sich nicht für eine Positionierung entscheiden. Sängerin? Stimm-Coach? Für Letzteres sagte sie mir: »Dafür bin ich noch nicht soweit. Da fühle ich mich noch nicht sicher.«

Es ging um Selbstbewusstsein, Selbstwert und darum, »sich zu trauen«. Auf der Bühne als Sängerin konnte sie das natürlich ganz phantastisch! Wir haben nun danach gesucht, wie sie diese »Bühnen-Identität« in ihre Identität als Stimm-Coach für ihr Online-Business mitnehmen könnte. Und weißt du was? Sie hat mir dann erzählt, dass sie IMMER rote Unterwäsche trägt, wenn sie auf die Bühne geht, damit sie so richtig performen kann. Na bitte ... Unterhosen-Wirkungs-Beweis erbracht, würde ich sagen.

Kennst du übrigens Marie Kondō? Das ist die japanische Ordnungs-Ikone und Bestsellerautorin, die Menschen dabei hilft, über eine äußere Ordnung – unter anderem legt sie String-Tangas zu briefmarkengroßen Quadraten zusammen – eine innere Aufgeräumtheit herzustellen. Im Klartext: Sie bringt Struktur ins größte Chaos. In ihrer Serie auf Netflix kann man dabei zugucken, wie sie das macht. Da werden alle Gegenstände auf einen großen Haufen gepackt und jeder einzelne muss von seinem Besitzer in die Hand genommen werden. Dann wird die Frage gestellt: »Does it spark joy?« – »Macht es Freude?«

Nichts anderes machte meine Kundin Kerstin bei ihrer Positionierung und genau so funktioniert das Prinzip meiner »Marke-leben-Methode«: Einmal alles auf einen großen Haufen und dann entscheiden, was weg kann, was bleibt und was neu besorgt werden soll.

Für jede einzelne Entscheidung ist deine Freude der Gradmesser. »Does it spark joy?« Wenn es kribbelt, glitzert und sich ganz warm anfühlt, dann darf es bleiben. Und nicht schummeln, NUR dann.

Das Ding mit der Energie gilt nämlich auch für deine Positionierung: Nur wenn du dich maximal wohlfühlst mit deinem Angebot, deiner Nische, deiner Zielgruppe, deinem Preis und deinem Logo – wird es so richtig rocken. Alles andere ist wie die kneifende Unterhose oder der furchtbar unbequeme Business-Hosenanzug, in dem wir meinen herumstöckeln zu müssen, um unseren Kunden zu gefallen.

Hier schließt sich der Kreis von Energie, Identität und schließlich: Entscheidungen treffen! Und genau das ist das Thema im nächsten Kapitel.

GUTE FRAGEN:

Finde heraus, was dich als Expertin qualifiziert.

- Sitze ich womöglich gerade in einer »Wenn-dann-Falle« fest? Wenn ja, in welcher?
- Wofür bin ich Expertin und werde von meinen Freunden um Rat gefragt?
- Welche Unterhosen ziehe ich von Herzen gern an und möchte ich behalten?

JUST DO IT!

Ein großer Schritt zu deiner Positionierung ist es, herauszufinden, welches Problem deiner Wunschkunden du genau löst. In meiner Übung »5-Minuten-Produkt« kannst du genau das herausfinden. Dazu habe ich ein Worksheet für dich vorbereitet.

WORKSHEETS: MARKELEBEN.COM/BUCH-BONUS

KAPITEL 7

»DU MUSST NIX SEIN WOLLEN, DU BIST SCHON«

WIE DU IMMER DIE RICHTIGEN ENTSCHEIDUNGEN FÜR DEINEN PERSÖNLICHEN UND BERUFLICHEN ERFOLG TRIFFST

Entscheidungen zu treffen, ist quasi der Hauptjob einer Unternehmerin. Wie in einer Fabrik, in der irgendwelche Sachen unaufhörlich auf einem Förderband an ihr vorbeilaufen, muss sie entscheiden: nehm ich – oder brauch ich nicht.

Es stehen mehr oder weniger komplexe Entscheidungen an: Welche Buchhaltungssoftware nehm ich? Stelle ich eine Assistentin ein und wenn ja, welche und wo finde ich die? Wie wird das neue Büro tapeziert? Mach ich die Webseite mit WordPress oder mit einem Baukasten? Wieviel Budget stecke ich in Werbeanzeigen? Zeig ich mich auf Instagram oder ist LinkedIn besser? Welchen Preis lege ich für mein neues Coaching-Programm fest? Welches Notebook lege ich mir zu?

Natürlich wollen wir immer die beste Entscheidung treffen. Das optimale Notebook, zum besten Preis, in bester Qualität, vom besten Händler mit dem besten Service und der maximalen Lebensdauergarantie. Puh, ziemlich komplex! Da kann es natürlich gut sein, dass bei kopfgesteuerten Menschen dieser dann und wann gewaltig anfängt zu qualmen.

Wie bei einem Schnellkochtopf kochen sie hart am zweiten Ring und wenn's darüber hinauszugehen droht, müssen sie am besten schnell runter von der Flamme, bevor sie explodieren. Die Konsequenz ist dann leider, dass das Förderband weiterläuft, ohne dass Entscheidungen getroffen werden und dasselbe Zeug unaufhörlich an einem vorbeifährt.

Und wenn du dich gerade ein bisschen ertappt fühlst und zerknirscht nach unten guckst: Kopf hoch! In diesem Kapitel zeige ich dir Möglichkeiten, wie du deinen Kopf vor dem Überhitzen bewahren kannst. Als Erstes ist es wichtig, dass du weißt: rational 111-prozentig perfekte Entscheidungen zu treffen, ist ein Ding der Unmöglichkeit.

Damit du mir das auch glaubst, möchte ich dir die Geschichte vom »Homo oeconomicus« erzählen.

Der »Homo oeconomicus« ist ein mathematisches Konstrukt des idealtypischen Entscheiders. Er lebt in Volkswirtschafts-Lehrbüchern und ist in der glücklichen Lage, alle (also wirklich ALLE) möglichen Optionen für die bestmögliche (Kauf-) Entscheidung zu kennen. Er kann uneingeschränkt rational handeln – du nicht.

Vor dem Notebook-Kauf ist es für uns schlicht und einfach nicht möglich, alle aktuellen Marktpreise zu kennen (oder kommst du an den Tagespreis vom Media-Markt Novosibirsk ran?), die taiwanesischen Börsenkurse der Notebook-Chip-Hersteller zu verfolgen und gleichzeitig das Ranking der besten Modelle nach Öko-Standard auf dem Schirm zu haben (oder welche Kriterien dir auch immer beim Kauf eines Notebooks wichtig sind).

Und abgesehen davon – wenn wir schon die Wirtschaftsökonomie bemühen: Es gibt auch noch etwas, das »Beschaffungskosten« heißt. Wenn du jetzt mal gegenrechnest, was es dich kostet, deine Zeit zu vergoogeln, um dann womöglich nach Novosibirsk zu gondeln, um dein perfektes Notebook ... Come on, vergiss es! (Und wenn du jetzt gerade das Handy in die Hand nimmst, um zu gucken, ob es in Novosibirsk einen Mediamarkt gibt – dann lies dir bitte nochmal den Absatz mit den Beschaffungskosten durch ...!)

Es sind ja nicht nur solche Kaufentscheidungen, die es zu treffen gilt. Ein schlauer Mensch hat einmal gesagt: »Unser Leben ist die Summe unserer Entscheidungen.« Dem gebe ich absolut recht und wir wissen das ja schon von Haus, Halbtagsjob und Hund, dass es stimmt. Deshalb:

Entscheidungen sind erfolgsentscheidend!
Die Zauberfrage für fluffige Entscheidungen

Es braucht also andere Strategien, damit wir leicht und fluffig Entscheidungen treffen können. Meine Freundin Heike ist Trainerin für Gelassenheit und hat mir den Begriff »fluffig« ins Ohr gesetzt, worüber ich mich sehr freue. »Fluffig« – das hört sich so schön nach Zuckerwatte, kleinen Schäfchenwolken oder nach einem frisch gebackenen Macaron an. Na bitte – wenn sich alle unsere Entscheidungen künftig »fluffig« anfühlen würden, wäre das doch eine feine Sache. Natürlich wollen wir mit unseren Entscheidungen den maximalen Nutzen für uns herausholen, das ist klar. Wir wollen aber vor allem auch – ein gutes Gefühl!

Du bist ja jetzt schon Profi und weißt genau, dass einem guten Gefühl ein guter Gedanke vorausgehen muss. Und damit du eher suboptimale Entscheidungs-Gedanken auf frischer Tat ertappen kannst, schauen wir uns die als Erstes einmal an. Ein Hinweis noch: Ich klugscheiße hier jetzt so »entscheidungs-oeconomicus-mäßig« herum. Du sollst wissen, dass ich davon ausgehe, dass alle Menschen solche Entscheidungs-Killer-Gedanken haben. Ich auch! Und auch die ganz großen Mindset-Koryphäen, die Milliardärinnen und Online-Business-Imperien-Besitzerinnen da draußen auch. Neben dem zweiten Hauptjob »Entscheidungen treffen« ist deshalb unser erster: »Gedankenbullshitbingo-Management«. Diese Top-3-Entscheidungskiller können dich ab heute nicht mehr aufhalten:

Erstens: 100 Prozent Sicherheit und Erfolgsgarantie wollen.
Das ist ziemlich »homo-oeconomicus-mäßig«, denn: Sicherheit ist eine Illusion. Es gibt sie nicht. Es gibt für nichts eine Garantie. Weder für den bombensicheren Angestelltenjob, noch für die kundenbringende Online-Marketing-Strategie. Genauso wenig wie es eine Erfolgsgarantie für Coaching-Programme, Fallschirmsprünge und sicher gelingende Sauce-Hollandaise-Rezepte gibt. Gerinnen kann immer mal was und in der etwas derber besprachten Profiküche wird

dazu »Die Sauce ist abgeschissen.« gesagt. So isses: Shit happens halt ab und an. Fehler darf man machen.

SICHERHEIT –
Eine Illusion durch bewährte Maßnahmen, Strategien und Angestelltenjobs eine Überlebensgarantie zu haben.

Ich glaube, es gibt nur ein einziges Kriterium, nach dem wir handeln können, damit wir uns mit unseren Entscheidungen absolut sicher fühlen: Unserer Intuition vertrauen.

Zweitens: Anderen die Entscheidung zu überlassen, ist ein weiterer Entscheidungskiller.
Wie oft lassen wir uns bewusst oder unbewusst die Entscheidung von anderen Menschen abnehmen. Wenn du an dein Business-Schiff denkst, lassen wir in diesem Moment das Steuer los und jemand anderer dreht kurz am Rad.
Und hinterher wundern wir uns, dass wir vom Kurs abgekommen oder am Ziel vorbeigeschossen sind. Denn was passiert, wenn wir anderen unsere Entscheidungen überlassen? Wir haben am Ende deren Ergebnisse! Die Entscheidung ist zwar getroffen – bewusst »ja« gesagt, haben wir aber nicht. Und es fühlt sich so anders an, nicht »nein« zu sagen, als bewusst »ja«. (Wenn du dir gedanklich mal kurz eine Braut im weißen Kleid vor dem Altar einblendest, wird klar, was ich damit meine.)

Den dritten Entscheidungskiller habe ich »Perkrastinismus« getauft.
Das Wort meint die üble Kombination aus Perfektionismus und Prokrastination. Beide halten uns ganz oft zurück, Entscheidungen zu treffen. Wir schieben längst fällige Entscheidungen auf die lange Bank, obwohl wir wissen, dass das Wasser auch nicht wärmer wird, wenn wir später springen. Oder wir warten so lang bis zum »richtigen Zeitpunkt« für unsere Entscheidung. Den es übrigens genauso wenig

gibt, wie 150-prozentige Sicherheit. Nichts als ein Angstmechanismus steckt dahinter, der sich automatisch in Gang setzt, wenn eine für uns herausfordernde Entscheidung ansteht. Was mir bei solchen Gelegenheiten auf die Sprünge hilft, ist die Frage »Was ist das Schlimmste, was passieren kann?«. Das ist die Killer-Killer-Frage – und jetzt kommen wir zur noch besseren Zauberfrage, die du dir stellen kannst, um Entscheidungen zu treffen, die sich immer gut anfühlen.

PROKRASTINATION –
Das Prinzip von »Was du heute kannst besorgen, das verschieb getrost auf morgen!«, das besonders gerne von kreativen Köpfen dafür genutzt wird, Deadlines maximal auszureizen und sich selbst unter Druck zu setzen.

Dafür schauen wir uns zunächst einmal die drei Arten der Motivation an, die uns aus eigenem Antrieb dazu bringen, Entscheidungen zu treffen. Es sind: Angst, Gier und Freude.

Angst
Wenn wir aus einer Angst heraus entscheiden, tun wir das aus verschiedenen Gründen. Wir haben Angst, dass wir uns blamieren werden, keiner kaufen wird oder davor, was andere über uns denken werden. Quasi davor, von unserer Sippe verstoßen zu werden. Wenn wir aus Angst handeln, sind wir in einem »Weg von«-Modus.
Das bedeutet, wir entwickeln Strategien, um etwas zu vermeiden, nämlich den Vortrag vor großem Publikum, den Schritt in die Selbstständigkeit oder den netten Typen da drüben anzusprechen. Unser Gehirn schaltet auf Autopilot in den Überlebensmodus.
In Sachen »Notebook-Kauf« hieße das: Angst davor haben, dass das Gerät nix taugt, dass uns der Verkäufer über den Tisch zieht, dass andere über uns komische Sachen denken könnten, wenn wir uns das coolste – oder das günstigste – Gerät aussuchen.

Gier

Aus Gier wollen wir mehr: mehr Umsatz, mehr Kunden, mehr Anerkennung, mehr Respekt, mehr Status, mehr Liebe. Wir können nach so viel gieren. Wir sind im »Hin zu«-Modus, wollen etwas mit aller Gewalt ohne Rücksicht auf Verluste. »Gier frisst Hirn« – ich stelle mir da immer ein riesengroßes Krokodil vor, das sich unaufhaltsam durch den Nil schiebt und mit aufgerissenem Schlund ein Zebra nach dem anderen verschlingt.

Das hat eh schon ein kleines Gehirn und kann nicht mehr denken – so ist das auch bei uns Menschen, wenn wir aus Gier handeln. Was bei Gier aber noch on top dazu kommt: Wir spüren uns selbst nicht mehr und nehmen unsere Umwelt nicht mehr wahr. Wir sind wie paralysiert von der Schlange Ka aus dem Dschungelbuch und wollen nur noch mehr »davon«. So ein bisschen wie auf Drogen. Wir »nehmen«. Wir saugen von außen nach innen Energie ein.

Unser Notebook-Kauf würde dann so aussehen: Ich will das geilste Gerät, zum günstigsten Preis, kauf mir am besten zwei und zock den Verkäufer noch so richtig ab und handle auch noch 'ne Garantieverlängerung, eine Notebooktasche und den schnelleren Prozessor raus.

Nimm bitte mal kurz eine Körperhaltung ein, in der du sein könntest, wenn du eine Entscheidung aus Angst triffst. Und jetzt, wenn du eine aus Gier triffst. Wo waren deine Hände? Vielleicht sind sie bei Angst in einer eher abwehrenden, bei Gier in einer fordernden Haltung? Du siehst schon: Allein mit unserer Körperhaltung sind wir in beiden Fällen nicht mehr »bei uns«. Wir sind dabei nicht präsent, nicht in unserer Mitte. Wir cruisen nicht entspannt als Käptn mit unserem Markenschiff auf Kurs, sondern wir wirken verkrampft, riskieren krasse Manöver oder stechen aus lauter Angst vor dem Ungeheuer erst gar nicht in See.

Für unser Markenradio – und den damit verbundenen Magnetismus – ist das natürlich nicht gerade von Vorteil. Denn wenn wir aus Angst oder Gier handeln, sind wir in einer Mangelenergie. Es mangelt an Vertrauen, an Zutrauen, an Liebe. Du kannst es dir sicher denken:

Ist unser Sender auf Mangel gestellt – rate mal, was wir empfangen … Zum Glück gibt es noch einen dritten Grund, der uns zum Handeln motiviert:

Freude!
Wenn man uns nicht lange bitten muss, wenn es nur so aus uns heraussprudelt, wenn wir 150 Prozent geben, und nicht mal merken, dass wir uns verausgaben. Wenn wir völlig freiwillig geben – dann sind wir mittendrin. Kein »Weg von« – kein »Hin zu«. Mitten. Drin. Dann sind wir in einer völlig anderen Energie! Wir geben und sind unabhängig von äußeren Umständen und in unserer vollen Eigenverantwortung.

Wenn wir aus Freude handeln, können wir uns als Teil des großen Ganzen wahrnehmen. Wir spüren uns selbst, die anderen um uns herum und wir haben Zugang zu unseren Ressourcen wie zum Beispiel Hirnschmalz.

Unser Notebook aus Freude zu kaufen, würde dann so aussehen: »Oh man ist das cool! Mega Farbe. Genau so ausgestattet, wie ich das schon immer wollte. Was für ein Gerät! Guckt doch mal alle, ich hab mir das gekauft und ich finde, es ist DER HAMMER!« Ich freu mich wie ein Schnitzel und ich kann es kaum erwarten, dass ich damit loslegen kann.

Kein Mensch guckt da doof, das Gerät wird bestimmt Jahre halten, weil wir ihm vertrauen und wir werden auf jeden Fall vom Verkäufer noch einen Bonus on top kriegen – einfach weil wir auf Frequenz »Freude« funken. Es geht leicht, macht Spaß und kostet uns wenig Kraft – und je mehr wir davon bekommen, umso mehr können wir geben. Es ist unser Benzin im Tank. Was wir aus Freude oder Liebe tun, wird uns immer gelingen.

Die Zauberfrage lautet deshalb: »Aus welcher Motivation handle ich gerade?« Oder: »What would love do?« – Wie würde ich aus Liebe (oder Freude) entscheiden? Du kannst sie dir in allen möglichen Situationen stellen. Zum Beispiel wenn du gerade mal wieder die Extrameile für deine Kundin gehst: Ist es aus Angst, zu wenig zu geben? Ist es aus Gier, dass sie mehr bei uns kauft? Ist es aus Freude, ihr maximal weiterzuhelfen? Das ist die Energie, in der du erfolgreich sein wirst: Alles, was du mit Freude und Liebe tust, wird Erfolg haben. Ist wie Kuchen backen – oder einen Basilikum-Topf am Leben halten. Wenn wir etwas aus Freude und mit voller Liebe tun, ist es sehr wahrscheinlich, dass diese Sache voll auf unsere persönlichen Werte einzahlt.

Werte – wie zum Beispiel Freiheit, Loyalität, Gerechtigkeit, Sicherheit, Tradition, Harmonie, Abenteuer, Familie – drücken aus, was für uns wertvoll, uns »etwas wert« ist. Unsere Werte leiten uns und geben uns Orientierung in unserem tagtäglichen Handeln. Sie sind Teil unserer Identität und werden uns häufig schon früh in unserer Kindheit – ca. ab drei Jahren – mitgegeben, und dort übernehmen wir sie meist unreflektiert und hinterfragen sie nur selten.[31]

Wir ahmen unsere Vorbilder in der Familie, der Schule und in unserem gesellschaftlichen Umfeld nach und lernen, indem wir für unser Handeln bewertet werden (also ob wir auf die Finger gehauen oder den Kopf getätschelt bekommen), »richtig« von »falsch« zu unterscheiden.

Große Brands definieren »Core Values«, ihre Unternehmenswerte, um in der Kommunikation nach außen zum Beispiel mit Kunden, sowie innerhalb der Company einen Orientierungsrahmen zu schaffen. Werte sind der Antrieb dafür, dass wir Ziele angehen und verwirklichen. Wenn Ziele und Werte zusammenpassen, empfinden wir unser Leben erfüllt. Wenn wir etwas als richtig und sinnvoll empfinden, fällt es uns leicht. Wir fühlen uns gut dabei und wir entwickeln ungeahnte Kräfte. Genauso werden Mitarbeiter, die hinter dieser Wertekultur stehen, motiviert im Sinne des Unternehmens handeln.

Ergibt total Sinn, denn wenn wir andauernd gezwungenermaßen gegen unsere Werte »verstoßen« müssen, weil es beispielsweise die Unternehmenskultur so verlangt – wow, dann kommt mit der Zeit ganz schön viel Zunder zusammen, der garantiert irgendwann hochgeht oder implodiert und in Resignation endet. Und dann ist's vorbei mit der Motivation aus Freude.

Vielleicht kennst du das ja auch von dir. Wenn uns etwas »gegen den Strich« geht, reagieren wir empfindlich – und können uns nicht erklären warum. Scheinbar harmlose Situationen triggern uns heftig und wir kapieren gar nicht, warum wir so stark reagieren. Weil dieser heftigen Reaktion gern mal eine unreflektierte (objektiv betrachtet völlig bescheuerte) Handlung folgt, die wir danach meistens bereuen, ist es super, wenn wir uns mit unseren Werten auseinandersetzen und sie uns bewusst machen.

Werte drücken nicht nur aus, was uns wichtig ist, sondern sie lenken auch unser Handeln. Einer »heftigen« Handlung geht immer eine starke Emotion voraus. Und du weißt schon, dass dieser starken Emotion eigentlich ein emotionsauslösender Gedanke zugrunde liegen müsste. Ich glaube allerdings, dass es sich bei den Werten ein wenig anders verhält. Die sind so tief in unserem Unterbewusstsein verbuddelt, dass sie gar nicht bis in unser Oberstübchen vordringen. Kein Mensch denkt bewusst: »Oh Sekunde, der hat aber jetzt meinen höchsten Wert Gerechtigkeit verletzt, dem scheuer ich eine.« Unsere Werte sind ein Teil des Autopilots »Unterbewusstsein« und lenken unser Denken und Fühlen.

Ein weiterer Grund, warum es hilfreich für uns ist, unsere Werte zu kennen: Es macht uns zufriedener. Wenn wir unsere persönlichen und beruflichen Ziele anhand unserer Werte ausrichten können, hoppeln wir unermüdlich wie das Duracell-Häschen direkt in diesen rosa Sonnenuntergang mit dem Namen »Lebenssinn« – und sind rundum zufrieden.

Für deine Personal Brand ist es noch aus zwei weiteren Gründen sinnvoll, deine Werte rauszufinden.

Erstens lassen sich die Werte-Begriffe ganz hervorragend in eine visuelle Sprache übersetzen. Für dein Corporate Design – solltest du mal eins wollen – lassen sich für deine Werte Farben, Symbole und Bilder finden, die sie tragen. Ist Freiheit dein größter Wert, dann ist kackbraun sicher nicht deine Farbe, sondern eher eine klare Farbgebung. Freiheit, Unabhängigkeit und Begeisterung sind zum Beispiel meine drei höchsten Werte. Unvorstellbar, würde ich eine Bildsprache verwenden, die gemütlich flackerndes Kerzenlicht am Plüschsofa mit Räucherstäbchenromantik widerspiegelt. Und in diesem Punkt läuft meine Steffi-wissenschaftliche Evaluation noch: Inwiefern zwischen unseren Werten und unserem ayurvedischen Energie-Typ ein Zusammenhang besteht. (Dass es ihn gibt, bin ich ziemlich sicher, und irgendwann wird meine Studie repräsentative Ergebnisse liefern.)

Der zweite wichtige Grund, warum du aus Personal-Branding-Sicht über deine Werte Bescheid wissen solltest: Deine Werte sind ein essenzieller Teil deines Markenkerns – deines »Warums«.

Die Essenz deiner Marke

Warum du dein »Warum« kennen solltest

Dein »Warum« zu kennen, bedeutet für dich, zwei Fliegen mit einer Klappe zu schlagen:

Erstens ist es ein sehr wirkungsvoller Hebel für dein Marketing. Wenn du dein »Warum« kennst, kannst du damit aufhören, dein Angebot über die Merkmale zu verkaufen, indem du eben NICHT darüber erzählst, wie viele Module dein Kurs beinhaltet oder welche Methode du anwendest. Du kannst nun darüber sprechen, WARUM du tust, was du tust. Dann funkst du mit deinem Kunden emotional auf einer Wellenlänge. *»Das gesamte Prinzip der Frage ›Warum‹ gründet in der Biologie der Entscheidungsfindung. Die Funktionsweise […] entspricht genau der […] des menschlichen Gehirns.«*[32] Wir haben im Zusammenhang mit deiner Markenenergie ja schon über das limbische System gesprochen. Das spielt auch hier eine Rolle.

Stell dir dein »Warum« als Zentrum, als inneren Kreis deines Business beziehungsweise deiner Personenmarke vor. Da außen rum gibt es jetzt noch einen weiteren Kreis: Darin steht »Wie«. Diese beiden sind genau das, was das limbische System in unserem Gehirn ist: Das Auslösezentrum für Emotionen in unserem Gehirn. *»Unser ›Warum‹ wird definiert durch Ziel, Zweck oder Überzeugung. Es ist die treibende Kraft, die hinter allem steckt, was wir tun. Unser ›Wie‹ sind die Handlungen, die wir setzen, wenn wir in bestmöglicher Verfassung sind, um das ›Warum‹ umzusetzen.«*[33]

Im Klartext: Dein »Warum« zu kennen, ist zu wissen, warum du diesen ganzen Zirkus (mit Selbstständigkeit, Selbstverwirklichung und endlich dein Ding machen) überhaupt veranstaltest (und warum du vorher auf so vielen anderen Hochzeiten getanzt hast).

»Warum« und »Wie« sind die Seele unserer Marke. Was hier mit »Handlungen« gemeint ist, ist eben wie du dich, dein Business und deine Personal Brand fühlbar machst. Spirituell ausgedrückt: der feinstoffliche Teil. Dein emotionaler Markenkern enthält alles Gefühlte und Unterbewusste. Die Informationen zwischen den Zeilen. Deine Werte zum Beispiel, deine »Werkseinstellung« mit deinen Charaktereigenschaften, Gaben und Wesenszügen und deine Energie, die dich ausmachen. Wie du sie ausdrücken kannst, erkläre ich in den folgenden Kapiteln.

Genau wie das limbische System hat die Seele deiner Marke kein Sprachzentrum. Sie kann in Worten nicht ausdrücken, was sie meint. Diese Seele ist die Energie-Frequenz, die du mit deinem Markenradio aussendest.

Damit auch der Verstand deine Marke begreifen kann, gibt es zum Glück noch einen äußeren Kreis. Bei deiner Marke steht darin »Was« – im Kreis ums limbische System steht »Neocortex«. Da rein packen wir alles Greifbare: Unsere Positionierung, ellenlange Elevator-Pitch-Schachtelsätze, Ladengeschäfte, Logos, Webseiten, Businesspläne, Visitenkarten und Hosenanzüge.

Und guck: Jetzt wird klar, warum es einfach nicht funktioniert, eine Marke von außen nach innen zu entwickeln. Denn wenn wir beim Hosenanzug, der Visitenkarte und beim Logo anfangen, wissen wir nicht, was uns tief im Kern wichtig ist und antreibt. Das ist der Grund, warum es haufenweise Logos mit Schreibfedern (bei Textern), Lotusblüten (bei Yoga-Schulen) und seltsamen Buchstabenkombinationen (bei allen anderen) aus den Initialen von Vor- und Nachnamen gibt. Und damit wird halt bloß so ein bisschen am äußeren »Was-Neocortex« rumgeratzt – aber nicht zur tieferen Bedeutung und dem eigentlichen Kern vorgedrungen. Es wurde rational der »Homo oeconomicus« befragt, wie wir denn am besten den Nutzen unseres Elevator-Pitch-Schachtelsatzes in eine Grafik quetschen können. Von unverwechselbar sind wir da weit weg – und von emotionaler Markenenergie brauchen wir erst gar nicht zu reden.

Das ist wie bei einer Unternehmenskultur mit den Werten: Wenn die Mitarbeiter nicht wissen, WARUM sie denn jetzt plötzlich rote Schlipse tragen sollen (weil vielleicht als Wert »crazy-sophisticated« definiert wurde) oder warum sie sich jetzt plötzlich alle duzen sollen (weil als oberster Wert Familie definiert wurde) – werden sie dem Chef früher oder später den Mittelfinger zeigen.

Ein berühmtes Beispiel für ein in einer Firmenkultur gelebtes »Warum« ist Apple. Apple ist nicht deshalb so erfolgreich, weil sich Steve Jobs hingestellt und gesagt hat: »Wir bauen Computer mit 'nem sauschnellen Prozessor, dem brillantesten Display und im coolsten Design!«

Das wäre, als ob du dich als Yoga-Lehrerin hinstellst und sagst: »Ich bringe dir den herabschauenden Hund bei.« Oder als Steuerberaterin: »Ich erstelle deine Umsatzsteuervoranmeldung schnell und gewissenhaft.« Da ruft keiner begeistert: »Oh yeah!«, und applaudiert, denn davon gehen wir ja mal aus, dass du als Yoga-Lehrerin oder Steuerberaterin deinen Job ordentlich machst. Und auch davon, dass ein Computerhersteller was von seinem Kram versteht und keinen Murks verkauft.

Also, was macht die Marke Apple so erfolgreich? Apples Botschaft geht nicht über den Neocortex, sondern ist emotional. Die Markenbotschaft ist nicht das, WAS Apple tut, sondern WARUM Apple überhaupt Computer baut. Steve Jobs soll mal als Grund genannt haben, weil sie es den Menschen leicht machen wollen, kreativ zu sein – und dass sie nur zufällig großartige Computer bauen würden. Die Message von Apple transportiert also nicht, WAS die Firma anbietet, sondern WARUM sie es tut! Was bewirkt diese Art von Botschaft? Sie vermittelt keine Facts, sondern ein Gefühl. Und genau das macht den Unterschied! Und genau diesen Unterschied machst auch du, wenn du als Personenmarke herausfindest, wer du bist und warum du tust, was du tust.

Zweitens bedeutet für dich dein »Warum« zu kennen, deine Mission hier auf der Welt zu kennen. *»Wo deine Talente und die Bedürfnisse der Welt sich überschneiden, da liegt deine Berufung.«* Das soll Aristoteles geschrieben haben und ich finde, er trifft damit den Positionierungsnagel im Sinne von Personal Branding auf den Kopf.

Ich glaube, dass jeder einzelne von uns mit einer ganz bestimmten Aufgabe auf diese Welt gekommen ist. Und genau dafür sind wir mit unserer »Werkseinstellung« ausgestattet worden – mit Gaben und Talenten. So wie in der Natur jedes Tier und jedes Pflänzchen einen bestimmten Zweck im System erfüllt, so sind auch wir Menschen gedacht. Wir sind hier, um unseren Beitrag zu leisten, damit der Laden »Welt« rund läuft. Schade ist nur, dass die wenigsten herausfinden, was ihr Job hier eigentlich ist.

Wir hören uns selber nicht zu (bzw. nur unserem Kopf) und dann kommt halt mal wieder das Leben dazwischen. Wir treffen Entscheidungen und tun Dinge, »weil man die halt so macht«. Wir gehen zur Schule und bekommen gesagt, was wir gefälligst zu lernen haben. Wir werden irgendeine Kauffrau oder machen erstmal BWL, weil eben gerade ein Platz frei war oder wir auf Papa gehört haben: »Mach erstmal eine vernünftige Ausbildung!«

Aus diesem »Mach erstmal ...!« wird dann Alltag (Haus, Hund, Halbtagsjob – du weißt schon ...) und wir kommen gar nicht mehr auf die Idee, mal nach unserer eigentlichen »Bestimmung« zu fragen.

Indem du dich fragst, WARUM du tust, was du tust (oder tun möchtest), eröffnest du dir nicht nur die Möglichkeit, dein Marketing emotional zu gestalten, sondern auch herauszufinden, warum du hier bist.

Ein fester Bestandteil in meinen Marken-Coachings sind die »Warum-Calls«. Und es sind die allerschönsten Momente, die ich mit meinen Kundinnen habe. Ich darf eine ganze Stunde lang Geschichten über das Leben von Frauen hören – und mache mir Notizen ihrer Gold Nuggets: von Werten, Menschen und Erlebnissen, die sie geprägt haben, Rollen und Handlungsmustern, die sie einnehmen und wiederkehrenden Formulierungen, die sie verwenden. Wir finden gemeinsam den roten Faden ihres ganzen Lebens. Das Ziel ist es, herauszufinden, was diese Frau schon immer getan hat, um ihren Beitrag zu leisten. Und hey, das zu wissen, ist ziemlich cool!

Denn dein »Warum« ist die Überschrift für dein ganzes Leben. Es ist deine Quelle, aus der du schöpfst und die Kraft, die dich antreibt. Es ist das, wofür du schon als kleines Mädchen branntest und wofür du als Ururgroßmutter ohne zu zögern noch meilenweit gehen wirst.

Es ist das, was du gemacht hast, als man dich früher alleine zuhause gelassen hat. Es ist das, warum deine Freundinnen dich nachts um drei anrufen und es ist das, was du mit deinem Business »eigentlich« tun möchtest.

Ja – es gibt hier IMMER einen roten Faden und einen gemeinsamen Nenner. Dein »Warum« ist das, was du von Herzen gern tust – und dein Beitrag für diese Welt. Es ist deine Lebensaufgabe, mit der du geboren wurdest, um unseren Planeten besser zu machen. Und du bist mit allen Fähigkeiten ausgestattet, die du dafür brauchst.

Das eigene »Warum« zu kennen, beschreiben mir meine Kundinnen so:

»Es ist erstaunlich, dass es eine Überschrift gibt, die ich über alles schreiben kann, was ich so tue und was mir wichtig ist. Dieses ›Warum‹, das ich mit Steffi zusammen erarbeiten durfte, ist eines der größten Geschenke, die ihr Coaching für mich bereithielt. Und dabei kam es ganz leise daher, fast selbstverständlich. Der Effekt hingegen ist ganz grundsätzlich und bedeutsam, denn ich weiß jetzt, warum ich die Dinge so tue, wie ich sie tue. So wie jede gute Geschichte eine Überschrift braucht, fühlt es sich an, als wäre auch meine damit komplett und vollständig.« – Lieblingskundin Barbara, gestandene Frau in den 50ern, Tränen in den Augen.

»Ohne ›Warum‹ brauchst du gar kein Business starten.« – Lieblingskundin Barbara, bei sich angekommen.

»Das Finden meines ›Warum‹ war für mich eine Schlüsselstelle. Es war wie die Auflösung des Gordischen Knotens. Das Bewusstmachen der Dinge, die ich seit Jahren mache und liebe, fügte sich mit dem Auseinandersetzen mit den Problemen meiner Kunden und den Lösungen für sie zu einem großen Ganzen.« – Lieblingskundin Iris, Knoten geplatzt.

»Der ›Warum-Call‹ hat mich erkennen lassen, was immer schon da war und sich wie ein roter Faden durch mein Leben gezogen hat. Durch die Fragen von Steffi konnte ich mich in meinem Kern erkennen. Es hatte etwas unheimlich Erfüllendes, fast etwas Magisches an sich!« – Lieblingskundin Antonia.

Zu hinterfragen, WARUM wir tun, was wir tun, eröffnet uns die Tür, uns echt und unverwechselbar zeigen zu können. Es wird klar, welche Absicht wir haben, wenn wir uns sichtbar auf Social Media zeigen. Und es ermöglicht uns, zu den Schreibfedern, Lotusblüten und Anfangsbuchstabenlogos den Unterschied zu machen. Es gibt uns den Fahrtwind, unserer Selbstständigkeit – und unserer Personal Brand – Priorität zu geben.

Unser »Warum« gibt uns noch etwas sehr Wertvolles. Wenn wir Dinge tun (können), die zu unserem »Warum« passen, fühlen wir uns angekommen am richtigen Platz, sinnstiftend und zufrieden.

” UNSER »WARUM« IST UNSER »GENUG«.

Deine Marke – Fels in der Brandung

Wie du dich unabhängig machst von äußeren Umständen

Je mehr wir persönlich wachsen, umso unabhängiger ist unser innerer Zustand von äußeren Umständen und Einflüssen. Uns schmeißt nix mehr um, wenn wir genau wissen, was für uns wertvoll ist, warum wir hier sind und wie wir ticken. Dann haben wir mit uns selbst Frieden geschlossen und nichts kann uns mehr etwas anhaben, nicht der bissige Kommentar der Kollegin, der Streit mit dem Schatz, Wirtschaftskrise oder Schicksalsschlag.

Ich glaube, wenn wir unseren Platz gefunden haben, in uns ruhen und uns klar darüber sind, wer wir sind, können wir viel gelassener bleiben – egal, was kommt. Dann können wir auf einen Felsen in der Brandung vertrauen, der immer bei uns ist – und der liegt in uns selbst. Stefan Zweig schrieb: *»Wer einmal sich selbst gefunden, der kann nichts auf dieser Welt mehr verlieren. Wer einmal den Menschen in sich begriffen hat, der begreift alle Menschen.«*

Uns selbst finden und begreifen – das tun wir, wenn wir uns mit unserer Personenmarke beschäftigen. Ich glaube, um wirklich bei uns selbst anzukommen, brauchen wir Vertrauen.

Im Kapitel über Positionierung hast du die drei Kriterien kennengelernt, die erfüllt sein müssen, damit dein Kunde bei dir kauft: Er muss deiner Qualität als Expertin, als Marke vertrauen, er muss deiner Erfahrung vertrauen und er muss sich selbst vertrauen. Damit das überhaupt möglich wird, müssen wir zuerst UNS selbst vertrauen. Wir müssen uns selbst zutrauen, eine Expertin zu sein. Erst wenn wir in unserer Haltung klar und stark sind wie ein Fels in der Brandung, können auch unsere Kunden diesen Felsen in uns sehen und uns vertrauen. Ebenso ist es mit unseren Fähigkeiten, unserem Produkt und unserem Angebot!

Wenn wir überzeugt dahinterstehen, es aus Freude und unserem »Warum« heraus für unsere Kunden kreieren, werden sie vertrauen. Und wir dürfen auch unseren Kunden vertrauen, dass sie es schaffen werden, mit uns und unserem Dienst an ihnen ihr Ziel zu erreichen.

Übrigens verhält sich das auch so beim Preis für unser Angebot: Wenn wir rumeiern, zweifeln und unserem Kunden nicht zutrauen, dieses Geld für SICH und die Lösung seines Problems zu investieren – er wird es nicht tun. Deshalb gilt immer der Grundsatz: »Womit ich kein Thema habe – damit haben die anderen auch keins.«

EIN THEMA HABEN –
Positiv formuliert für »ein Problem«, »nicht das gewünschte Ergebnis« oder »eine Baustelle« haben.

Es ist so ähnlich wie beim Springreiten. Wenn die Reiterin zweifelt, zögert und nicht vollkommen überzeugt ist, dass ihr Pferd das Hindernis nehmen wird, wird auch das Pferd zögern und zweifeln – und kurz vorm Sprung stehen bleiben. Das Tier hat sehr feine Antennen und spürt haargenau, was die da oben im Sattel gerade fühlt und denkt. Genauso ist es auch bei unseren Kunden.

Ebenso ist es in den Beziehungen zu allen Menschen um uns herum! Dein Kind isst keinen Spinat? Check mal, wer von euch zuerst diese ablehnende Haltung hatte. Kinder checken doch auch sofort, ob das »Heute aber keine Süßigkeiten mehr!« aus voller Überzeugung und aus einer klaren Haltung heraus gemeint ist – oder ob es da eventuell doch Verhandlungsspielraum für ein Gummibärchen gibt. Mit Hunden und Leckerlis funktioniert das genau gleich.

Und so ist es auch in der Liebe. Erst wenn wir mit uns selbst auf der Rille sind und uns selbst vertrauen und annehmen können, so wie wir sind – dann wird das auch unser Partner tun können. Wir dürfen uns zuerst selbst die Liebe schenken, die wir uns von anderen wünschen. Deine Personal Brand zu erforschen bedeutet, dich zu erforschen. So wirst du dir mehr und mehr vertraut sein und dir vertrauen können. Personal Branding nach der »Marke-leben-Methode« ist meine Einladung an dich zur Selbstliebe. »Schön, dass es mich gibt!« sollst du ausrufen und dich als wunderbares, einzigartiges Gesamtpaket sehen und zum Knutschen finden. – Das ist der Sinn und Zweck meiner Arbeit, von Persönlichkeitsentwicklung und diesem Buch.

Das ist die Haltung einer starken Marke: »Hallo Lieblingskunden und alle Menschen da draußen, die meinen Sender gerade hören! Tadaaa, hier bin ich. Ich bin für dich da. Mit meiner vollen Freude, Liebe und aus vollem Herzen, mit meinem Wissen, meinem Tun und meiner ganzen Leidenschaft. Schau, dieses Angebot habe ich für dich mit Herzblut geschaffen. Ich weiß ganz genau, dass es gut für dich ist und dir helfen wird. Und ich freue mich, wenn du es annimmst und ich deine – und damit die ganze – Welt ein Stück besser machen kann. Ich vertraue dir, dass du diesen Mehrwert erkennst und dass du es dir wert bist, mein Angebot anzunehmen. Ich liebe dich, Lieblingskunde.«

Empfange deine Kunden mit offenen Armen – und sie werden dich lieben.

GUTE FRAGEN:

Finde heraus, was dich antreibt.

- Aus welcher Motivation habe ich meinen letzten Social-Media-Post verfasst?
- In welchen Bereichen fallen mir Entscheidungen besonders leicht?
- In welcher Sache vertraue ich mir selbst zu 1.111 Prozent?
- Woran würde ein Fremder meine höchsten Werte erkennen?

JUST DO IT!

Willst du mehr über dein »Warum« erfahren? Schau dir im Bonus-Bereich zu diesem Buch unter markeleben.com/buch-bonus mein Video über das »Warum«, deinen Markenkern, an.

KAPITEL 8

»DAS UNIVERSUM SAGT IMMER JA«

WIE DU DEIN MARKENRADIO AUF DEINEN LIEBLINGSSENDER EINSTELLST

Dein Markenradio zieht die Frequenz an, auf der du sendest. Das bedeutet, dass du das, was du so »bestellst«, vom Universum prompt geliefert bekommst. Ob das jetzt Zweifel, Blumenkohl oder Hüftspeck ist oder Lieblingskunden, Pralinenschachteln oder ein fettes Plus auf dem Konto ist völlig egal.

Das Universum kennt das Wort »nicht« nämlich nicht, sondern liefert dir das, worauf deine meiste Energie liegt. Deshalb ist es für deine Positionierung so wichtig, dass du darauf deine Energie richtest, worauf du auch wirklich Bock hast!

Deine Positionierung, das Thema, bei dem du deinen Kunden hilfst, ist im Idealfall eine Überschneidung deiner Mission, deiner Passion und deiner Profession. Dein Leben und dein Beruf verschmelzen und es wird sich anfühlen wie deine absolute Lieblingsjeans und eben nicht wie zwei Paar Stiefel von Privatleben und Arbeit im 9-to-5-Job.

Positionierung ist nicht nur eine unternehmerische Entscheidung. Für mich ist sie die Entscheidung, was wir mit unserem Leben anfangen und wie wir leben wollen. Denn sie ermöglicht dir das zu tun, was du liebst. Was dir entspricht, dir Freude macht und dir ganz leichtfällt. Sie ist der Teil von deinem »Haus am See«, mit dem du dein Geld verdienst.

Finde deinen »Sweet Spot«!

Wie du aus 1.111 Ideen ein profitables Business machst

Es kommt dieser eine Moment, da rappelt's im Karton. Frau haut (wenigstens innerlich) auf den Tisch und sagt: »So. Mir reicht's – jetzt will ich's wissen!« So ähnlich wie mein Moment damals, kurz vor meinem 40. Geburtstag. Die Kinder aus dem Gröbsten raus und die Elternzeit vorbei. Das Leben plätschert so vor sich hin, genau wie der Halbtagsjob. Das ist zwar alles ganz nett, aber hey, da bleiben – wenn's gut läuft – noch mindestens 50 Jahren Leben übrig! Und wieder kommt die Frage: »Was möchte ich mit meinem Leben anfangen?«

Da ist die Idee mit der Selbstständigkeit. Da ist die neben Kind und Halbtagsjob erworbene Coach- oder Yoga-Ausbildung. Da ist die so lala laufende Tätigkeit im Networkmarketing für Haushaltsgeräte, Putzmittel oder Kosmetik. Und da ist die Frage: »Ist das alles?«

Meine Antwort: »Nein, natürlich nicht! Es ist nie zu spät, um herauszufinden, welchen Job sich der liebe Gott für dich hier ausgedacht hat. Komm, lass uns damit jetzt anfangen!«

Es gibt verschiedene Tools, die uns dabei helfen, dass wir unsere – von der Milchstraße aus betrachteten – unendlichen Möglichkeiten sortieren können. Ich mag gerne den »Sweet Spot« (weil ich mir da die Lebensaufgabe als großen, rot-weiß-geringelten Lolli vorstelle). Der »Sweet Spot« ist die Schnittmenge aus dem, was du liebst, was du kannst und aus dem Beitrag, den du für die Welt leistest.

In ihm liegt deine profitable Geschäftsidee verborgen. Denn wenn es keine »Mission« gibt, also keinen Nutzen für die Welt, wird auch niemand bereit sein, Geld dafür in die Hand zu nehmen. Fehlt die Passion, kannst du's zwar – es erfüllt dich aber nicht. Ohne Profession bist du in dem Bereich noch Anfängerin und brauchst tatsächlich noch eine neue Qualifikation.

Mit der »Sweet-Spot-Übung« kannst du:
Überprüfen, ob das, was du gerade tust, zu dir passt. Dich und dein Leben neu erfinden. Deine Business-Idee anders denken.

Dein bisheriges Geschäftsmodell auf Herz und Nieren (und Lollis) prüfen. Verknüpfungen aus alt und neu herstellen. Dich darauf besinnen, was du wirklich willst. Sei kreativ und mutig, denke groß und vertraue darauf, dass du schon alles im Gepäck hast, was du für deinen (Business)-Erfolg und dein Traumleben brauchst!

So wendest du die »Sweet-Spot-Übung« an:
Stell dir drei Kreise vor. Gib ihnen die Namen: Passion, Profession und Mission. Ich hab das für dich vorbereitet. Du kannst dir im Bonusbereich das PDF herunterladen.

Deine Passion ist das, was du liebst.
Es ist das, wofür dich andere bewundern. Oder das, wofür sie dich kritisieren oder dich auslachen. Genau DAS macht deine Passion aus. Deine Leidenschaft.

Du willst Beispiele? Sehr gerne. Meine Passion ist es, Wissen anzuhäufen und zwischen den verschiedensten Themen Querverbindungen und Zusammenhänge zu erkennen. Meine Passion sind ästhetisch schöne Dinge und Dinge bestmöglich zu verwerten. Es ist Musik, es ist Sprache, es ist zu genießen und zu kochen. Und dabei aus wenig viel zu machen. Nichts macht mich glücklicher, als wenn ich aus den Resten aus dem Kühlschrank ein geiles Essen zaubern darf (Querverbindungen) und wenn ich Packungen mit irgendeinem Rest leer machen kann (verwerten).

Solche »Kleinigkeiten« zeichnen auch dich aus! Weil du einfach so bist – das ist deine Werkseinstellung. Mache eine Liste! Darauf schreibst du deine Lieblingsbeschäftigungen, alles, was dir von Herzen Freude macht und alles, was dich schon immer magisch angezogen hat.

Deine Profession ist das, was du kannst.
Alle Fähigkeiten und Fertigkeiten, die du im Lauf deines Lebens erworben hast, kommen auf die Profession-Liste. Alles, was dir leichtfällt, worin du Talent hast und was du schon 1.111-mal gemacht hast.

Du kannst gut mit Tieren umgehen? Du weißt, wie man einen Projektplan erstellt oder bist super in Rechtschreibung? Du kannst die Binomischen Formeln idiotensicher erklären, du kannst coachen, Reisen planen, Klavier spielen oder Buchhaltung? Wunderbar, schreib alles auf! Auch scheinbar »belanglose« Dinge, die dir leicht fallen, wie shoppen, rückwärts einparken oder schreiben.

Unsere Professionen sind nicht nur die Fähigkeiten, für die wir ein Zertifikat an der Wand hängen haben. Es sind die Dinge, die du ganz selbstverständlich beherrschst und die für dich überhaupt nix Besonderes sind. »Ach, das ist doch nix Besonderes«, sagte die Maus und verschwand in ihrem Loch. Der Elefant staunte …

Deine Mission ist das, womit du der Welt einen Beitrag leistest.
Mit deiner Mission machst du die Welt besser, indem du Probleme löst, Bedürfnisse erfüllst oder Sehnsüchte stillst. Hier veränderst du die Dinge zum Positiven. Du stiftest Mehrwert! Du tust es jetzt schon – da bin ich ganz sicher.

Auf deine Liste kommen jetzt zum Beispiel Themen, bei denen dich deine Freunde um Rat fragen, und die Themen, für die du – ohne lang zu überlegen – wie eine Jeanne d'Arc mit erhobenem Schwert losgaloppierst, um die Welt zu retten.

Herzlichen Glückwunsch! Mit diesem ersten Schritt der »Sweet-Spot-Übung» hast du schon ein großes Gesamtbild von dir als Expertenpersönlichkeit. Jetzt kannst du aus den Überschneidungen der Kreise Verknüpfungen deiner Themen herstellen und daraus Ideen entwickeln.

Achtung: Nur wenn alle drei Voraussetzungen gegeben sind, und du je eine Komponente Leidenschaft (Passion), Fachkompetenz (Profession) und Mehrwert (Mission) dafür mitbringst, ist es ein echter »Sweet Spot«! Du kannst sicher sein, dass es dich erfüllt, du Freude dabei empfindest, gut darin bist – und dass es dafür auch Kunden gibt.

»SWEET SPOT« –
Punkt der Überschneidung von den Dingen, die du liebst, gut kannst und wofür andere Leute bereit sind, Geld in die Hand zu nehmen.

Expertin – und doch eine von vielen!

Kenne dein einzig echtes Alleinstellungsmerkmal

Erinnerst du dich, dass ich dir am Anfang dieses Buches etwas von künstlichen USPs – Unique Selling Propositions – von Waschpulvern erzählt habe? Und dass ich mit der Spezialisierung auf Marke und Branding versucht habe, mein Alleinstellungsmerkmal zu finden? Mit der Spezialisierung als »Personal-Branding-Coach« ist mir das nämlich nicht gelungen. Es gibt so viele da draußen, die das auch sind. Genauso, wie es viele Yoga-Lehrerinnen, Fotografinnen, Trauerbegleiterinnen oder Hochzeitsplanerinnen gibt. Eine Experten-Bezeichnung reicht als Alleinstellungsmerkmal niemals aus. Denn – und das weißt du als meine kluge und aufmerksame Leserin schon aus dem Kapitel über das »Warum« – die Positionierung ist nur eine Beschreibung des »WAS« und nicht des »WIE«.

Um beim Waschpulver-Beispiel zu bleiben: Es reicht als Alleinstellungsmerkmal nicht aus, einen Sparfuchs auf die Packung zu drucken, weil es eben noch andere günstige Marken da draußen gibt, die das tun. Auch das Beschreiben äußerer Merkmale wie des Preises, der Methode oder der Inhalte ist nie ein Alleinstellungsmerkmal! Die können andere sich nämlich genauso auf die Verpackung schreiben wie du.

Und du weißt ja schon, was Personal Branding zum obercoolsten Marketing-Tool der Welt für mich macht! Es ermöglicht dir, nicht nur dein einzig echtes Alleinstellungsmerkmal »Persönlichkeit« rauszufinden – sondern es auch nach außen zu zeigen. Sie ist nämlich das, was dich wirklich unverwechselbar macht. Sie ist wie dein Fingerabdruck – es gibt sie unter allen acht Milliarden Menschen auf diesem Planeten nur ein einziges Mal.

Sie setzt sich zusammen aus den vielen, kleinen Bausteinen, die du in diesem Buch schon kennengelernt hast: aus deinem Energie-Typ, deinen Werten, deinem »Warum«, deiner Expertise, aus deiner Fachkompetenz in Kombination mit deinen persönlichen Erfahrungen. Dazu kommen noch deine individuellen Charaktereigenschaften, die mit alledem einhergehen und dich als Mensch auszeichnen.

Dieses ganze wunderbare Gesamtbild ist das, was ich deine Unique Personal Proposition nenne. Es ist, was dich unterscheidbar macht von den ganzen anderen da draußen.

Dabei ist es ganz egal, ob du als Expertin eine Selbstständigkeit anstrebst, dich als eine von Tausend auf einen coolen Job bewirbst oder auf einer Dating-Plattform unterwegs bist! IMMER ist deine einzigartige Persönlichkeit der ausschlaggebende Punkt dafür, dass Menschen sich für dich entscheiden – oder eben nicht.

UNIQUE PERSONAL PROPOSITION –
Unsere Persönlichkeit ist unser einzig echtes Alleinstellungsmerkmal, das uns von den »anderen« da draußen unterscheidbar macht, wie ein Fingerabdruck.

Deine Persönlichkeit ist die Frequenz, mit der du dein Markenradio auf einen ganz bestimmten Sender einstellst. Und damit du das präzise tun kannst und mit der Frequenz die Menschen und Dinge empfängst, auf die du auch Bock hast, sind zwei Sachen nötig:

Erstens musst du deine Persönlichkeit natürlich genau kennen. Denn nur dann kannst du – zweitens – sie echt und authentisch nach außen kommunizieren.

Marke ist Kommunikation

Komm auf die Bühne und zeig dich!

Es ist ganz einfach: Ohne Kommunikation keine Marke! Stell es dir vor wie im Theater. Da kann der Akteur auf der Bühne noch so toll performen, seinen Text auswendig können, ein hammermäßiges Kostüm tragen, grandios geschminkt und die Inszenierung perfekt sein – ohne Publikum ist es witz- und wirkungslos. Kommunikation geht ins Leere, es gibt keine Resonanz, keinen Beifall – aufs Business übertragen, bedeutet es – keine Kunden.

Kommunikation verbindet Menschen. Sie ist essenziell, damit andere unsere Absicht verstehen und einschätzen können, was sie von uns zu erwarten haben.

Und wir wissen von Paul Watzlawick, dass man »nicht nicht kommunizieren« kann. Wir tun es ständig und auf allen Ebenen – auch auf den nonverbalen. Wir senden und empfangen Botschaften mit allen Sinnen. Und Personal Branding ist Kommunikation – und ermöglicht eine sehr präzise.

KOMMUNIKATION –
Die mächtigste Fähigkeit, die Menschen besitzen.

Ganz vereinfacht dargestellt, läuft das folgendermaßen: Du als Sender kodierst eine Botschaft. Das bedeutet, dass du einen Sachverhalt zum Beispiel in Worte fasst, dein Thema erklärst – in einem Post auf Social Media vielleicht. Zu deiner Botschaft trägt auch dein ganzes Auftreten bei: die Klangfarbe und Lautstärke deiner Stimme, deine Gestik, deine Haltung und wie du dich bewegst. In einem Video wird das besonders deutlich. Außerdem kodieren die visuellen Dinge wie dein Outfit, deine Frisur, dein Lippenstift, dein Logo und deine Farben deine Botschaft – vielleicht in einer Grafik ...

Diese derart kodierte Nachricht wandert jetzt über dein Markenradio rüber zum Empfänger. Der wird sie jetzt dekodieren, also entschlüsseln. Das bedeutet, er interpretiert die ganzen Signale, die du ihm auf allen Ebenen gesendet hast – und zieht seine Schlüsse daraus. Danach gibt er dir in irgendeiner Form Rückmeldung. Vielleicht rennt er kreischend davon, er applaudiert oder stellt dir eine Frage.

So läuft der Kommunikations-Hase immer und in allen Lebenslagen. Je präziser wir kommunizieren, umso klarer wird der Empfänger unsere Nachricht entschlüsseln und verstehen können. Irgendein schlauer Mensch, ich glaube es war Antoine de Saint-Exupéry, hat mal gesagt: »Die Sprache ist die Quelle der Missverständnisse.«[34] Ich möchte an dieser Stelle gern »Sprache« streichen und durch »Kommunikation« ersetzen. Denn ich finde, unsere Fähigkeit zu kommunizieren ist das Mächtigste, was wir als Lebewesen besitzen.

Deine Kommunikation als Personal Brand verbindet dich mit deinen Kunden. Und damit die überhaupt zu dir ins Theater kommen, wollen sie natürlich wissen, welche Vorstellung da gegeben wird. Dazu musst du dich zeigen und deine Message in die Welt hinaustragen.

In der Markenarbeit mit meinen Kundinnen unterscheide ich zwischen der Kommunikation vor und hinter dem Theatervorhang. Vor dem Vorhang muss auf einen Schlag klar sein: Wer das ist und worum es geht. Das schaffst du mit einer Positionierung auf den Punkt – und nicht mit einem ellenlangen Schachtelsatz. Ich bemühe da gerne das Kasperle-Theater als Beispiel. Da weiß man gleich, worum es sich dreht, wenn die Gretel, der Seppl und die Großmutter in der Küche sitzen. Man ahnt schon, dass gleich das böse Krokodil um die Ecke biegen und den Gugelhupf fressen wird, um dann vom Kasperl mit dem Gummiknüppel eins übergebraten zu kriegen. Es ist glasklar, wer hier welche Rolle spielt. Und wir wissen ganz genau, was wir von diesen einzelnen Figuren zu erwarten haben. Und genau so läuft es im Idealfall auch mit unserer Markenkommunikation. Auf Social Media zum Beispiel, wenn sich unsere Kunden munter durch ihre Feeds scrollen, muss in Bruchteilen von Sekunden klar werden: »Aha, die Großmutter.«

Zur Kommunikation VOR dem Vorhang gehört alles, was die Menschen dazu bringen soll, in dein Theater zu kommen. Sprich auf dein

Profil, auf deine Webseite, in deine E-Mail-Liste und schließlich auf deinen Kaufen-Button. Da haben wir nicht viel Zeit! Ich persönlich glaube ja, dass die meiste Zeit auf Social Media daddelnd auf dem Klo verbracht wird. Da ist das Kommunikations-Zeitfenster dann doch ein wenig begrenzt und deshalb ist eine klare Positionierung und eine klar kodierte Botschaft das »A und O«, wenn deine potenziellen Kunden gleich verstehen sollen, ob sie es mit der Großmutter oder der Gretel zu tun bekommen. Dazu gehört auch, dass inhaltlich klar rüberkommt, was es bei uns zu holen gibt. Um das kurz und knackig auf den Punkt bringen zu können, habe ich den »Party Pitch« erfunden. Das ist eine Übung aus meinem Personal-Branding-Workbook, die es meinen Kundinnen ermöglichen soll, die unsexy – weil faktisch formulierte – Experten-Positionierung und ellenlange, oft konstruiert klingende, Elevator-Pitch-Schachtelsätze so zu formulieren, dass es auch der Social-Media-Scroller auf dem Klo sofort kapiert.

Die »Party-Pitch-Übung« geht so:
Stell dir bitte vor, du bist auf einer Party. Die Location ist ziemlich voll. Musik, viele Leute, Stimmengewirr. Es ist sehr laut da und man muss schreien, wenn man sich verständigen will. Oder jemandem sehr nahekommen. Und genau das willst du! Denn da drüben am Buffet steht ein Typ, der dich nett anlächelt und super sympathisch wirkt. Oh lala! (Dieses «netter-Typ-oh-lala-Gefühl» ist übrigens dasselbe, wenn wir auf der Social-Media-Party unseren potenziellen Lieblingskunden begegnen.)

Du gehst also rüber und nach dem üblichen »Na, auch hier?«-Geplänkel kommt ihr ein bisschen ins Gespräch. Und dann kommt früher oder später DIE Knaller-Frage, die einem im gesellschaftlichen Leben ja ab und an begegnet: »Und, was machst du so beruflich?« Okay, ist jetzt nicht der mega innovative Anmachspruch, aber auf jeden Fall eine Bekundung von Interesse. Weil es so laut ist und du dem armen Typen keine ganze Arie ins Ohr brüllen möchtest, bist du daher bemüht, dich kurz zu fassen. Außerdem hast du mittlerweile bemerkt, dass er vielleicht mal ein Pfefferminz vertragen könnte, weil er gerade vom Mettigel mit ordentlich Zwiebeln genascht und das Ganze mit einem Bier runtergespült hat.

Schlechter Atem hin oder her – der ist total nett und du würdest deinerseits gerne Interesse wecken und dich natürlich auch von deiner sympathischsten Schokoladenseite zeigen. Du bringst dich also in Position und haust dann folgenden Satz raus: …

Im Idealfall lautet die Antwort: »Wow, das klingt interessant! Darüber musst du mir unbedingt mehr erzählen. Los, gib mir ein Pfefferminz und lass uns mal vor die Tür gehen!« (Im Business wäre das dann in etwa so, wie wenn jemand ein unverbindliches Erstgespräch bei dir bucht.)

Wenn das läuft, ist alles möglich und es kann gut sein, dass du ihn später noch auf 'ne Tasse Kaffee mit rauf bitten kannst. Wie gut, dass du vorbereitet bist, das Bett frisch bezogen ist (fürs Business: du hast ein fertiges Angebot in der Schublade, das man bei dir kaufen kann) und du immer eine neue Zahnbürste im Haus hast …

Positionierung meets Zielgruppe

Wie du anziehend für deine Lieblingskunden wirst

Wir haben es eben schon auf der Party erlebt – es gibt so etwas wie Anziehung auf den ersten Blick. Und vielleicht kannst du dir jetzt noch konkreter vorstellen, was ich mit Kommunikation auf der nonverbalen Ebene meine.

Kunden gewinnen, läuft im Prinzip wie Dating. Du und dein Kunde habt alle Antennen auf Empfang. Ihr sendet Signale auf sachlicher und emotionaler Ebene, um zu checken, wer da gerade auf derselben Frequenz funkt. Sachliche Signale beim Daten wären zum Beispiel: »Aha, trägt keinen Ehering, ist noch zu haben.« Oder: »Schau her, ich trage heute das Kleid mit dem aus- und einladenden Dekolleté.«

Emotionale Signale sind klar: den einen Moment länger in die Augen gucken oder die Hand länger festhalten als nötig. Die Haarsträhne verspielt um den Finger wickeln oder sich in die Brust werfen, dass es kracht. Diese Signale paarungswilliger Partner begleiten uns auch bei der Kundengewinnung. Nur der Inhalt der Botschaften ist ein anderer.

Die Signale auf Senderseite: Das ist mein Expertenthema, dabei kann ich dich unterstützen, darüber weiß ich mega viel, I feel you, so arbeite ich, das ist mein Angebot, das ist mein Preis.

Die Signale auf Empfängerseite: Das ist meine Sehnsucht, großer Traum, mein dringendstes Problem, meine aktuelle Situation, meine größte Herausforderung.

Beide Parteien machen sich so auf die Suche nach dem idealen Partner. Und Achtung, jetzt kommt's: Diese »anziehende« Kommunikation kommt ganz ohne nervig-lautes und ständiges Einprügeln auf die Werbetrommel aus. Mit Personal Branding funktioniert Kundengewinnung viel subtiler, charmanter und (wie Dating im echten Leben halt auch) über echte Sympathie.

Du kennst ja schon die Haltung einer starken Marke. Und wenn wir in genau dieser Haltung rausgehen auf die Party, dann fliegen uns die Herzen unserer Lieblingskunden nur so zu. Sogmarketing entsteht. Sie spüren genau: Die ist echt! Oder eben – oh, mir nicht sympathisch. Und das ist überhaupt nicht schlimm! Dafür gibt's Kommunikation und erste Dates, um rauszufinden, ob die Chemie stimmt. Das ist total okay! Denn wir müssen es nicht allen recht machen, nicht allen gefallen und schon gar nicht für alle gut sein. Wir müssen nur für die gut sein, die auch für uns gut sind. Und das sind: unsere Lieblingskunden.

Per meiner Definition sind Lieblingskunden die, die dir sympathisch sind – und umgekehrt. Es sind die, die du happy machst – und sie dich. Es sind Menschen, mit denen du auch auf einen Drink gehen würdest. Es darf sich entspannt und ganz natürlich anfühlen. Es ist wie beim Tanzen: Das klappt auch am besten mit den Menschen, die mit deinem Rhythmus mitgehen, weil ihr dieselbe Musik mögt.

Du sollst in deinem Business von lauter Lieblingsmenschen umgeben sein, denen du maximal helfen kannst, die dich wertschätzen und – am allerwichtigsten – die dir Spaß machen! Lieblingskunden sind die Menschen, denen du in ihrer Situation mit deiner Expertise maximal helfen kannst. Sie stehen hinter dir. Sie empfehlen dich weiter. Sie thematisieren deine Preise nicht, weil sie deinen Mehrwert zu schätzen wissen. Es sind deine Fans! Wenn Freude und Dankbarkeit auf beiden Seiten entsteht, kommen Kunden quasi wie von selbst. Das erlebe ich in meinem Business – und auch meine Kundinnen.

Das bedeutet jetzt natürlich nicht, dass du dich in Sachen Werbung, Social Media und Co. auf die faule Haut legen kannst! Es ist immer noch Tun erforderlich, um Kunden zu gewinnen. Das heißt, dass du mit deinem Markenradio natürlich etwas senden musst, um etwas empfangen zu können.

Wie kommen denn jetzt lauter Lieblingskunden zu mir? Jetzt bist du bereit dafür, den »Play-Knopf« an deinem Markenradio zu drücken. Du möchtest sicher wissen, was du tun kannst, damit dein Sender deine Lieblingskunden erreicht. Das Stichwort lautet: Zielgruppendefinition. Wenn du deine Positionierung herausgefunden hast, weißt du schon mal grob, wem du als Expertin weiterhelfen kannst. Jetzt geht es darum, diese Person genauer zu beschreiben. Mein Werbe-Professor hat mal gesagt: »Keine exakte Zielgruppendefinition zu haben, ist wie die Schrotflinte in den Wald reinzuhalten und zu hoffen, dass irgendwas umfällt.« Wir wollen ja keine Kollateralschäden riskieren und unnötig Zeit, Geld und sonstige Ressourcen verbraten, indem wir auf alle möglichen Kunden zielen. Deshalb tauschen wir jetzt die Schrotflinte gegen ein Laser-Präzisionsgewehr und bringen uns in Stellung.

Wir richten unser Zielfernrohr auf unseren Lieblingskunden. Und das tun wir, indem wir einen präzisen Kundenavatar erstellen. Wenn du eine einzige Person vor Augen hast, für die du mit deinem Business da sein willst und diesen ganzen Zirkus veranstaltest – wird so vieles leichter für dich gehen, versprochen.

Bevor wir damit starten, möchte ich nochmal an den Markenmagnetismus – das Gesetz der Anziehung, den Facebook-Algorithmus und an Yoda erinnern: Wo wir unsere Energie und Aufmerksamkeit hinlenken, bekommen wir mehr davon.

Genau das tun wir jetzt, indem wir unsere volle Aufmerksamkeit unseren absoluten Lieblingskunden schenken. Und ab heute nicht mehr all den anderen, die halt auch noch im Wald unterwegs sind, und über die wir uns früher vielleicht furchtbar aufgeregt haben: »Die zahlen meine Preise nicht.« – »Die verstehen einfach nicht, was ich Tolles mache.« – »Die wollen was ganz anderes von mir haben, als ich anbieten möchte.«

Für die mühsamen, knausrigen, nörgelnden, misstrauischen Energieräuber bist du nicht zuständig! Die finden andere, die für sie gut sind und bei denen sie Unterstützung bekommen. Deshalb bitte: Schenke. Denen. Keine. Aufmerksamkeit. Nirgends! Vor allem nicht in deinem Kopf. Vertraue darauf, dass deine Lieblingskunden in Heerscharen fröhlich im Wald herumhüpfen und nur darauf warten, dass du sie mit deinem Präzisionsgewehr-Pfeil bestehend aus maximaler Kundenliebe triffst. Es sind genug Lieblingskunden für alle da – und es ist auch genug Geld für alle da.

Damit du deinen Lieblingskunden ganz genau im Visier haben kannst, empfehle ich dir die Erstellung eines Kundenavatars. Dabei geht es wie schon bei deiner Positionierung darum, die »Qualität« dieser Person zu definieren. Du erinnerst dich an Rachmaninov und Helene Fischer. Welche Qualität hat dein Lieblingskunde, welcher »Schlag Mensch« ist er?

Hast du schon mal ein Auto konfiguriert? Genauso kannst du es dir vorstellen, wenn du dir deinen Lieblingskunden zusammenbaust. Er verfügt über inhaltliche und charakterliche Eigenschaften, die du dir nach Belieben zusammenstellen kannst. Entscheide dich für eine einzige Person. Das bedeutet, dein Avatar ist entweder weiblich oder männlich. Die Person ist Unternehmerin oder angestellt. Sie ist verheiratet oder nicht. Sie hat Kinder oder sie hat keine. Sie lebt in Wien oder in Buxtehude. Sie hört AC/DC oder Bach. Sie ist 33 oder 55 Jahre alt.

Du entscheidest, mit wem du am liebsten zusammenarbeiten möchtest. Frag dich: Wie muss sie oder er SEIN? Kreiere eine Identität eines fiktiven Menschen, der perfekt zu dir passt.

Es ist übrigens total oft so, dass unser Kundenavatar uns selbst sehr ähnlich ist. Das ist okay und richtig super – weil wir uns dann noch besser in ihn hineinversetzen können.

Das sind Fragen, die dir dabei helfen sollen, einen genauen Kundenavatar zu erstellen:
Welche Sorgen und Nöte hat er im Moment?
Wie ist seine aktuelle Lebenssituation?
Welche Werte hat er?
Welche Energie?
Welche Charaktereigenschaften zeichnen ihn aus?
Was ist sein größter Traum?
Welche Hobbys hat er?
Was macht er in seiner Freizeit?
Welche Medien nutzt er?

Um diese eine Person dreht sich ab heute in deiner Markenkommunikation einfach ALLES! Jede Zeile, die du schreibst, jeder Post, den du machst, jede Story, jedes Video, jeder Newsletter, jedes Programm, Produkt oder Angebot: Tu es für diese eine Person!

Und ich sehe schon die Fragezeichen und das dunkle Lamentier-Wölkchen über deinem Kopf auftauchen: »Vergraule ich mir damit nicht Kunden?« – »Bei MIR geht das nicht, ich hab verschiedene Zielgruppen.« Zu Ersterem: Ja – die, die du nicht haben willst. Und zu Letzterem: Dann ist deine Positionierung noch keine Punktlandung.

Deinen Fokus auf einen einzigen Kundenavatar zu richten, ist sehr schlau. Und zwar aus mehreren Gründen:

- Keine Wischi-Waschi-Einstellung am Markenradio und somit klarer Empfang des Gewünschten möglich.
- Es erleichtert deine Marken-, Produkt- und sonstige Kommunikation enorm und macht sie effektiv.
- Du hast einen konkreten Ansprechpartner für deine Fragen.

Ja! Du kannst deinen Kundenavatar zum Beispiel immer fragen: »Ach Schätzchen, sag mal, welches Thema würdest du heute denn gern in meinem Newsletter lesen?« oder »Was meinst du – wäre dieser Inhalt in meinem neuen Programm hilfreich für dich?« und auch »Wie kann uns die Zusammenarbeit noch mehr Spaß machen?«

In Unternehmen wird bei Meetings häufig ein Stuhl als Platzhalter für den Kunden freigelassen. In meinem Büro hab ich einen extra Stuhl für meine »Kathrin« aufgestellt und finde es sehr hilfreich, weil mir durch dieses »Gegenüber« ein Perspektivenwechsel gelingt und ich mir die Brille meiner Kundin leichter aufsetzen und mich in sie hineinversetzen kann. Verbinde dich mit deinem Avatar und nutze diese unglaublich starke Kraft des Markenmagnetismus! Ich wünsche dir ganz viel Freude mit deinen zukünftigen Lieblingsmenschen!

GUTE FRAGEN:

Los geht's mit deiner Markenkommunikation.

- Was wollte ich als kleines Mädchen schon werden und warum?
- Welche Rolle(n) spiele ich momentan auf der Business-Bühne?
- Mit welchen Menschen würde ich gerne am allerliebsten zusammenarbeiten?

JUST DO IT!

Tauch ein in deine Markenkommunikation und formuliere deinen Party-Pitch, der dich für deine Lieblingskunden so richtig anziehend macht! Lade dir dafür mein Worksheet herunter.

WORKSHEETS: MARKELEBEN.COM/BUCH-BONUS

TEIL III: MARKE LEBEN

KAPITEL 9

»ES IST SCHON ALLES DA«

DEINE PERSONENMARKE ALS DEINE GANZE WELT – MARKE LEBEN!

Jetzt können wir eintauchen in die Welt von »Marke leben«! Nimm das bitte wörtlich, denn eine Personenmarke wirklich zu SEIN, ist genau das: Eine Welt erschaffen aus all den Dingen, die einfach ganz »du« sind. Und bevor du jetzt sofort Pinterest anschmeißt, um dir schon mal die coolsten Farbpaletten, Logos und die besten Vorlagen für einen stylischen Insta-Feed anzuschauen: Stopp!

Ich will wirklich keine Spielverderberin sein, aber ich möchte dich davor bewahren, dass du einen Haufen Zeit in Verzettleritis investierst. Denn das wird garantiert passieren, wenn du erstmal anfängst, dich im visuellen Branding-Dschungel zu verlaufen. Also, komm lieber wieder zurück auf unseren Schritt-für-Schritt-Pfad zur starken Marke.

Das ist jetzt dran: Augen auf! Es ist schon alles da, was dich zur Marke macht. Ja, wirklich, mein voller Ernst. Vielleicht kannst du sie noch nicht klar und deutlich sehen, weil noch ziemlich viele Dinge in deiner Markenwelt herumschwirren, die dir noch nicht 100-prozentig entsprechen. Man denke an die Unterhosenschublade ...

»Es ist schon alles da.« – dieses Zitat hat mir meine Freundin Cosima geschenkt, die als überzeugte Minimalistin weiß, dass jeder zusätzliche Scheiß, den wir uns ins Haus holen, im Prinzip unnötig ist. Was ist denn schon alles da? Wenn du dir deine Marke als Haus vorstellst, ist das, was wir in diesem Buch bisher besprochen haben, Folgendes: Mit deiner Positionierung ist dein Bauplatz abgesteckt: Das ist der Markt da draußen im Wald mit deinen Lieblingskunden. Du hast dir ein Viertel ausgesucht, in dem in der Nachbarschaft gleichgesinnte Menschen wohnen, mit denen du dich gerne umgibst.

Du hast ein stabiles Fundament gegossen: Es ist felsenfest und besteht aus dem stabilsten Material, das es gibt: aus deiner unerschöpflichen Kraft, deinem »Warum«. Die Schalung, der Rahmen für alles, besteht zu 111 Prozent aus dir. Du hast dich gefunden und kennst deine Persönlichkeit in all ihren Facetten. Mit deiner Energie und allem, was dir entspricht, ist es einfach »deins«. Das ist die Basis für alles Weitere, worauf du jetzt aufbauen kannst.

Dein Rohbau steht: Du kennst deine Vision und dein Ziel. Deshalb ist klar, welche Art von Gebäude es braucht, damit du dich darin pudelwohl fühlen und wachsen kannst. Und alle können schon von weitem sehen, »was für eine« darin wohnt. Schloss, Loft, Haus am See. Du weißt, was dir wichtig ist, du kennst deine Werte. Deshalb konntest du die Raumaufteilung so bestimmen, wie sie für dich gut und genau richtig ist.

Die Fassade ist verputzt. Die Leuchtreklame mit deiner Expertenpositionierung ist montiert. Voller Stolz kannst du das Licht anknipsen damit alle sehen, wer in dieses Haus eingezogen ist, was dort passiert – und für wen die Tür immer offensteht.

Jetzt fehlt noch das Leben in der Bude! Gehen wir los, um das Interieur zu shoppen, damit du und deine Kunden dieses Zuhause so richtig genießen können und zwar mit allen Sinnen.

Marke mit und für alle Sinne

11 Millionen Bit Informationen pro Sekunde sehen, hören, fühlen, riechen und schmecken

Das Viertel, in dem du dein Haus gebaut hast, kannst du dir wie ein riesiges Outlet-Center vorstellen. Store für Store reihen sich darin viele, viele Marken aneinander. Das Besondere an diesem Outlet-Center: Man kann dort nicht Schuhe, Armbanduhren, Lippenstifte, Fernseher, Unterwäsche, Bonbons, Brautkleider und Gemüse in einer wilden Mischung shoppen. Es gibt auch nicht nur Stores einer bestimmten Branche mit einer gemeinsamen Überschrift – wie zum Beispiel »Yoga-Studio« oder »Coaching«. Es finden sich dort ausschließlich Fachgeschäfte, auf deren Leuchtreklame dasselbe steht.

Unser Outlet-Center ist der »gesättigte Markt«. Du weißt ja schon aus dem letzten Kapitel, dass du trotz einer spitzen Positionierung als Expertin eine von vielen bist da draußen. Und in den Stores, die hier dicht an dicht stehen, wohnen andere, die sich alle auf dasselbe Thema spezialisiert haben wie du.

Das hat den Vorteil, dass sich in diesem Outlet-Center natürlich nur die Leute tummeln, für die diese Stores mit ihren Angeboten auch relevant sind, weil sie a) ihr Problem bereits kennen und b) gewillt sind, es in Angriff zu nehmen. Deshalb kannst du dir sicher sein, dass sie nach einer Expertin wie dir suchen.

Weil Achtung, jetzt kommt's: Auf den Leuchtreklamen der Stores steht nicht nur »Yoga-Lehrerin« oder »Hochzeitsplanerin« oder »Coaching«, sondern da steht zum Beispiel: »Yoga-Lehrerin für Schwangere mit Bluthochdruck« oder »Hochzeitsplanerin für gleichgeschlechtliche Paare, die auf Bali heiraten wollen« oder »Business-Coaching für hochsensible, introvertierte Unternehmerinnen, die online leise Kunden gewinnen wollen«.

Mein Beispiel mit dem Outlet-Center »gesättigter Markt« ist »homo-oeconomicus-mäßig« etwas auf die Spitze getrieben. Ganz so ist es natürlich nicht. Auch wenn es aus Kundensicht freilich traumhaft wäre, wenn man bloß von Laden zu Laden schlendern müsste und die verschiedenen Angebote für die Lösung seiner Probleme auf dem Silbertablett präsentiert bekäme.

Ich finde, mit Google, Algorithmen und Online-Business kommen wir der Sache »Es gibt für jedes Problem eine Lösung und viele Alternativen für Angebote« schon verdammt nah. Und weil der (Online-) Markt da draußen eher voller wird als leerer, bist du bestens vorbereitet, wenn du das Ding mit deiner Expertenpositionierung einmal sauber klärst und dich deinem einzig echten Alleinstellungsmerkmal »Persönlichkeit« widmest, damit du dich aus dieser Masse abheben kannst. Es ist das Beste, was du als Selbstständige als Teil rasant wachsender Online-Märkte machen kannst. Denn – um zu unserem Outlet-Center-Beispiel zurückzukommen – es bleibt eine entscheidende Frage offen: Wenn es also für jedes noch so spezielle Kundenproblem eine hohe Dichte von Angeboten gibt – warum sollten Kunden sich ausgerechnet für DEIN Angebot entscheiden?

Die Kunden stehen jetzt also vor deinem Store und öffnen die Tür. In der besten Absicht, sich von dir helfen zu lassen. Sie wissen genau, wenn du in diesem Viertel einen Laden eröffnet hast, was sie bei dir kriegen. Und sie betreten deinen Store (deine Webseite, dein Insta-Profil oder deinen Shop) – und gleichzeitig betreten sie: deine Markenwelt.

Jetzt schließt sich der Kreis: deine persönliche Energie, deine Identität und deine faktische Positionierung als Expertin werden eins. Nochmal zur Erinnerung:
Persönlichkeit + Positionierung = Personenmarke – »Marke leben!®« eben!

Beim Betreten deiner Markenwelt passiert beim Besucher nämlich viel mehr, als dass er nur die Lösung für sein Problem auf deinem Schild gelesen und verstanden hat. Denn unser System funktioniert nicht binär wie ein Computer und analysiert nur die Fakten. Alle, die das krampfhaft versuchen, werden deshalb auch nicht glücklich. Du erinnerst dich an den Schnellkochtopf, der hart am zweiten Ring kocht. Denn die Schnellkochtopf-Denker versuchen dann, 99,996 Prozent der Informationen zu ignorieren, die über alle Sinneskanäle bei ihnen ankommen und die ihr Gehirn verarbeitet. *»Unser Gehirn kann in jeder Sekunde etwa elf Millionen [Bit] Informationen aufnehmen. Das ist die gute Nachricht. Die schlechte Nachricht lautet: Gerade mal vierzig [Bit] dieser Informationen können wir bewusst verarbeiten.«*[35]

Das bedeutet, dass sich alle Schnellkochtopf-Hirner auf die ihnen bewusst zur Verfügung stehenden 40 Bit beschränken. *»Die meisten Informationen landen aus logistischen Gründen in unserem Unterbewusstsein.«*[36] Zum Glück – denn wenn unser Gehirn 10.999.960 Bit pro Sekunde (!) speichern könnte, müssten wir höchstwahrscheinlich riesengroße Schädel spazieren tragen und würden ziemlich lustig aussehen. Dein Kunde sammelt also Informationen über dich, die über die harten Fakten hinausgehen. Und zwar in jedem Moment, in dem er mit deiner Markenwelt in Berührung kommt. Bewusst speichert er zum Beispiel – und das ist schon eine super Leistung – deinen Namen.

Und bei jedem Kontakt mit dir (Achtung, Fachbegriff: »Brand Touch Point«) häuft er weiteres Wissen an, das in vielen Millionen Bit auf ihn einprasselt: Welches Thema er mit dir verbindet, welche Farben, dein Aussehen, ein Zitat, das Hintergrundbild und der Kang deiner Stimme in einem Video. All das nimmt er über alle Sinneskanäle wahr, speichert es in seinem Unterbewusstsein ab, um im passenden Moment – im besten Fall bei der Kaufentscheidung zu deinen Gunsten – wieder darauf zugreifen zu können.

»BRAND TOUCH POINTS« –
Alle Berührungspunkte und Erlebnisse, die ein Kunde irgendwann, irgendwo und irgendwie mal mit einer Marke hat.

Denn diese vielen, kleinen Puzzlesteinchen an Informationen ergeben für ihn das, was für dich dein »Markenimage« ist. Es ist das Bild, das sich deine Kunden über dich machen, dein »Fremdbild«. Dein Selbstbild hingegen ist deine »Markenidentität«.

Zu dem – von deinem Publikum gespeicherten – Fremdbild gehören nicht nur die Informationen über deine Marke wie dein Name, deine Farbe oder dein Fachgebiet.

Viel wichtiger noch: Dein Publikum speichert auch ab, was es dabei fühlt, wenn es mit dir in Berührung kommt. »Marke sein« bedeutet, Emotionen zu transportieren.

Du weißt ja schon, dass Kaufentscheidungen aus dem Zentrum unseres Gehirns getroffen werden, das für die Emotionen zuständig ist. Deshalb erschaffst du mit deiner Personal Brand eine große fühlbare Markenwelt, in der auf allen Kanälen deine Wahrheit gesendet wird.

Im Konsumgüter-Marketing, also für Autos oder Klopapier, spricht Dr. Hans-Georg Häusel, Diplom-Psychologe und führender Experte in der Marketing-Hirnforschung, von der »limbischen Produktbotschaft«[37]. Er rät, diese nicht dem Zufall zu überlassen, denn *»Ob wir wollen oder nicht: Jedes Produkt vermittelt seine limbische Botschaft über sein Design, sein Geräusch, seinen Geruch und seine Oberfläche. Wenn Sie diese Botschaften nicht beachten oder dem Zufall überlassen, vergeben Sie wertvolle Chancen.«*[38]

Deshalb sind wir schlau und nutzen für unsere Markenkommunikation alle 11 Millionen Bit unserer Kunden aus – indem wir unsere Botschaft über alle Sinneskanäle wahrnehmbar machen. Denn wir tun es sowieso! Bisher vielleicht völlig unbewusst und intuitiv.

Mit Personal Branding hast du ein Tool an der Hand, mit dem du diesen Prozess bewusst machen kannst – für dich und für dein Publikum. Keine Sorge, du musst jetzt nicht über alles, was du von dir zeigst, stundenlang nachdenken und checken, ob deine Marke wohl auch ja auf allen Kanälen stimmig wahrgenommen wird. Das erledigt Personal Branding für dich mit Leichtigkeit – denn das wird ganz automatisch passieren, wenn du ganz du selbst bist.

Wir kommen nochmal zu deinem Store im Outlet-Center zurück. Mit »Marke mit allen Sinnen« meine ich das, was bei deinem Kunden passiert, sobald er die Tür öffnet. Startklar für 11 Millionen Bit?

Los geht's: »Ah, da ist es schön hell!« Oder: »Oh, hier ist es schummrig und gemütlich!« –
»Hui! Mutig grelle Tapete in pink!« Oder: »Nice, alles weiß, schön minimalistisch.«
»Yeah, da läuft grad 'Atemlos' von Helene Fischer!« Oder: »Hach, diese Minimal-Beats – wie cool!«
»Ach ein kuschliger Teppichboden, wie schön!« Oder: »Herrlich, diese glatten kühlen Fliesen!«
»Hmmm, hier duftet es nach frischem Kaffee.« Oder: »Hach, dieser Moschus-Duft macht misch ganz fertisch ...!«
»Wow, lecker, da gibt's die scharfen Wasabi-Nüsschen!« Oder: »Oh ja, dieses süße Karamell-Toffee ist so lecker!«

Dieser magische Moment des Eintauchens in die Markenwelt wird mit allen Sinnen erfahren. Sehen, hören, fühlen, riechen, schmecken.

Bestimmt hast du es als Verbraucher beim Einkaufen schon selbst erlebt. Es ist ein Unterschied, ob du in einem Outlet-Center zu H&M reinspazierst oder bei Louis Vuitton. Es ist ein Unterschied, ob du in einem Toyota-Autohaus bist oder bei Porsche. Und es macht einen Unterschied, ob du bei McDonald's essen gehst oder bei Gosch, ob du bei Penny einkaufst oder bei Edeka. Überall gibt's prinzipiell dasselbe – aber eben doch anders. Es ist eine andere Qualität – und das meine ich überhaupt nicht ab- oder bewertend im Sinne der Wertigkeit von Preis und Produkt! Dahinter stecken andere »Werte«, die den Unterschied machen. Diese Marken haben andere »Warums«, die sie antreiben. Sie haben unterschiedliche Ansprüche an sich selbst, sie »mögen« andere Sachen! Sie mögen schickes Design, sie mögen Schnäppchenpreise, sie mögen Familien mit Kindern, sie mögen Exklusivität.

Mir ist wichtig, dass du weißt: Du ganz allein kannst entscheiden, mit welcher »Qualität« du deine Markenwelt aufladen möchtest. Der einzige Maßstab bist du. Nur du ganz allein musst dich darin wohlfühlen, dich darin wiederfinden und du ganz allein darfst dabei maximalen Spaß haben.

Deine Markenwelt darf dir vertraut sein, damit du dir vertrauen kannst. Denn du weißt: Dann sendet dein Markenradio auf der Frequenz und zieht die »richtigen« Kunden an. Und das wird dir gelingen, wenn du dein Markenhaus so einrichtest, dass es zu dir passt und deiner Energie entspricht.

Kreiere deine Markenwelt!
Markendinge für alle Sinne

Unseren Sinnen und den zugehörigen Sinnesorganen verdanken wir unsere Möglichkeiten, unsere Umwelt wahrzunehmen.

Sehen (visuelle Wahrnehmung mit den Augen), hören (auditive Wahrnehmung mit den Ohren), fühlen (taktile bzw. kinästhetische Wahrnehmung über die Haut), riechen (olfaktorische Wahrnehmung mit der Nase), schmecken (gustatorische Wahrnehmung mit der Zunge).

Wenn wir in eine »Welt« à la Outlet-Center eintauchen, erleben wir sie mit allen fünf Sinnen. Und deshalb ist es nur logisch, dass wir deine Marke auch für alle fünf Sinne abbilden!

Die Kunst von Personal Branding ist, all das wegzulassen, was nicht 111-prozentig dir entspricht. Viele meiner Kundinnen beschreiben unseren Personal-Branding-Prozess als »das Leben ausmisten«. Sie empfinden es befreiend, sich all der Dinge zu entledigen, die wie in einem Schleppnetz im »Fluss des Lebens« mitgespült wurden.

Deine Markenwelt ist dein ganzes Leben! Ob Job oder Freizeit, in deine Markenwelt darf nur das rein, was sich nach dir anfühlt. Und keine Angst: Du bist jetzt nicht andauernd mit deinem Corporate-Identity-Handbuch unterwegs und musst strengen Regeln folgen! Marke leben ist nicht dogmatisch – sondern die logische Konsequenz von »Does it spark joy?«.

Geiler Nebeneffekt: Alle »Brand Touch Points« werden so ganz automatisch zu präzise kommunizierten Botschaften für deinen Kunden, weil sie dir wirklich entsprechen.

MARKEN-STUFF –
alle Dinge in deiner Markenwelt.

Mit meinen Kundinnen arbeite ich mit der Übung »Moodboard deines Lebens«. Wir machen zuerst eine Bestandsaufnahme. Schau dich um! Was ist schon alles da? Alles, was man anfassen kann: Mit welchen Materialien, Gegenständen, Räumen, Bildern und Symbolen umgibst du dich schon? Was gibt dir ganz intuitiv ein gutes Gefühl? Bei welchen Dingen sagen deine Freunde: »Ach, das gehört XY!« und wovon schicken sie dir Fotos mit den Worten: »Hab ich gesehen und musste sofort an dich denken!«

Erstelle ein Moodboard mit Bildern von all den Dingen, mit denen du dich gern umgibst, die du gern anfassen magst und die dich in deine beste Energie bringen.

Damit es dir so leicht wie möglich fällt, deine Markenwelt auf allen Sinneskanälen fühlbar zu machen, kannst du bei unserem Bild vom Outlet-Center-Store bleiben und dir vorstellen, wie dein Store aussehen soll.

Wir fangen an bei deinem **Markensound – dem Klang deiner Marke**. Kennst du das? Du fährst Auto und es kommt ein ganz bestimmter Song im Radio. Und ob du willst oder nicht, bist du plötzlich in einer ganz besonderen Stimmung. Vielleicht melancholisch und nachdenklich, vielleicht verträumt, vielleicht fröhlich. Musik geht direkt ins limbische System, trifft uns mitten ins Herz und triggert in unserem Unterbewusstsein gespeicherte Informationen.

In der Industrie geht dieses »Produkt-Tuning« sogar soweit, dass Sounddesigner das Motorengeräusch, das Geräusch der elektrischen Zahnbürste, das Geräusch der ins Schloss fallenden Autotür und das Schließgeräusch der Waschmaschinen-Luke konzipieren. *»Ein sattes ›Pflupf‹ hat für unser Gehirn eine völlig andere emotionale Botschaft als ein wackeliges ›Klack‹.«*[39]

Für dich als Personal Brand ist das Allerwichtigste: Deine Energie, in der DU bist. Dein Hauptjob ist es, sie echt und authentisch zu transportieren. Wir nutzen deshalb unseren Markensound (nicht nur) für dein Produkt-Design. Das kannst du, indem du zum Beispiel den Anfangs-Jingle deines Podcasts oder die Hintergrundmusik für dein Insta-Reel passend zu deiner Marke wählst. Viel wichtiger finde ich, dass wir unseren Marken-Sound für unsere eigene Stimmung, unsere persönliche Energie nutzen.

Also, wie klingt deine Markenwelt, wenn du in deiner besten Energie bist? AC/DC oder Mozart, Amy Winehouse oder Helene Fischer, egal ob Pop, Rock, Funk oder Volksmusik (oder eine wilde Mischung aus allem!!!), es ist alles erlaubt, was dich in deine beste Markenenergie bringt. Stelle dir eine oder mehrere Playlists zusammen! Zu beachten gibt's dabei zwei Regeln:

1. **Good vibes only!** Es sind nur Titel erlaubt, die dich in eine gute, inspirierende, starke Stimmung bringen. Ob ruhig oder bewegt ist egal. Es macht keinen Sinn, dass du schon beim Gedanken an deine Playlist eine Box Taschentücher brauchst. Was gehört zu dir? Was klingt nach dir? Hauptsache …
2. **Du spürst dich.** Coole Erinnerung ans Schullandheim? An die legendäre Semester-Fete oder an deine Hochzeit? Musik, mit der du in Resonanz gehst. Die dich bewegt, dich berührt, dich in deinen »Genie-Zonen-Mood« bringt. Die dich lächeln und tiefe Freude spüren lässt. Die dich hell macht und leuchten lässt. Wenn du nicht so richtig weißt, wo du anfangen sollst, helfen dir vielleicht diese Tipps: Lass vor deinem geistigen Auge einen Werbespot für dein Business ablaufen. Welche Hintergrundmusik wäre passend? Wie müsste der Jingle klingen, wenn dein Logo/dein Name eingeblendet wird? Was käme im Abspann, wenn du als Heldin des Films in den Sonnenuntergang reitest?

Übrigens: Deine Playlist ist ein super Indikator dafür, ob du und deine Marke noch auf Kurs sind. Klingt sie plötzlich irgendwie von gestern? Keine Resonanz mehr zum Lieblingssong? Oha, dann hast du garantiert einen Entwicklungsschritt gemacht und du darfst neue Sounds integrieren, die dich in eine gute Energie bringen.

Hab ganz viel Spaß dabei, dir deinen Soundtrack zusammenzustellen! Lass dich jeden Tag von ihm unterstützen und dir dabei helfen, in deine beste Energie zu kommen!

Outfit – wie fühlt sich deine Marke an?

Jaaa, die Unterhosenschublade ist jetzt aber sowas von dran! »Marke leben« beginnt – wie du weißt – beim »Marke sein«. Was trägt die Unternehmerin, die Frau, die du in deiner großen Vision sein möchtest? In welchem Outfit öffnest du deine Tür zu deinem Store? In welchem bewegst du dich leicht und sicher, in welchem fühlst du dich attraktiv und sexy? Stell dir deinen Look zusammen. Dafür darf zuerst mal alles gehen, was Dir keine Freude bereitet. Sei mutig und kompromisslos. Vergiss alle »wenn ich da mal wieder reinpasse«- oder »aber das ist doch noch gut«-Gedanken. Und vergiss Konventionen! Finde deinen Style vom Schlafi bis zur Abendrobe! Was trägst du »all days«, an »crazy days«, an »lazy holidays« und an »glamourous days«? Du darfst in allen Lebenslagen ganz DU sein. Eine Stilberaterin dafür zu konsultieren, finde ich übrigens eine sehr gute Idee.

Riechen – der Duft deiner Marke

»Ich kann dich gut riechen« – das gilt beim Dating und beim Marketing und ganz besonders beim Personal Branding.

»Gerüche sind emotionale Botschaften, die im Unterschied zum Hören und Sehen direkt und meist unbewusst auf das limbische System einwirken.«[40] Düfte transportieren also Gefühle: Warmer Sommerregen, Lavendel, frisch gebackenes Brot, Lagerfeuer, Kaffee, Knoblauch oder Zitronenschale. Chanel No. 5, CK One oder Trésor.

Vielleicht kennst du das auch, wenn dich ein bestimmter Geruch – bähm – in deine Vergangenheit katapultiert. Du hast eine intensive Erinnerung an eine Person, an einen Raum oder an ein Erlebnis. Ein Duft kann sofort darüber entscheiden, ob du dich wohl oder unwohl fühlst.

Unser Geruchssinn arbeitet ziemlich subtil. Je sensibler du bist, umso mehr Informationen nimmst du über dein feines Näschen wahr. Unser Geruchsempfinden hat eine direkte Verbindung zu unserem Gehirn – und von dort zu unserem Unterbewusstsein. Gefahr oder Gusto? Es lässt uns in Sekundenschnelle entscheiden, ob etwas angenehm oder unangenehm für uns ist. Gerüche dienen uns als Warnsignal vor Gefahr: vor Feuer oder verdorbenen oder giftigen Lebensmitteln zum Beispiel.

Duftmarketing macht sich diese schnelle Kommunikationsmöglichkeit zu nutze. Vielleicht ist dir in einem Supermarkt schon mal aufgefallen, dass es nach frisch gebrühtem Kaffee, frischer Wäsche oder nach Röstaromen duftet? Das liegt meistens nicht an der Bäckerei nebenan – sondern an gezielt verströmten Gerüchen aus der Raumbeduftung. »Olfaktorisches Marketing« ist der Fachbegriff dafür.

Kaufentscheidungen sind emotionale Entscheidungen. Wenn wir uns geborgen fühlen, haben wir Vertrauen, verweilen länger und kaufen! Wohlige Gerüche zahlen auf das Vertrauenskonto der Käufer ein.

Duftmarketing gab es übrigens schon im Mittelalter. Da hat der Wirt vom Dorfkrug einfach eine Zwiebel angebraten und das Fenster zur Straße hin aufgemacht – und seinen Gästen so Lust auf eine herzhafte Mahlzeit gemacht.

Du bist kein beduftеter Supermarkt und (noch) übertragen unsere Handys und Computer keine Düfte. Und dennoch darfst du dir für ein Gesamtbild deiner Marke für alle Sinne die Frage stellen, welchen Geruch dein Lieblingskunde mit dir assoziieren soll – und welcher dir entspricht. Wenn du dich gut riechen kannst, kann es dein Kunde auch! Für dein Marken-Moodboard kannst du Sinnbilder für deine Düfte finden und sie so visualisieren. Wonach duftet dein Store, deine Markenwelt? Lass es uns eingrenzen auf die Bereiche in der Natur, in der Küche und in der Parfümerie: Frisch gemähte Wiese, Espresso, Lagerfeuer, Flieder oder Chanel?

Schmecken – die Speisekarte deiner Marke

Unser Geschmackssinn ist im Gehirn eng mit dem Geruchssinn gekoppelt.[41] Auch hier geht es um Emotionen, die deine Markenwelt transportieren kann.

Deshalb stell dir die Frage: Wäre deine Personal Brand ein Restaurant: Was stünde auf deiner Speisekarte? Auch hier geht es wieder darum, deine Energie, deine Werte und natürlich auch dein »Warum« zu transportieren! Schweinshaxe mit Kraut und Semmelknödel haben eine andere Message als eine Hirse-Bowl. Kaviar und Champagner haben andere Schwingungen als Burger und Cola oder frische Waffeln und ein warmer Chai-Latte.

Ähnlich wie beim Marken-Stuff sagt dein ganz persönliches Markenmenü soviel über dein großes Ganzes aus! Wie immer gilt: Definiere dich selbst – diesmal über den Geschmackssinn. Wie würde dein Style schmecken, wenn man ihn sich auf der Zunge zergehen lassen könnte? Sei kreativ und stelle dein wunderbares Branding-Menü zusammen. Was schreibst du auf deine Menükarte? Wenn die Besucher in deinen Store im Outlet-Center kommen: Welche Amuse Gueules servierst du ihnen: Käsewürfel oder Vanilleeis? Nüsschen oder rosa Luft? Tee oder Champagner? Edle Pralinen oder Schokopudding? Finde auch hierfür Sinnbilder und erweitere damit dein Marken-Moodboard!

Alles so schön bunt hier!

Wie du deine Branding-Farben findest, die zu dir passen

Das Auge ist unser schnellstes Sinnesorgan. Visuelle Information ist ruckzuck entschlüsselt und gespeichert – bewusst und unterbewusst. Für deinen Außenauftritt spielt Farbe deshalb eine große Rolle. Nicht nur für deinen Wiedererkennungswert.

Warum du Branding-Farben definieren solltest:

First of all – es spart viel Zeit, Geld und Nerven, wenn man seine Farben definiert hat. Und es macht so richtig Spaß, wenn sie einfach zu dir passen. Ob beim Klamotten-Shopping oder beim visuellen Branding, wenn du Grafiken für deinen Insta-Feed erstellst – ganz gleich! Zu wissen, welche Farben dir entsprechen und welche nicht, erleichtert dein (Marken-) Leben enorm. Deine Branding-Farben im Farbkonzept tragen einen wesentlichen Teil zum großen Gesamtbild deines Auftritts (und deines Lebens!) bei. Sie finden sich im Interieur deines Markenhauses wieder und beeinflussen damit nicht nur deine Besucher und deinen Außenauftritt, sondern vor allem: dich.

Dabei sind nicht nur deine definierten Markenfarben (ich rate dir zu einer Hauptfarbe) entscheidend. Auch deine Fotos, Grafiken und Bilder sind farbig und zählen zu deinem Branding-Farbkonzept. Ich erlebe es so oft, dass x-beliebige Stock-Fotos ein stimmiges Farbkonzept aus dem Gleichgewicht bringen und ein tolles Corporate Design verschandeln, weil sie eine völlig andere Farbstimmung enthalten. Wähle sie deshalb immer passend zu deinen Branding-Farben.

Ein weiterer Grund für Branding-Farben: Farbe wirkt direkt ins Unterbewusstsein. Wie beim Geruchssinn ist es auch mit der Farbe. Wir haben ganz tief in unserem Unterbewusstsein gespeichert, wie wir uns fühlen, wenn etwas rot ist (Gefahr – giftige Beeren oder Feuer) oder blau (Schön-Wetter-Himmel, ruhiges Meer, klares Wasser) oder grün (gesundes Essen, Bäume, gute Luft).

Wir haben in der Historie der Menschheit und in unserer persönlichen Vergangenheit Farben Bedeutungen gegeben und abgespeichert: »giftgrün«, »knallrot« oder »pechschwarz«. Mach dir das zunutze, was unser Gehirn ganz leicht kann: die ungestützte Verknüpfung von Farbe zu Information. Ungestützt heißt: Farbe braucht keinen Text, keine Erklärung. Sie lässt sich ganz leicht konditionieren.

Konditionierung bedeutet, dass ein äußerer Reiz – zum Beispiel das Sehen einer Farbe – mit Wissen oder einer Handlung verknüpft wird. Ein bekanntes deutsches Telekommunikationsunternehmen ist magenta, Nivea blau, OBI orange, die Post gelb, Milka lila, Ferrari rot. Die Liste von Marken, die rein an ihrer Farbe erkannt werden, ist lang. Bei den genannten Marken haben wir das zweifellos gelernt, indem wir immer wieder mit ihrer Farbe in Verbindung mit entsprechender faktischer Information in Kontakt gekommen sind – an verschiedenen »Brand Touch Points«.

Jede Farbe hat ein Wesen und ist ein Statement. Forschungen haben ergeben, dass die Interpretation von Farben – sogar weitgehend kulturunabhängig – gleich ist. Diese unterbewusste Wirkung von Farben bedeutet für unser Branding, dass Farben nicht nur unsere Außenwirkung beeinflussen, sondern auch uns selbst.

Kennst du deine »Seelen-Farbe«?

Ich glaube, dass jeder Mensch eine hat. Das sind die Farben, zu denen es uns magisch hinzieht und die wir »besitzen« wollen, weil sie für uns unerklärlich unwiderstehlich sind. Es sind die, die uns schon als kleines Mädchen fasziniert haben. Wir umgeben uns mit Dingen, die in diesem Farbgefühl sind. Ich mag es, wenn es »krass« ist. Mir sind -20 Grad und +30 Grad lieber als irgendwas dazwischen. Ich mag krachig kalten Schnee und heiße Sommer-Sonne. Solche Kontraste ziehen mich schon immer an – es war mir lange nicht bewusst. Ich mag alles, was rot-weiß getupft, gepunktet oder schwarz-weiß gestreift ist. Ich mag klare Statements. 100 Prozent – oder gar nicht. Hart, aber herzlich. Schon immer!

Eine Bekannte von mir hat schon als Kind alles geliebt, was bläulich schimmerte. Ob es die blau glänzende Murmel war, in einem Schloss das Gold-Service mit royalblauer Verzierung oder blaues Seidenpapier.

Die Erfahrung mit meinen Branding-Kundinnen zeigt, dass es einen »Brautstrauß-Indikator« gibt. Meiner war natürlich rot-weiß. Bestimmt kennst du das auch? Wann auch immer du dich für eine Farbe entscheiden »musstest«, es war eine, die du schon immer mochtest – außer es haben »äußere Verbieger« deine Entscheidung beeinflusst.

SEELEN-FARBE –
Alle Gegenstände, Dinge aus der Natur und Farben in einer bestimmten Energie, die dich schon als kleines Mädchen magisch angezogen haben.

Ich wage die These, dass diese »Seelen-Farbe« mit unserer ayurvedischen »Werkseinstellung«, die du als Markenenergie kennengelernt hast, in Zusammenhang steht.
Wind (Vata), Feuer (Pitta) und Erde (Kapha) lassen sich symbolisch den Farben blau, rot und grün zuordnen. Ich bin eine Pitta-Frau. Logisch, dass Rot meine Farbe ist. Ich trage gerne rote Kleider und Schuhe, mag roten Lippenstift und Nagellack und auch mein Logo ist rot. Allerdings braucht es auch einen Ausgleich. Bestandteil meiner Branding-Farben ist deshalb außerdem ein kühler Grauton und ein sanftes Rosa.

So wie du im echten Leben diese Energien ausgleichen kannst (zum Beispiel mittels ayurvedischer Unterstützung bei deinen Alltagsgewohnheiten und deiner Ernährung), kannst du deine Energie auch in deinem Branding ausbalancieren. Wovon wünschst du dir mehr? Was darf besänftigend wirken? In welcher Energie fühlst du dich am wohlsten? Welche Emotion möchtest du stärken? Deine Farben unterstützen dich dabei nach ihren Kräften.

Nach dem Motto dieses Kapitels »Es ist schon alles da« hält dein Moodboard dein Farbkonzept schon für dich bereit. Du hast mit allen Sinnen und auf allen Ebenen deine Markenwelt gestaltet. Zu jeder hast du etwas visualisiert. Es ist sehr wahrscheinlich, dass auf zauberhafte Weise alles zusammenpasst. Wenn meine Kundinnen im Markencoaching an diesen Punkt kommen, sind sie ganz oft überrascht, verblüfft und fasziniert, dass tatsächlich »alles schon da ist«: »Das bin ja genau ich!« – »Das fühlt sich angenehm vertraut an.« – »Das war schon immer meine Farbe.«

Jetzt wird es plötzlich ganz leicht (für dich oder für deinen Grafikdesigner) sein, deine Markenfarben festzulegen. Ich empfehle dir, dich für eine Hauptfarbe zu entscheiden und (für den Anfang) eine sekundäre, ausgleichende Farbe zu wählen. Außerdem eine »neutrale« Farbe wie Weiß, Grau oder Schwarz.

Und dann kannst du mit deinen Branding-Farben dem vielleicht allergrößten Ziel, das wir mit Branding-Farben erreichen können, ein gutes Stück näherkommen: Das Synonym werden für deine Branche im Sinne von »Das ist doch die ...«:

Die rote Marke. Die lila Yoga. Die orange Money. Die türkise PR. Die gelbe Instagram. Die pinke Facebook. Du weißt schon ...

GUTE FRAGEN:

Schau hin, was alles schon da ist.

- Von welchen Dingen schicken dir deine Freunde Fotos, weil sie an dich denken mussten?
- Was in deinem Kleiderschrank ist »typisch du«?
- Was muss unbedingt auf deine Playlist, damit man erkennt, dass es genau deine ist?

JUST DO IT!

Stell dir deine Markenwelt zusammen. Verboten sind allerdings Branding-Farbpaletten! Sie verführen bloß dazu, Kombinationen zu wählen, die zwar spitze aussehen, aber vielleicht nicht wirklich, wirklich dich ausmachen. Du kannst dir meine Anleitung für das Zusammenstellen deiner Markenwelt im Bonus-Bereich markeleben.com/buch-bonus herunterladen.

KAPITEL 10

»WENN'S KEINEN SPASS MACHT, ISSES KACKE!«

WIE DIR SICHTBARKEIT SO RICHTIG SPASS MACHT UND DU DICH GERNE ZEIGST

In diesem Kapitel erfährst du, wie meine Markenmatrix für Personal Brands all das auf einen Blick sichtbar macht, was dazu gehört, dass Menschen Marken vertrauen: Das »Warum«, die Werte, die Charaktereigenschaften, die Energie, deine Positionierung, das Markenversprechen und die Farb- und Stilwelt von Marken.

SICHTBARKEIT –
nötig um Kunden zu gewinnen.

Neben einem kaufbaren Produkt ist Sichtbarkeit das entscheidende Kriterium für Business-Erfolg. An den »Brand Touch Points« muss dich dein Kunde sehen! Sonst ist der Kontakt später eher so »huch« als »wow«. Wir betrachten aus der Perspektive deines Kunden die Vorteile von Marken – und ich zeig dir, wie wertvoll eine ganzheitlich erarbeitete Personenmarke für dich ist. Sie ist das Geheimnis, warum »rausgehen« sich dann völlig normal, schön und selbstverständlich anfühlt und du dich gerne zeigen wirst.

Dein Markenversprechen

Deine Personenmarke als Matrix

»*Marken sind wie Freunde.*«[42] Um das zu verdeutlichen, bringe ich in meinen Branding-Workshops gerne dieses Beispiel: Stell dir vor, du bist irgendwo im Ausland, in einer dir völlig fremden Gegend, mitten im nirgendwo. Stelle dir gern ein Wild-West-Szenario vor: In einer staubigen Steppe kugeln vom Wind verblasene Büsche herum. Die Sonne brennt herunter und außer Häuserlandschaften, flimmerndem Asphalt und dubios aussehenden Bars am Straßenrand gibt es wenig Erbauliches zu sehen. Auf einer Stromleitung, die zwischen Holzmasten baumelt, an denen verblichene Neon-Papier-Reste von Ü30-Party-Plakaten kleben, hocken zwei Geier und gucken gespannt, wer sich denn wohl heute in diese gottverlassene Gegend verirrt hat. Du kannst jetzt gern zusätzlich eine Melodie von Morricone einblenden und dir vorstellen, wie Sand zwischen deinen Zähnen knirscht. Kannst du mir folgen? Wunderbar.

Du bist das also, die sich da in diese gottverlassene Gegend verirrt hast. Und du hast ein Problem: Du musst dringend aufs Klo. Und zwar gerne auf ein sauberes und Händewaschen mit Seife wäre super. Du bist schon ziemlich lang in der Weltgeschichte rumgegurkt und eine schöne Tasse Kaffee wäre jetzt auch nicht verkehrt.

Tja – außer Steppenläufer (So heißen diese Büsche, die in den Western immer durchs Bild rollen. Hab ich für dich gegoogelt! Bitte, gern geschehen!) ist leider weit und breit nichts zu sehen. Und so langsam wärst du sogar mutig genug, in eine dieser dubiosen Kneipen reinzugehen, um dort nach der Toilette zu fragen.

Doch halt – und jetzt können die Geigen bitte gleichzeitig mit den Waldhörnern einsetzen und eine ergreifende Melodie spielen – da vorne ist ein Schild auf dem ein gelbes M leuchtet: »McCafé 50 m rechts«.

Plötzlich wird dir ganz warm ums Herz und du weißt jetzt nicht nur, dass dein Träumchen vom sauberen Klo mit Seife und einem gescheiten Kaffee in unmittelbare Nähe gerückt ist, sondern du spürst auch, wie sich in dir ein »Gott sei Dank«-Stoßseufzer freisetzt! Es ist das Gefühl von wie gut, »ER« ist da, jetzt kann mir nichts mehr passieren. Du fühlst dich sicher und geborgen. Weil du genau weißt, wie es sein wird, wenn du dort auf dem Parkplatz anhältst, durch die Tür gehst, es nach dem typischen McDonald's-Pommes-Duft riecht und du am Ronald-McDonald-Bällebad vorbei zuerst nach rechts zum Klo abbiegen wirst. Da hängt der obligate Zettel an der Tür, in den sich die Putzperlen im Stundentakt eintragen, Seife ist aufgefüllt und es gibt sogar Papierhandtücher. Ach, wie fein! Dann wirst du dich am Café-Schalter in die Schlange einreihen, dir vielleicht noch einen Schoko-Muffin oder so einen Riesen-Cookie gönnen und mit deinem Cappuccino Grande fröhlich pfeifend in die untergehende Sonne reiten.

So läuft das mit unseren Marken-Freunden! Wir wissen genau, dass wir auf sie zählen und was wir von ihnen erwarten können. Wir können einschätzen, wie wir uns in ihrer Gesellschaft fühlen werden. Deshalb vertrauen wir Marken und verhalten uns ihnen gegenüber loyal. Wir lassen uns von ihnen leiten. So ticken wir Menschen.

Du erinnerst dich an das Kapitel mit den neuronalen Verknüpfungen auf der Gedanken-Autobahn? Vertrautes und Gewohntes first. Manchmal ganz schön schade – denn wer weiß? – womöglich ist dir in dem Nirgendwo da draußen das schönste Hinterhof-Café mit Glitzer-Klopapier, Einhorn-Springbrunnen und dem besten Marshmallow-Caramel-Macchiato mit Regenbogen-Torte entgangen? So what! Im Zweifelsfall greifen wir lieber auf das zurück, was uns als sichere Sache erscheint. Und das war in der Causa »muss dringend Pipi« eben McCafé!

Beständigkeit, Vertrauen und Qualität machen Marken anziehend. Wenn diese drei Kriterien kontinuierlich klar kommuniziert und gelebt werden, kommen Kunden automatisch. So gewinnen wir als Marken Freunde – unsere Lieblingskunden.

Wichtige Voraussetzung dabei: Marken müssen echt sein. Sie müssen halten, was sie versprechen. Nicht auszudenken, wenn du dein Steppen-McCafé nicht so vorgefunden hättest, wie erwartet. Wurdest du von einer Marke (oder einem Menschen) schon mal enttäuscht, weil dir etwas versprochen wurde, du dich sicher gefühlt und vertraut hast? Und dann das: dreckiges Klo, keine Seife, scheußlicher Kaffee, labbriger Cookie. Betrug! Verrat! Vertrauensbruch!

Wir sind schwer enttäuscht, wenn Menschen und Marken ihre Versprechen nicht halten. Was ist ein Markenversprechen überhaupt? *»Ein Markenversprechen beschreibt ein Bündel leistungsbezogener Erwartungen, die durch den kommunizierten Teil der Markenidentität, die Markenpositionierung, bei den Kunden [...] geweckt werden.«*[43] Demnach zeigst du deinem Kunden mit deiner Positionierung, was er von dir erwarten darf. Wir erinnern uns: unsere Positionierung besagt, wer wir sind und für wen wir welches Problem womit lösen.

Nun ist deine Positionierung nichts, was du dir auf dein Firmenschild schreibst und über die Tür hängst. Sie ist kein öffentliches Statement. Sie ist eher sowas wie der Beipackzettel, auf dem in klaren Fakten draufsteht, was bei dir drin ist. Unverblümt – nicht blumig! Eine Positionierung braucht keine fancy Formulierung – das verleitet nur dazu, nicht genau auf den Punkt zu kommen.

Mit deinem Markenversprechen ist es ähnlich. Das Markenversprechen drückt aus, was wir mit unserer Positionierung unseren Kunden in Aussicht stellen – im Sinne von »dafür stehe ich mit meinem Namen«. Ich zum Beispiel stelle in Aussicht, aus starken Frauen starke Marken zu machen. Ein Heilversprechen oder eine Erfolgsgarantie ist damit natürlich nicht gemeint, denn die können und dürfen wir als Coaches und Berater nicht geben.

MARKENVERSPRECHEN –
Das, worauf deine Kunden bei dir immer zählen können und warum sie dich mitten in der Nacht anrufen würden.

Ein Markenversprechen ist für mich die Essenz aus dem »Warum« und der Positionierung. Oft ist das Markenversprechen in einen Claim, einen Slogan, der unter deinem Namen ergänzend stehen kann, verpackt. Um bei unserem Beispiel zu bleiben: McDonald's Markenversprechen lautet »Ich liebe es«. Bekannt ist auch das vom Bausparer Schwäbisch Hall »Auf diese Steine können Sie bauen.«, Audi hat »Vorsprung durch Technik« und Apple »Think different.«.

»CLAIM« –
auch Slogan. Bringt die Kernaussage der Marke auf den Punkt.

Warum Menschen und Marken Freunde werden, geht weit über eine faktische Positionierung und ein Nutzen-Versprechen hinaus.

An unserem »McCafé muss dringend Pipi«-Beispiel kannst du einmal mehr sehen, wie Menschen (Kauf-)-Entscheidungen treffen: Wenn wir ein Bedürfnis erfüllen wollen, geben wir Bekanntem den Vorzug – aus einer Emotion heraus.

Und es zeigt, dass »Marke sein« über alle Sinneskanäle funktioniert. Du riechst die Pommes, den Kaffee, du fühlst die Atmosphäre, du hörst das Klappern der Tabletts, das Stimmengemurmel. Das bedeutet, eine Marken-Botschaft sehen, hören, fühlen, riechen und schmecken. Blende dir gedanklich mal eine McDonald's-Filiale ein. Ich bin mir sicher, das schaffst du »5D« über alle Kanäle. Genau das ist das Geheimnis, warum Marken für uns wie ein guter Freund sind: Sie sind uns vertraut – und sie sind echt.

Mit deiner Personal Brand definierst du dein Markenversprechen auf allen diesen Ebenen. Gib den Menschen die Möglichkeit, ihnen vertraut zu werden und sei echt.

Dein Markenversprechen strahlt nach außen – und es strahlt nach innen! Es ist auch ein Versprechen an dich selbst. Ich glaube, dass in uns Menschen die tiefe Sehnsucht wohnt, herauszufinden, wer wir sind. Warum sind wir hier? Wo ist unser Platz? Wir suchen nach unserer Wahrheit. Mit einem holistischen Ansatz von ganzheitlichem Personal Branding kommen wir dem sehr nah.

Mit meiner »Marke-leben-Methode« möchte ich dir ermöglichen, dich selbst auf allen Ebenen in den Mittelpunkt deines Lebens, deiner Wahrheit zu stellen.

> »PERSONAL BRANDING MACHT DICH SELBST ZU DEINEM BESTEN FREUND.«

Im Personal-Branding-Prozess passiert genau das: Du machst dich mit dir selbst vertraut. So »Indiana-Jones-Archäologen-mäßig« begibst du dich auf Schatzsuche und trägst mit einem Pinsel Schicht für Schicht Staub, Dreck und Krusten des Lebens ab, bis dein wahrer Schatz übrigbleibt: du selbst.

In meiner Markenmatrix führen meine Kundinnen alle gefundenen Schätze zusammen: Als große Überschrift des Lebens steht das »Warum« sinngebend über allem. Das wird untermauert von ihren drei höchsten Werten.

Deine Charaktereigenschaften und deine persönliche Energie füllen deine Personenmarke mit Adjektiven und beschreiben dich in deinem Wesen, deiner Art. Deine Positionierung bringt inhaltlich auf den Punkt, wofür du stehst und dein Markenversprechen sagt aus, wie du wirkst. Sichtbar wird all das mit dem Moodboard deines Lebens – das alles umfasst, womit du dich umgibst. Farben, Gegenstände, Klamotten, Menschen, Orte. All das bist du.

Dieses Wissen ist für mich das Wertvollste an Personal Branding. Sagen zu können: »Das bin ich«. Und genau das ist es auch, warum es dir dann leichtfällt, dich zu zeigen und rauszugehen. Du weißt einfach ganz genau, was dein Ding ist.

Wie beim Shoppen! Da kommt man auch erst so richtig in Fahrt, wenn's leicht geht, weil einfach alles passt, dir jedes Teil super steht und gerade alles in Mode ist, was dir Spaß macht. Zeig dich der Welt! Entscheidungen fallen leicht, weil wir genau wissen, was uns »gut steht« und was nicht. Und wenn Entscheidungen leicht fallen – dann der ganze Rest auch.

Rede Klartext als Marke!

Wie du deinen »Markensprech« findest

Mit »Markensprech« ist gemeint: Der Ton macht die Musik. Auch Sprache (im Sinne von Wortwahl, deutsch oder englisch, Dialektfärbung oder Umgangssprache) ist Marke. Sie macht sogar einen großen Teil unserer Markenkommunikation aus. Denn der auditive Sinneskanal ist bei den meisten Menschen der am zweitstärksten ausgeprägte für die Aufnahme von Information. Berücksichtige deshalb bei deiner Kommunikation nach außen, dass du ganz stark »gehört« wirst! »Gehört« deshalb in Anführungszeichen, weil auch die geschriebene Sprache dazu zählt, die wir in uns sprechen und hören. Mit unserem inneren Ohr sozusagen.

Jeder Post, den du schreibst, jeder Newsletter, der rausgeht, jedes Video oder jeder Podcast, den du veröffentlichst, trägt deine Markensprache nach außen zu den Menschen. Wie deine Farben oder dein Outfit über den visuellen Sinneskanal, transportiert deine Sprache all das, was dich ausmacht.

Sprache ist Wiedererkennung. An deinem Sprechen werden dich die Menschen erkennen. Ob an deiner Schreib- oder Sprechstimme – ganz gleich. Die Sprache ist Kommunikation und darüber können die Menschen da draußen etwas über dich lernen und erfahren. Damit meine ich gar nicht die inhaltlichen Fakten, die Sprache natürlich auch ausdrückt. Denn wenn zwei über ein Thema reden und dieselben Sachen sagen: Sie tun es doch verschieden.

Deine Markensprache ist etwas ganz Natürliches. Zumindest im Sinne von »Marke leben« und meiner Auffassung von »authentischem-Personenmarke-Sein«. Wir wissen: Eine Verkleidung fliegt immer auf. Es ist immer anstrengend, sich zu verbiegen. Es ist unbefriedigend, gefallen zu wollen. Es ist mühsam, eine fremde Sprache zu sprechen.

Deine Markensprache transportiert deine Energie. Wenn du in deiner guten Markenenergie bist, dann wirst du sie auch über deine Sprache vermitteln. Sie ist ein Filter. Denn dein »Markensprech« wird von ganz vielen Menschen gehört. Verstanden – und zwar richtig verstanden – wird er aber von den Menschen, die diese Energie anziehend finden.

Wie du in meinem Buch vielleicht schon gemerkt hast, verwende ich hier eine leichte, lockere Sprache und schreibe so, wie mir der Schnabel gewachsen ist. Genauso würde ich mit dir auch am Telefon reden. Glaub mir, ich habe viele Seiten wissenschaftlicher Texte über Marke und Marketing verfasst und empfinde es in meinem Buch und in meinem Business als erleichternde Wohltat, nicht mehr aus wissenschaftlicher Correctness »Rezipienten« schreiben zu müssen, sondern dass ich jetzt einfach »Leute« sagen darf. Oder dass ich mir nicht mehr überlegen muss, ob der Text jetzt wohl so »richtig« ist.

Markensprache ist der Teil deiner Markenkommunikation, der auditiv, also »gehört« decodiert wird. Du erinnerst dich ans Sender-Empfänger-Modell. Über die Sprache (zu der ich auch die Stimme zähle mit ihrer Tonlage, deiner Atmung und deinem Sprechtempo) wird ganz viel Information transportiert. Deshalb lohnt es sich, deine Markensprache etwas genauer unter die Lupe zu nehmen.

Wie geht's uns beiden denn hier, wenn wir uns so unterhalten? Ja, genau! Ich finde, wir beide sind über mein Medium Buch und über die Sprache, die ich darin wähle, und alle Bilder, die ich dir in meinen Beispielen und zwischen den Zeilen mitgebe, in ein spannendes Gespräch vertieft.

Und wenn du bis hierhin gelesen hast, war es vielleicht auch für dich spannend, lustig, sympathisch. Falls dir meine »Schreibe« – was ja nix anderes ist als Sprache – nicht gefallen würde, hättest du es nicht bis hierhin gelesen. Das hoffe ich wirklich sehr! Denn in diesem Fall gäbe es Bücher über Personal Branding, die dir mehr Spaß machen würden.

So ist das mit uns beiden Hübschen – und so ist es auch mit dir als Personal Brand und deinen Followern und Kunden da draußen. Entweder sie hängen an deinen Lippen – oder eben nicht.

Diese beiden goldenen Regeln möchte ich dir für deine Markensprache mitgeben:

Verstell dich nicht. Sei einfach du.
Wie im echten Leben gibt es auch bei Markensprache kein »richtig« und du kannst schon gar nix »falsch« machen. Das Einzige, was passieren kann, ist, dass dich nicht die »Richtigen« verstehen und das ist ja mit einer Personenmarke genau das Ziel. Rede darum, wie dir der Schnabel gewachsen ist! Rede nicht geschwollen daher, weil du denkst, dass du dann businessmäßiger rüberkommst! Du willst dich ja nicht nach Hosenanzug anhören, sondern sympathisch.

Oft werde ich auch gefragt, wie es denn mit Dialekten sei. In Videos oder im Podcast oder auch in geschriebener Sprache. Klare Empfehlung: Versuche nicht, reinstes Hochdeutsch zu sprechen, wenn es für dich nicht natürlich ist. Dass wir nicht so sprechen sollten, dass uns nur die Leute aus unserem Dorf folgen können, ist ja klar. Und es macht uns irre sympathisch, wenn man unsere Dialektfärbung hört oder wenn wir hin und wieder ein regionales Wort verwenden, gell?

Kopiere nicht.
Es gibt ja immer wieder so Trends. Gerade in den sozialen Medien beobachte ich, dass immer wieder bestimmte Formulierungen wellenartig meinen Feed überschwemmen. Renne diesen Trends nicht hinterher. Sie kommen und gehen. Du willst bleiben.

Finde deinen eigenen Sprach- und Schreibstil! Er ist schon da. Vertraue dir und hau ihn raus! Krampfig wird es erst dann, wenn du dich (so wie ich in meinen Studienzeiten) in ein sprachliches Korsett quetschen willst.

Wenn du diese beiden Regeln beherzigst, kann nix mehr schief gehen. Eins noch zum Schluss: Deine Sprache wird sich im Lauf deines Markenlebens verändern. Du wirst wachsen, reifen und ganz intuitiv andere Worte verwenden. Vielleicht wird deine Sprache sanfter. Oder kräftiger. Oder du wirst stiller? Sei du! Bleib du!

Coachinesisch & fußgängerzonisch

Relevante Markenkommunikation für deine Zielgruppe

Weißt du, was super ist an einer Personenmarke mit spitzer Positionierung? Man weiß ganz genau, wofür man zuständig ist – und wofür nicht. Dieses Rumgeeier mit »Soll ich lieber über Äpfel oder über Birnen schreiben?« entfällt ersatzlos.

Es ist also klar, dass du zum Beispiel Expertin für Darmgesundheit, Expertin für Krisenintervention oder Expertin für Personal Branding bist. Und es ist klar, für welche Menschen du das bist. Für Frauen über 40 zum Beispiel. Oder für hochsensible Unternehmerinnen mit Scanner-Persönlichkeit.

Du weißt somit, welche deine Themen sind und zu wem du sprichst. Diese Klarheit zu haben, ist so wichtig! Ein wichtiger Faktor für Business-Erfolg ist es, den Focus auf jene Möglichkeiten und Facetten zu legen, über die du mit deiner Expertise sprechen könntest. Für deine ganze Kommunikation, die es braucht, um Kunden zu gewinnen, für deinen Content.

Richtig guter Content ist die Königsdisziplin. Denn er sorgt dafür, dass aus Followern Kunden werden! Er zahlt auf die drei Vertrauenskonten ein, die du schon kennst: dir als Marke vertrauen, deiner Erfahrung vertrauen, sich selbst vertrauen.

Wann ist Content für uns von Bedeutung? Generell, wenn er einen Mehrwert bietet. Wissen über ein Thema, das für uns gerade aktuell ist zum Beispiel. Inhalte, die uns überzeugen. Das sind solche Meldungen, bei denen wir auf den Tisch hauen und sagen: »Jep, genauso isses. Endlich sagt's mal wer.« oder »Wie interessant, das hab ich noch nicht gewusst.« Und natürlich darf guter Content inspirierend sein und unterhaltend.

Damit dein Content für deine Follower diese inhaltliche Relevanz besitzt, kannst du zwei Dinge tun:

1. Sprich so, dass deine Kunden den Mehrwert verstehen.
Das hat nichts mit deinem »Markensprech« zu tun, sondern mit Themen- und Wortwahl. Meine Mentorin hat mir gepredigt: »Erklär es für die Leute in der Fußgängerzone!« Ha! Wieviele Jahre hab ich auf meiner Webseite oder auf Social Media Texte im »Werbersprech« abgesondert: Arbeite deinen USP heraus, definiere deine Corporate Identity, werde Unique, erstelle eine Konkurrenzanalyse! Blablabla. Interessiert meine Lieblingskunden nicht. Denn ihr Problem ist nicht »Finde einen USP!«, sondern »Ich will Kunden gewinnen!«.

Vielleicht kennst du auch Webseiten, auf denen seitenweise Tools und Methoden erklärt und mit Fachbegriffen verbale Schlachten ausgetragen werden? Liebe Coaches (und ich nehme mich selber davon gar nicht aus!), hütet euch davor, »coachinesisch« zu sprechen. Unsere Kunden sind Laien. Und das ist völlig in Ordnung. Sie haben einfach nur ein Problem, für das sie sich eine Lösung wünschen.

Das Ding ist, wenn auf unseren Webseiten steht: »Löse deine emotionalen Blockaden mit mir als Therapeutin und systemischem Coach mit NLP-Tools und ThetaHealing-Skills!« oder: »Finde deine Persönlichkeit als deinen USP, um deine Uniqueness im relevanten Markt für deine Akquise zu nutzen!«, versteht das kein Mensch. Es geht dann nämlich nicht um unseren Lieblingskunden und sein Problem – sondern – wenn wir uns mal selber ganz tief in die Augen schauen – geht es um uns als Coaches. Wo bleibt da unser »Warum«? Es ist die Beschreibung, was wir tun – und nicht wie und warum wir es tun. Deshalb fühlt es sich so ein bisschen danach an, als wollten wir zeigen, was wir auf dem Kasten haben, stimmt's? Und ich finde das nachvollziehbar.

Schließlich haben wir das so gelernt. Sehr lange hat Marketing bedeutet, mit Fachkompetenz und jahrzehntelanger Erfahrung aufzutrumpfen und Vertrauen aufzubauen. Damit locken wir heute keinen Kunden mehr hinter dem Ofen vor! Zum einen, weil (Fach-)Wissen mit den neuen Medien für alle frei zugänglich ist. Und zum anderen, weil es heute in allen Bereichen längst nicht mehr nur einige wenige

Koryphäen gibt, sondern die Experten-Dichte sehr hoch und fachliche Kompetenz allein kein Entscheidungskriterium mehr für Kunden ist.

Wir wissen: Die Leute kaufen nicht die Methode, sondern die Lösung für ihr Problem. Ergo: Sie wollen ein Ergebnis. Und das liefern beziehungsweise stellen wir nicht in Aussicht, wenn wir lang und breit unsere Tools und Methoden erklären. Also, lasst es uns so formulieren, dass sich unsere Kunden in ihrer aktuellen Situation verstanden und abgeholt fühlen!

Damit das gelingt, müssen wir in unserer Kommunikation die Themen unserer Kunden ansprechen, derer sie sich BEWUSST sind. Ganz oft ist ihnen das Problem hinter ihrem Problem nicht geläufig. Deshalb wird dein Kunde auch nicht auf die Idee kommen, nach einer Lösung dafür zu suchen. Ein Beispiel: Jemand, der unter Sodbrennen leidet, wird eher nicht »Basische Ernährung« googeln, sondern »Ursachen Sodbrennen«.

Bewusst sind sich unsere Kunden über ihre »Symptome«: »Sodbrennen« oder »keine Kunden« oder »Schlafstörungen«. Danach googeln sie – oder im Umkehrschluss nach der Lösung für diese Probleme »gesunder Magen« oder »Kunden gewinnen« oder »durchschlafen können«.

Und wichtig: Du als Expertin für »Basische Ernährung« weißt, dass das die Lösung für deinen Kunden WÄRE. Er selber muss auf diesen Trichter erst noch kommen – und das ist deine Aufgabe in der Kommunikation – ihn mit seinem Problem auf seinem Kenntnisstand abzuholen.

Im ersten Schritt ist es deshalb wichtig, alle »Pain Points«, alle Schmerzpunkte unserer Kunden im Bezug auf ihr bewusstes Problem, zusammenzutragen. Denn es kommt darauf an, dass wir unsere Kunden mit unserem Content dort abholen, wo sie gerade stehen. Wo das ist, also ob du die Leute, die in Bezug auf dein Thema völlig »blank« sind, ansprechen möchtest oder eher die, die sich schon mal (um beim Beispiel zu bleiben) mit ihren Ernährungsgewohnheiten bezüglich Sodbrennen beschäftigt haben – darüber entscheidest du. Mit deinem Kundenavatar, mit deiner Positionierung.

Mit unserem Content können wir auch Schritt für Schritt aufklären. Das bedeutet, dass sich unsere Kunden durch uns ihrer Probleme und deren Ursachen bewusst werden. Sie verstehen schon ein bisschen unsere Sprache, unser Fachchinesisch, und sind so in der Lage, unsere Lösung für ihr Problem besser zu verstehen. Wir fangen also auf plattem »fußgängerzonisch« an und steigern uns langsam. Das bedeutet nicht, dass du deine Kunden sprachlich auf Expertenniveau bringen musst, bevor sie bei dir kaufen. Es geht eher darum, für ein Problem eine Lösung aufzeigen und dieser Lösung einen Namen zu geben. Das wird »gelernt« und schließlich verstanden und gekauft.

Die zweite Sache, die du tun kannst, damit dein Content für deine Follower relevant ist:

2. Zeige dich menschlich und erzähle deine Geschichte.
Menschen lieben Geschichten. Schon unsere Vorfahren erzählten Geschichten, um zu unterhalten und vor allem um Wissen weiterzugeben. Und – wie wir wissen – kaufen deine Kunden nicht dein Produkt, sondern sie kaufen dich! Sie wollen in deiner Energie sein und deshalb natürlich so viel wie möglich über dich erfahren.

Storytelling ist das Zauberwort und der Fachbegriff für das Erzählen von Geschichten im Marketing. Zeige so Persönlichkeit, ohne privat zu werden, und nutze die Liebe zu Geschichten, um dich bei deiner Zielgruppe einzuprägen! Wenn du es schaffst, deine Expertise (persönliche Erfahrung und fachliche Qualifikation) in eine spannende Brandstory zu verpacken, wirst du dich von der Masse abheben und den Menschen im Gedächtnis bleiben.

STORYTELLING – Geschichten erzählen im Marketing und der Grund, warum die Regenbogenpresse so super funktioniert.

Mir ist es ganz wichtig, dass du weißt, dass deine Markenkommunikation NICHT auf deinem persönlichen »Leidensweg« oder deiner Lebensgeschichte fußen muss. Sie kann – sie muss es nicht. Interessante Geschichten zu erzählen, bedeutet nicht, dass man sich nackig machen und einen öffentlichen Seelenstriptease hinlegen muss.

Und du musst auch keinen Schicksalsschlag erlitten haben oder eine persönliche Krise in allen Details auf Social Media ausbreiten, um eine spannende Brandstory zu erzählen. Lass dir das auch bitte von keinem raten oder weismachen! »Wenn's keinen Spaß macht, isses kacke.« – und wenn es sich für dich nicht gut anfühlt und du deine Geschichte nicht selbstverständlich und mit Leichtigkeit aus Liebe zu deinen Kunden erzählen kannst, dann musst du das nicht tun – und ich rate dir auch nicht dazu. Warum? Unsere Geschichten sollen unseren Kunden dienen. Sie sollen ihnen in ihrer Situation ein Beitrag sein und Inspiration schenken. Beim Erzählen der eigenen Geschichte im Storytelling ist deshalb die Frage nach der eigenen Motivation dahinter ein guter Ratgeber.

Und wie immer gilt: Freude first! Wenn unser eigenes Ego dazwischen quatscht und außen gehört werden möchte, um Anerkennung zu bekommen, wird's krampfig und künstlich. Wir sind ja nicht die Bild oder die Bunte und müssen über die Tränendrüse oder mittels eigenem Schulterklopfen Auflagen steigern. Anstrengend, unecht und auf Dauer unsympathisch. Das haben wir gar nicht nötig, denn: Wir alle sind echte Helden!

Deine Superheldenreise

Wie du als Marke deine Geschichte spannend und einprägsam erzählst

Deine Superheldenkraft ist deine Einzigartigkeit. In all ihren Facetten, in der unschlagbaren und unnachahmlichen Kombination aus deiner ganz persönlichen Geschichte. Erzählen kannst du sie als »Heldenreise«, ein beliebtes Format fürs Storytelling – nicht nur im Marketing.

Die Grundstruktur der Heldenreise wurde Ende der 1940er Jahre durch den Literaturwissenschaftler Joseph Campbell entwickelt. Er untersuchte zahlreiche Mythen, Legenden und Erzählungen und entdeckte eine ihnen gemeinsam zugrundeliegende Struktur.[44]

Auch ohne dieses Muster der Heldenreise zu kennen, durchschaust du es ziemlich fix, denn fast alle Blockbuster sind so aufgebaut: »Pretty Woman«, »Star Wars«, »Harry Potter« oder »Findet Nemo«, um ein paar Beispiele zu nennen. Auch erfolgreichen Songtexten, Roman-Bestsellern oder dem Improvisationstheater liegt das Schema der Heldenreise zugrunde.

Nicht nur Drehbuchautoren und Songschreiber machen sich dieses Grundmuster des Geschichtenerzählens zunutze. Auch im therapeutischen Kontext, in Beratung und im Coaching wird die Heldenreise genutzt, um mit Klienten an der Lösung ihrer Probleme zu arbeiten.[45] Aus eigener Erfahrung kann ich es dir nur empfehlen, deine verschiedenen Lebensabschnitte mal durch die Blockbuster-Brille zu betrachten. Eher weniger aus marketing-technischen Gesichtspunkten, sondern viel mehr als Reflexion und in liebevoller Rückbetrachtung deines Lebenswegs mit dir als Held im Mittelpunkt.

Die Heldenreise wurde von Campbell ursprünglich in 17 Abschnitten beschrieben.[46] Im Lauf der Zeit und auf verschiedene Kontexte wie Drehbuch, Marketing und Coaching angepasst, wurde sie vereinfacht. Sie hat eine typische Situationsabfolge und es kommen immer wieder ähnliche Charaktere, sog. Archetypen (verschiedene Begleiter des Helden), vor.[47]

Meinen Kundinnen gebe ich die Heldenreise als Storytelling-Format in 12 Stufen[48] an die Hand. Praktisch erklären möchte ich sie dir in diesem Kapitel anhand meines eigenen Weges von der Wald-und-Wiesen-Grafikerin zur erfolgreichen Online-Unternehmerin.

Und hey, wenn du jetzt vielleicht denkst »Ich bin doch noch gar nicht am Ziel meiner Reise angekommen!« – kein Problem! Harry Potter hat bis zum Sieg über den, dessen Namen nicht genannt werden darf, acht Blockbuster gebraucht und jeder einzelne war spannend. Und das ist ein gutes Beispiel dafür, dass es gar nicht schlimm ist, wenn du mit deiner Geschichte noch nicht vollkommen beim Happy End angekommen bist. Die Heldenreise hilft dir dabei, deinen Followern zu zeigen, wo du herkommst – und wo du noch hinwillst.

Meine Reise begann: zuhause.

Step 1: Business as usual. Oder: »Die gewohnte Welt«

Morgens klingelt der Wecker – und ich stehe nicht auf. Mit Hängen und Würgen schaffe ich es, das Kind pünktlich in den Kindergarten zu bringen. Im Haushalt das Nötigste, keine Lust, man fängt ja eh immer wieder von vorn an.

Jeder Tag sieht gleich aus: Aufstehen, Kind abliefern, einkaufen, Haushalt oder was für den Verein machen. Zwischendurch kommt mal ein Auftrag für mein Wald-und-Wiesen-Grafik-Büro rein. Sogar als Freie für eine Agentur bin ich gebucht worden. Hurra. Nicht. Weil naja – ich fühl mich damit eher so mittel, weil ich gar nicht weiß, was die eigentlich von mir wollen. Wofür bin ich schon gut? Was kann ich denn eigentlich WIRKLICH? Irgendwie alles und doch nix.

Auf der anderen Seite: Wofür hab ich bitte schön studiert? Und jetzt wollen sie alle, dass ich das Grafik-Mäuschen spiele. Ich sehne mich so nach Anerkennung und hey, meine zig Ausbildungen dürfen sich jetzt so langsam mal auszahlen. Manchmal hab ich so das Gefühl, es lebt mit mir – und ich hab nix zu melden. Ach wobei, was soll's. Uns geht's eigentlich super. Doppelhaushälfte, Garten, gesundes

Kind, zwei Urlaube im Jahr. Mein Mann ist der Hauptverdiener. Da will ich mal nicht meckern. Und eigentlich muss ich ja gar nicht Karriere machen.

Und doch: Da war die Sehnsucht nach Erfolg. Gar nicht nach Geld, eher nach Selbstbestimmtheit und Unabhängigkeit. Unternehmerin sein – das hatte ich mir als kleines Mädchen ja schon vorgestellt, als ich unsere Druckerei übernehmen sollte. Und dann ... naja, andere Story. Jetzt ist es jedenfalls ganz ok – hoffentlich kommt mein Mann heute Abend pünktlich vom Büro, dann kann ich noch in die Musikprobe gehen. Wobei, vielleicht hau ich mich auch einfach auf die Couch.

Für deine Heldenreise:
Beschreibe deinen Alltag, wie er lange Zeit aussah. Wie war dein normaler Tagesablauf? Nutellabrot, Büro und Netflix? In der gewohnten Welt läuft alles auf Sparflamme, Mangel, wohin man schaut: Konto, Vertrauen, Liebe. Was genau hat dir dabei gefehlt? Wovon hast du geträumt? Was wolltest du schon immer mal machen?

Step 2: Schnauze voll. Oder »Der Ruf zum Abenteuer«

Es war kurz vor meinem 40. Geburtstag. Ich fühlte mich doof, dämlich und dick und als Versagerin des Jahres. Ich, als studierte Werberin, bekam es nicht gebacken, meine eigene Selbstständigkeit voranzubringen. Pah, was haben meine fünf Ausbildungen schon gebracht? Nix. Da hock ich mit ein paar zerquetschten Tausend Jahresumsatz, mit locker 10 kg Übergewicht an einem halblebigen Schreibtisch im Wohnzimmer.

In einem der zig kostenlosen Workshops mit Business-Coaches, den ich mir reingezogen habe, hörte ich den einen Satz, der mein Leben veränderte und wie eine schallende Ohrfeige bei mir nachhallte: »Wer will, findet Wege, wer nicht will, findet Gründe.« So, das war's. Schluss mit so halbgarem Zeug.

Ich hatte sowas von die Schnauze voll. Ich wurde 40. VIERZIG. Halbes Leben rum quasi. Steffi! Du wolltest mal die Welt erobern, entdecken und etwas Besonderes aus deinem Leben machen.

Und jetzt lädst du zum 40. Geburtstag und dir fällt noch nicht mal ein Motto ein? Das kann's ja wohl echt nicht sein. Ich will eine Karriere, jawohl. Und verdammt nochmal: ein eigenes Leben!

Für deine Heldenreise:
Dir ist plötzlich klar, dass sich jetzt irgendwas an deiner Situation ändern muss. Du willst dich nicht mehr mit deinem Alltagstrott zufriedengeben und weißt, dass die Zeit reif ist, etwas zu ändern. Dir ist bewusst wie nie, dass es da »mehr« geben muss.

Wann war dir klar, dass du deine Komfortzone verlassen musst? Wann hast du dir gesagt: »Es muss endlich was passieren!« oder »Ich will endlich machen, was ich wirklich will.«

Step 3: Schiss und nicht wahrhaben wollen.
Oder: »Die Verweigerung des Rufs«
Ich las Bücher, informierte mich über Businesspläne, stürzte mich auf Social Media und: Ich investierte in verschiedene Online-Kurse und in Coachings. Das kann doch nicht so schwer sein, sich ein Business aufzubauen! Machen andere doch auch.

Hey, Online-Business, wow, wie spannend! Das schau ich mir mal an und check mal, ob das was für mich sein könnte. Ich war Feuer und Flamme, bis ein Coach sagte: »Steffi, du wirst einfach Branding-Coach.« Ja nee, is klar. Ich und Coach. Ich knickte ein. Ich hab keinen Plan davon. Klar kann ich Branding – aber halt »nur« so ein bisschen. Coach schimpfen sich doch gerade alle. Und Online-Business: Das ist doch nur so ein Hype. Auf diesen Zug spring ich lieber nicht auf. Hab ich auch gar nicht gelernt. Wenn ich sowas mache, dann seriös mit einer fundierten Ausbildung und erst, wenn ich mehr Erfahrung mit Personal Branding habe, eine ordentliche Webseite und mindestens 27 Blogartikel darüber geschrieben und noch ein Fernstudium. Weil hey, vorher bin ich doch wohl keine Expertin! Alle um mich herum fanden das irgendwie auch. Die Sache mit Online-Kursen ist total dubios und mein Mann fand eh, dass ich viel zu viel auf Facebook rumhänge. Das kostet bloß Zeit – und bringt kein Geld. Also kloppte ich weiter Nachtschichten, holte Angebote bei Druckereien ein, hielt mich an Deadlines, machte Logos größer – und weiterhin kleine Umsätze.

Für deine Heldenreise:
Wovor hast du dich gefürchtet? An welchem Punkt hast du wieder einen Rückzieher gemacht? Was hat dich entmutigt?

Step 4: Dumbledore, Gandalf oder Yoda?
Oder: »Begegnung mit dem Mentor«
Mein Business-Coach fragte mich, ob ich das Grafikdesign für sein Online-Business übernehmen wolle. Öhm – ich? Ja klar! Endlich konnte ich im Job mein Werbe-Wissen in Kombination mit meinem Grafik-Können einsetzen. Es war neu für mich, dass ich Anerkennung für meine Arbeit bekam – die ich mir selbst auch zutraute. Einen Coach als Mentorin zu haben, ist großartig und ich bin für diese Chance in meinem Leben sehr dankbar.

Denn durch das Coaching und die enge Zusammenarbeit hat sich meine Denkweise ganz schön gedreht. Und es zog mich magisch hin in diese neue Welt des Online-Business mit Social Media, Launches, Online-Kursen und »skalierbarem Business«. Wow. Ich konnte hinter die Kulissen schauen und tolle Menschen kennenlernen. Menschen, die Lösungen suchten, positiv waren und mich motivierten.

Und gleichgesinnte Frauen, die ihr Ding machten und sich ebenso wie ich jenseits von 9-to-5-Jobs und Familieneinkommen verwirklichen wollten. Ich fand Anerkennung und den Mut, selbst in Richtung Online-Business zu denken.

Für deine Heldenreise:
Welche Persönlichkeit inspiriert dich? Wer motiviert, fördert, begleitet dich? Wer ist immer ehrlich zu dir und kennt deine gewohnte und deine neue Welt?

Step 5: Der erste Schritt ist gemacht.
Oder: »Überschreiten der ersten Schwelle«
Ich nahm allen Mut, all mein Wissen und alle Euphorie des Neuen zusammen und verkündete: Es gibt mein erstes Markencoaching in der Gruppe. Ich postete es einfach auf Facebook. Und – das war schon ziemlich crazy – ich hab es freihändig aus dem Stand direkt verkauft. Und das, obwohl es die Inhalte für das Programm bisher nur in meinem Kopf gab.

Ich weiß noch, ich verlangte 990 € dafür – und habe es direkt viermal verkauft. Und zweimal verschenkt, damit die Gruppe ein bisschen größer wurde und weil ich davon überzeugt war, Gutes zu tun. Was war passiert? Diesem ersten Meilenstiefelschritt vorausgegangen waren Erfahrungen mit 1:1-Markencoachings toller Kundinnen, deren positives Feedback mich in meinem Tun bestärkte.

Ich zeigte mich auf Social Media, machte Live-Videos und erzählte einfach lustige Dinge über Branding als solches. Ich hatte einfach riesengroßen Spaß an diesem »neuen Leben«. Ich wurde selbstbewusster, weniger perfektionistisch und tat alles mit großer Leichtigkeit. Ich netzwerkte, wurde eingeladen, Workshops über Personal Branding zu halten und tauchte ganz tief in dieses Thema ein. Herzlich willkommen Online-Business und hey, fürs Protokoll: Hello Personal-Branding-Coach!

Für deine Heldenreise:
Der zweite Akt der Heldenreise beginnt in der neuen Welt, die das völlige Gegenteil der alten ist. Wo bist du neu? Welche Rolle ist anders?

Step 6: Auf die Probe gestellt.
Oder: »Bewährungsproben, Verbündete, Feinde«

»Steffi, ich weiß einfach, dass du mit deinem Business wahnsinnig erfolgreich wirst.« So was hatte noch keiner zu mir gesagt und ich vergesse auch nie den Moment in Wien auf der Mariahilferstraße, als meine liebe Freundin diesen Satz zu mir sagte. Von da an wusste ich: Es glaubt jemand an mich und ich konnte es auch. Und hey, kein Schwein sagt einem, dass es nicht einfacher wird, nachdem der erste Schritt zum Erfolg getan ist.

Im Gegenteil. Bei allem Selbstvertrauen und meiner neuen selbstbewussten Haltung durfte ich ganz viel lernen. Zum Beispiel, dass ein freundliches Gesicht auch eine unfreundliche Seite haben kann. Dass ich inzwischen eine andere Denkweise und Lebenshaltung hatte als Menschen, mit denen ich viele Jahre viel Zeit verbracht hatte, und wir plötzlich fast keine gemeinsamen Themen mehr hatten.

Mein größter Feind war mein eigener Kopf. »Was, wenn du nicht gut genug bist?« – »Was, wenn du plötzlich ganz allein dastehst?« – »Was, wenn du nicht genug ablieferst?« – »Was, wenn deine Kunden nicht erfolgreich sind?« – »Was, wenn dich jemand kritisiert?«

Hallo Herr Perfektionismus, du Ei. Ich kenne dich und deinen Kumpan Selbstzweifel jetzt in allen Facetten. In meiner neuen Welt habt ihr euch nicht mal die Mühe gemacht, euch zu verstecken. Immer voll drauf – ganz unverblümt. Anerkennung von außen brauchen wir halt doch noch, Steffi, gell? Sonst glauben wir uns nicht, dass wir ein guter Personal-Branding-Coach sind und Expertin auf diesem Gebiet.

Ich tat alles, um meinen Kunden maximale Ergebnisse zu liefern. Ich wurde konfrontiert mit kritischen Kundinnen, die ich meinte, in ihrer hilflosen Art retten zu müssen. Ich machte mir selbst Vorwürfe, wenn sich ihr Erfolg nicht einstellte. Ich arbeitete rund um die Uhr und erstellte Workbooks, bediente meine »alten« Grafik-Kunden und rödelte wie ein Weltmeister.

Vielleicht doch lieber wieder Design-Büro, das ist 'ne sichere Sache? Mein altes Ich hätte hingeschmissen. Mein neues Ich glaubte immer an sich und daran WIRKLICH etwas bewegen zu können. Ich wollte Frauen stark machen – und fühlte mich selbst stark.

Für deine Heldenreise:
Ab dieser Stufe der Heldenreise teilt sich deine neue Welt in Gut und Böse. Ein neues Umfeld, von dem du nicht weißt, wie es dir gesonnen ist. Was hast du in dieser Zeit über dich gelernt?

Step 7: Jetzt wird's bitter. Oder: »Vordringen zur tiefsten Höhle«
Hallo Selbstzweifel. In diesem einen Moment hat er mir direkt in die Augen geschaut. »Ich schaff das alles nicht!« Diesen Satz hatte ich mir geschworen, nie wieder zu sagen. Und doch: Er hämmerte in Dauerschleife in meinem Kopf. Es war nicht die Angst vor Sichtbarkeit. Es war auch nicht die Angst, als Personal-Branding-Coach fachlich inkompetent zu sein oder zu versagen.

Ich hatte Angst vor meiner eigenen Courage. In meiner neuen Welt hatte ich Entscheidungen getroffen, die mir jetzt den Boden unter den Füßen wegzuziehen drohten: Ich hatte mich entschieden, zu 100 Prozent selbstständig zu sein und zwar im Online-Business und nicht mehr als Grafikerin. Ich finanzierte über mein Unternehmen einen Anbau für mein eigenes Büro, investierte in noch mehr Coachings und in ein Team.

Ich plante meinen ersten großen »Launch«, das ist die strategisch-kommunikativ durchgeplante Verkaufsphase vor einem Programmstart. In meinem Fall mein Markencoaching »Starke Frau. Starke Marke!«. Mit für mich damals unvorstellbar großem Werbebudget für Facebook-Anzeigen. Und dann: Pandemie, Lockdown. Ich weiß noch, wie ich 24/7 am Schreibtisch saß, abartig viele E-Mails textete, Grafiken wie am Fließband erstellte und gefühlt dauer-live ging. Dazwischen Homeschooling und sowas Ähnliches wie Haushalt. Mein Business durfte einfach nicht schiefgehen! Ich wollte beweisen, dass ich es schaffen konnte, mit meinem Online-Business und als Coach erfolgreich zu sein.

Für deine Heldenreise:
Du verstehst das große Ganze deiner neuen Welt und deiner Situation. Dein Gegenspieler schaut dir direkt in die Augen – kein schönes Gefühl, aber so wertvoll! Der Showdown steht kurz bevor ...

Step 8: Der Moment der Entscheidung. Oder: »Entscheidungskampf«
Mir ging wirklich der Arsch auf Grundeis. Was, wenn das jetzt der volle Flop wird? Ich setzte trotzdem alles auf eine Karte. Sagte endgültig »Ciao« zu meinem Grafik-Büro, beendete langjährige Kunden-Beziehungen und stellte komplett auf Coaching-Business um. Mein größter Gegner war mal wieder mein Kopf, der sehr kreativ ist, wenn es darum geht, weitere Selbstzweifel zu finden: Was, wenn keiner kauft? Was, wenn ich mein Team nicht mehr bezahlen kann? Was, wenn mein Programm nicht gut genug ist? Was, wenn sich die Kunden beschweren? Ich hatte furchtbare Angst davor, nicht zu genügen und als totale Schwindlerin aufzufliegen. »Her Royal Highness, Mme. Imposter!«, würden die Leute rufen und Plakate schwenken, auf denen stände: »Du bist kein Coach!« – »Heiße Luft!« oder »Keine Ahnung von Personal-Branding, mach lieber weiter Logos!« Meine größte Angst war, kurz und gut: nicht gut genug zu sein.

Für deine Heldenreise:
Der Entscheidungskampf ist der Wendepunkt und die größte Veränderung in der Geschichte. Es steht alles auf dem Spiel. Was war die bisher schwierigste Entscheidung auf deiner Reise? Was war deine größte Angst?

Step 9: Yeah, geschafft! Oder: »Die Belohnung«

Meinen ersten Launch im mittleren 5-stelligen Bereich vergesse ich nie. Es war ein magischer Abend, an dem ich mit meinem Mann »Open Cart« zum ersten Mal gemeinsam erlebte. Es kam eine Buchung nach der anderen rein. Er sah, glaube ich, zum ersten Mal live und in Farbe, dass »frau« online Geld verdienen konnte.

Das war auch der Moment, in dem mir zum ersten Mal bewusst wurde, dass ich die Inhaberin eines erfolgreichen Online-Business war. Was für ein Triumph! Gelernt habe ich aus dieser Zeit und dem Erfolg, dass die größte Belohnung ist, mein »Warum« leben zu können.

In Menschen ihr höchstes Potenzial zu sehen und fühlen zu können – und ihnen dabei zu helfen, ihren Platz zu finden. Und meine Werte Freiheit, Unabhängigkeit und Begeisterung leben zu können. »Deine Arbeit hat mein Leben verändert.« – das hat eine Kundin mal zu mir gesagt. Das macht mich sehr glücklich.

Für deine Heldenreise:

Gewonnen! Du fühlst dich so klar, lebendig und stark wie nie zuvor. Was war der Moment deines größten Triumphs? Welche Schlüsse hast du daraus gezogen?

Step 10: Da war noch was. Oder: »Rückkehr in die alte Welt«

Ein 9-to-5-Job wäre für mich inzwischen nicht mehr vorstellbar. Und es fühlt sich manchmal komisch an, keine Grafikerin mehr zu sein, die Kundenjobs abarbeitet. Das rein handwerkliche Arbeiten, ohne das eigene kreative Hirnschmalz, das ich als »Urheberin« des Inhalts jetzt investieren kann, war manchmal so schön routinemäßig. Und: Manchmal vermisse ich das Lamentieren! Manchmal will ich auch noch so richtig im Problemsee herumschwimmen, von Ufer zu Ufer und ganz vielen Leuten erzählen, wie schön das Baden darin ist. Ich schaffe es inzwischen sehr schnell, sofort herauszuhüpfen und merke mehr und mehr, wie mein Problemsee versiegt.

Für deine Heldenreise:
Du kehrst zurück in dein altes Umfeld. Der Unterschied zur alten Welt: Du hast neue Erkenntnisse gesammelt, dich verändert. Du musst erneut die Entscheidung treffen: Willst du zurück in die vertraute Welt oder ist dein Zuhause jetzt die neue?

Step 11: Happy End. Oder: »Die Erneuerung«
Ich kann andere dabei unterstützen, ihre Werte auszuleben, so wie ich das tue. Freiheit ist mein höchster Wert. Ich verbringe Zeit allein, was mir sehr wichtig ist. Ich gebe mir den Raum, den ich brauche, damit es mir gut geht und stelle nicht mehr die Bedürfnisse anderer über meine eigenen. Meine Vision ist groß. Ich möchte viele Menschen dazu anstiften, für sich selbst einzustehen und sich zu finden. Personal-Branding als Schulfach – das wär's! Als Tool für Selbstvertrauen, Selbstbewusstsein und damit Glück und Erfolg im Beruf, in Beziehungen und im ganzen Leben. Ich möchte Menschen helfen, zu erkennen, dass sie alles im Gepäck haben, was sie für ein zufriedenes Leben brauchen. Und dass der Schlüssel zum Glück in uns selbst liegt und dass wir deshalb damit aufhören dürfen, ihn irgendwo anders zu suchen.

Für deine Heldenreise:
Du kehrst der alten Welt endgültig den Rücken. Es wird alles eins: deine persönliche Erfahrung, deine Fachkenntnisse und dein einzigartiges Wesen. Wie lebst du deine Werte und dein »Warum« in der neuen Welt? Was ist dein Happy End?

Ich wünsche dir den Mut, deine Reise aufzuschreiben. Beschreibe sie so, dass dein Kinozuschauer, der mit Popcorn in der dritten Reihe sitzt, mit dir mitfühlen kann. Und hey, keine Angst! Du musst keine Sorge haben, dass deine Geschichte nicht das Zeug zum Hollywood-Blockbuster haben könnte. Du hast schon so viel geschafft – du bist eine Superheldin!

GUTE FRAGEN:

Es wird Zeit, deine Geschichte zu erzählen.

- Welches Versprechen gibst du deinen Kunden wie ein Freund?
- Was hat dein Kunde nach eurer Zusammenarbeit ganz konkret?
- Für welche Themen bist du als Expertin zuständig – und für welche nicht?

JUST DO IT!

Erzähle da draußen deine Geschichte und mach dich den Menschen vertraut – und vertraue dir! Ich bin ganz sicher, dass du spannende Dinge zu erzählen hast. Meine Vorlage für deine Heldenreise in 12 Schritten findest im Buch-Bonus-Bereich.

KAPITEL 11

»MUTIG IST, WER DURCHFALL HAT UND TROTZDEM FURZT«

ES GEHT LOS – GEH RAUS UND ZEIG DICH!

Disco, Disco!
Was dein erster Discobesuch mit deinem Markenauftritt zu tun hat

Weißt du noch? Als man noch in die »Disco« und nicht in den »Club« ging? Als »Grüne Witwe«, »Kiba« und »Criss« die In-Getränke schlechthin waren? Grüne Witwe = Orangensaft mit Blue Curacao, Kiba = Kirsch- und Bananensaft gemixt, Criss = sekthaltiges Getränk mit so was Ähnlichem wie Orangensaft und Hauptsache Sektkorken und pappsüß.

Weißt du noch, als Michael Jackson mit »Thriller« rauskam? Als Chucks und College-Jacken langsam, aber sicher die unsäglichen Schulterpolster ablösten? Ha! Dann bist du wie ich ein Kind der 1980er. Ich trug eine Henna-rote Dauerwelle, sackartige Jeans mit Löchern am Knie und musste am Eingang zur Disco meinen Ausweis abgeben. Dann wurde ich um 0.00 Uhr aufgerufen und musste gehen. Voll peinlich. Kannst du dich noch an deinen ersten Disco-Besuch erinnern? Bestimmt hast du dich auch vorher mit deinen Freundinnen getroffen, um dich zu stylen. Wochen vorher wurde darüber debattiert, welches wohl das angesagteste Outfit sein würde. Sämtliche Schminktipps aus der Bravo-Girl wurden ausprobiert und ich für meinen Teil sah aus wie eine Mischung aus Nena, Blümchen und Alice Cooper. Damit »der Eine« auch wirklich mal rüberguckt. Whaaaaaa – der Typ ist ja sooo süüüß!

Jetzt bist du bestimmt schon gespannt, was diese Geschichte mit deinem Markenauftritt zu tun hat, stimmt's? Es geht um Sichtbarkeit und die so oft gestellten Fragen: Wie zeige ich mich denn »richtig«

auf Social Media? Wieviele Zeichen hat der optimale Facebook-Post? Welches Outfit trage ich für Business-Fotos? Und die Frage aller Fragen: Wie gehe ich raus?

Zum Thema »richtige« Sichtbarkeit ist mir neulich in einem Coaching als Metapher das Bild vom ersten Disco-Besuch eingefallen. Denn genau wie früher beim ersten Ausgehen ist es auch mit dem ersten Schritt in die Sichtbarkeit in deiner neuen Identität als starke Marke.

Der Disco-Besuch wurde mindestens genauso minutiös geplant, damit auch ja nix schief gehen kann. Das Make-up wurde so lang ausprobiert, bis die dritte Lippenstift-Farbe verschmiert war und nicht mehr richtig abging. Vom vielen Outfit-Probieren war man schon ganz erschöpft und garantiert leuchtete am großen Tag ein riesiger Pickel auf der Nase. Da konnte auch Clearasil nix mehr retten.

Heute ist also der große Tag, an dem du dich zum ersten Mal in deiner neuen Rolle als Personenmarke und als Expertin da draußen zeigst.

Und um beim Disco-Bild zu bleiben: Stell dir also vor, du betrittst in deinem sorgfältig ausgewählten Outfit die Tanzfläche! Der Pickel ist mit einem Zentimeter Abdeckcreme halbwegs kaschiert. Der Ausweis ist abgegeben und tatsächlich, da steht dein angehimmelter Typ. (Dein Lieblingskunde, vielleicht der mit dem Mettbrötchen und dem Pfefferminz, als ihr noch in die Disco gingt. Partys mit Catering kommen ein paar Jährchen später.) Dein Herz schlägt dir bis zum Hals und du fühlst dich wie unter einer dicken Schicht Watte. Deine Welt bleibt jetzt für ein paar Sekunden stehen. Alles klingt dumpf – und bestimmt starren dich alle an. Sie sehen, wie cool du aussiehst, wie lässig du angezogen bist und wie schick dein neuer Lippenstift ist. Sie bemerken deine angesagte Jeans, deine neue Frisur und dass du jetzt auch endlich deine Zahnspange losgeworden bist. Du bist der völligen Überzeugung, dass alle Aufmerksamkeit auf dich gerichtet ist. Hast du dir doch so viel Mühe gegeben und hey, heute ist schließlich dein großer Tag! Und was passiert? Außer, dass du knallrot anläufst? Nix. Gar nix.

Meine Kundinnen sind gestandene Frauen, Unternehmerinnen und Gründerinnen. Sie können auf beachtliche Karrieren zurückblicken. Sie haben Kinder großgezogen und Katastrophen gemeistert. Taffe Frauen, die wissen, was sie wollen. Und jetzt, beim Schritt in die (neue) Sichtbarkeit, kommt dieses »Backfisch-Unsicherheits-Schamesröte-Gefühl« aus den späten 80ern wieder hoch, das sie mit der richtigen Strategie, perfekter Planung und professionellem Grafikdesign zu bekämpfen versuchen.

Warum ist das so? Warum stellen wir uns da so an? Es ist ganz einfach: Wir gehen da raus in einer neuen Identität. Sie ist für uns noch etwas Unbekanntes. Es ist neu für uns, uns als Expertin für Personal-Branding oder für XYZ zu zeigen. Manchmal fühlt sie sich an wie ein zu großer Anzug, in den wir erst noch reinwachsen dürfen. Deshalb sollten wir auch nicht den Anspruch an uns stellen, uns von Tag eins an in diesem neuen »Sein« gelöst und gelassen zu bewegen. Mein erstes »Marke-Live« auf Facebook hab ich – glaub ich – glatt gelöscht.

Aber nach ein paar weiteren Disco-Besuchen, da bist du mit dem Türsteher best friend, der Barkeeper schiebt dir ungefragt deinen Lieblingscocktail rüber und du gehst selbstsicher über die Tanzfläche rüber zu deiner Clique, die dich mit offenen Armen und Schulterklopfen empfängt. So ist das auch mit der Sichtbarkeit als Marke.

Also: Sei gnädig und geduldig mit dir! Und wie bei so vielem ist es auch mit der Sichtbarkeit ein klarer Fall: Wir lernen »Sein« durch »Tun«. Du hast, weißt und kannst alles, um deinem neuen Lieblingskunden, der da draußen auf der Tanzfläche ohne Zweifel schon irgendwo rumsteht, zu gefallen. Er wird dich mögen, wenn du selbstsicher, gelöst und gelassen einfach zu deiner Lieblingsmusik tanzt. Er wird dich bemerken, wenn du regelmäßig in die Disco kommst, und nicht bloß alle 111 Jahre mal reinschaust. Er wird dich wahrnehmen und ansprechen, wenn ihm deine Energie gefällt, mit der du da auf der Tanzfläche bist. Selbstbewusstsein macht sexy – und Personal Branding hilft dir dabei, genau diese Energie festzuhalten.

Wie wir dauerhaft in unserer besten Frequenz und in unserer natürlichen Präsenz sein können und welche fünf Schritte auf dem

Weg zur starken Marke dafür entscheidend sind, möchte ich dir zum Schluss dieses Buches mit auf den Weg geben.

Schaumbad der Unternehmerin

In der Wanne liegt die Kraft!

Mein Markencoaching bezeichne ich gerne als das »Schaumbad der Unternehmerin«. Muss man sich freiwillig gönnen – kein Mensch schließt dich ins Bad ein und zwingt dich dazu, dir mit Schampus und Schaumbad was Gutes zu tun. Was ist das Gute an Marken-Coaching? Es ist, die eigene Identität zu reflektieren. Ja, so ähnlich wie: »Wer bin ich und wenn ja wie viele?«

MARKENCOACHING –
Begleiteter Prozess zur Selbstfindung und Business-Entwicklung.

Die meisten Selbstständigen investieren – gerade am Anfang – ganz viel Zeit und Energie ins »Tun«: Business-Plan aufsetzen, an der Webseite tüfteln und tonnenweise Content für Social Media erstellen. Dabei bleibt die Basis für ein erfolgreiches Unternehmen auf der Strecke: Die Unternehmerin – und ihre Vision. Manchmal braucht es einfach das Innehalten und (wieder mal) die Frage: Bin ich (noch) auf dem richtigen Kurs? Passt meine Energie und meine Ausrichtung noch? Was ist meine Basis, mein Fundament? Wo will ich hin? Bin ich aus meiner Positionierung, meiner Identität herausgewachsen? An welchem Schräubchen darf nachjustiert werden?

Ich glaube, dass dieser Prozess nie endet. Für ein Marken- und Positionierungs-Coaching ist deshalb immer der richtige Zeitpunkt – genau wie für ein Schaumbad. Marken-Coaching bedeutet für mich: sich selbst zu definieren. Dafür darf man sich die Zeit gönnen, auf sich zu schauen und sich selbst zu spüren, hinzuschauen, »was gerade ist« – und was vielleicht gehen und was neu kommen darf.

Das wird oft vom lauten Grundrauschen der täglichen To-dos übertönt und es scheint, dass es unnötig sei. Doch genau diesen Moment der Zäsur braucht es, um zu wachsen und sich immer wieder neu erfinden zu können. Das gilt für den Schritt in die Selbstständigkeit genauso, wie für den Schritt aufs nächste Business-Level.

In meiner Arbeit begleite ich so oft Frauen, die voller Enthusiasmus in die Selbstständigkeit gestartet sind, oft neben ihrem Job und neben ihrem Muttersein. Oder wenn die Kinder schon aus dem Haus sind. Sie sind top ausgebildet, haben sich ganz viel Wissen über Online-Business angeeignet und sind »Social-Media-affin«. Sie haben die Ärmel hochgekrempelt und so richtig was geschafft. Und dann stecken sie irgendwann fest und wissen nicht so recht weiter.

Die Herausforderung der meisten ist es, ein konkretes Produkt zu haben, das sie verkaufen können. Sich auf eine Nische zu fokussieren, auf ihre Positionierung – und dabei zu bleiben. Sie haben von Skalierung gehört, von Gruppenprogrammen und Online-Kursen und verlieren sich in den unendlichen Möglichkeiten und in Details. Irgendwas fehlt zum Erfolg. Oder sie haben eine Webseite aufgesetzt und in ein Branding investiert. Und dennoch bleiben die Kunden aus – oder es kommen »einfach nicht die richtigen«. Viele wissen einfach nicht, wo sie anfangen sollen, ihr Business aufzubauen.

Ich habe auch Unternehmerinnen begleitet, die ein Millionen-Business aufgebaut haben und irgendwann aus ihrem Branding »herausgewachsen« waren.

Gestandene Frauen mit Karrieren, mit Teams, mit Bekanntheit, die genauso »feststeckten«. Sie alle kamen irgendwann an diesen Punkt, an dem sich ihr Auftritt, ihre Identität, nicht mehr stimmig anfühlte. Meistens geht das viel tiefer als »Meine Webseite ist veraltet.« oder »Mein Logo passt nicht mehr zu mir.«. Oft höre ich dann: »Ach, meine Werte kenne ich doch schon. Und Positionierung und Kundenavatar hab ich auch schon x-mal durch! Muss das wirklich nochmal sein?«

Ich finde ganz klar: Ja! Weil an der Oberfläche zu kratzen, nie nachhaltig ist. Sprich: Ein paar neue Farben und ein neues Logo sollen dann bitte was ausdrücken?

Und Gegenfrage: Woher kommen neue Antworten, wenn wir keine Fragen stellen? Und auch wenn es vielleicht ähnliche oder sogar dieselben Fragen sind – wir können nach ein paar Jahren andere Antworten darauf finden, weil sich unsere persönliche Erfahrung, unsere Expertise und unsere Vision und damit unsere Identität verändert haben.

Die Frage nach dem neuen Ziel ist dabei hilfreich. Was möchte ich an meinem Auftritt verändern oder welche Veränderung möchte ich in meiner Positionierung und meiner Zielgruppe anstreben? Denn auch für Unternehmerinnen mit vielen Mitarbeitern und großen Teams ist der Kern IMMER die Antwort auf die Frage: Wer möchte ich sein? Welche Vision möchte ich leben? Und konkret heruntergebrochen: Wie möchte ich mein »Warum«, meine »Werte« und meine Expertise neu für eine bessere Welt einsetzen?

Marken-Coaching oder, wie ich es auch nenne, das »Schaumbad der Unternehmerin« ist – finde ich – übrigens anders als der Austausch in einer Mastermind oder in einem Mentoring. Es ist eher so, wie mit sich auf der Yoga-Matte zu sein. Oder beim Laufen im Wald ganz sich selbst zu spüren. Es ist, sich selbst Raum zu geben und den Fokus nach innen zu lenken.

Ganz bei sich zu sein – das ist für mich der Idealzustand für uns als Persönlichkeiten, um uns frei zu fühlen. Das Business-Schiff zu sein, das sich durch nichts vom Kurs abbringen lässt. »Den inneren Zustand unabhängig zu machen von äußeren Umständen« – das ist das Ziel jeglichen Coachings und von persönlicher Entwicklung. Vielleicht ist es sogar das, was wir unter »Erfüllung« oder »Erleuchtung« verstehen.

Marken – wenn wir jetzt an die »Großen« da draußen denken, wie Apple & Co. – sind genau das: weitgehend unabhängig von äußeren Umständen. Kein Shitstorm haut sie um. Im Klartext: Starke Marken sind frei. Jetzt ist es an der Zeit, dass du dich da draußen zeigst und die Welt von deinem Angebot erfährt. Damit wir mutig rausgehen und uns auf der Tanzfläche selbstbewusst à la »Apple« präsentieren können, dürfen wir uns auch genauso fühlen.

Dein Markenversum

Tadaaa – Fühl dich präsent als Teil des großen Ganzen!

»Sich frei fühlen« ist ein idealer Zustand, bei dem wir zentriert in uns selber sind. Ich nenne ihn auch den »Tadaaa-Zustand«. Unser Gewahrsein.

Wenn wir uns unserer selbst gewahr sind, hält unser Gedankenbullshitbingo die Klappe und feuert keine »Was-wäre-wenn«- oder »Früher-war-alles-besser«-Szenarien ab. Die Vergangenheit können wir nicht mehr verändern – die Zukunft nicht beeinflussen. Was wir aber können, ist jetzt in der Gegenwart zu sein und zu wählen: Gedanken, Gefühle, Handlungen. Wir können JETZT frei entscheiden. »All we have is now« ist wahr. Denn nur jetzt, genau in diesem Moment, sind wir frei und fühlen uns frei.

Im Tadaaa-Zustand wären wir gern immer, stimmt's? In unserer besten Energie, selbstsicher, gelassen, erfüllt, entspannt und präsent. Genauso wollen wir mit unserem Markenradio auf Sendung gehen!

Im Coaching wird dieser Zustand als »ressourcevoller« Zustand bezeichnet, das heißt, *»wir verbinden uns mit einem Feld von Möglichkeiten und Ressourcen […], indem Sie [wir, Anm. d. V.] auf alle drei Intelligenzen zugreifen und sie in Übereinstimmung bringen.«*[49]
Die neue Generation NLP arbeitet mit der Interaktion dreier Intelligenzen: »cognitive mind« – intellektuelle Fähigkeiten und Urteilsvermögen; »somatic mind« – Körperintelligenz und das Gewahrsein im eigenen Körper; »field mind« – der Raum, die Information und die Energie, die durch Beziehungen und Interaktionen von Einzelpersonen in einem System entsteht.[50]

»Cognitive mind« meint unseren analytischen Verstand, unseren Intellekt und unser Urteilsvermögen – inklusive dem ganzen »Herumgehirne« und der Zentrale des Gedankenbullshitbingos.

»Somatic mind« ist unsere Körperintelligenz, das »Gewahrsein im Körper«. Dieses »uns selbst Spüren« schalten wir häufig – im wahrsten Sinne des Wortes – komplett ab. Wir tun Dinge, die uns in unserem »cognitive mind« gefangen halten. Das ist beispielsweise die »Couch-Potatoe-Netflix-Wein-und-Schokolade-Nummer«, bei der wir gerne »abschalten«. Dabei sind wir getrennt von einem Teil unserer selbst. Und das ist so schade!

Denn unserem Körper wohnt ein ganzes Muster von Intelligenz und Weisheit inne. Das heißt, unser Gewahrsein ruht zum Teil im Körper. Da der Körper nur im gegenwärtigen Moment lebt und atmet, ist auch unser Gewahrsein zum Teil im gegenwärtigen Moment verankert, wenn wir mit unserem Körperwissen in Kontakt sind.[51]

Wenn wir zum Beispiel musizieren, Sport oder Yoga machen, singen, meditieren oder Sex haben, dann sind wir ganz bei uns, wir sind uns unserer selbst »gewahr«. In dem Moment vereinen wir diese beiden Intelligenzen. Denken und Fühlen sind so miteinander verbunden. Dafür genügt es schon, dass du zum Beispiel gleichzeitig beide Fußsohlen auf dem Boden spürst, dann wird das »cognitive mind« als dein Ventil vom Schnellkochtopf, der hart am zweiten Ring kocht, aufgegeben und entspannt sich, weil es das »somatic mind« als unterstützendes System hinzubekommt.

Erinnerst du dich an den Kreislauf Gedanke – Gefühl – Verhalten, mit dem wir jegliche Ergebnisse für uns kreieren? Dabei spiegeln Gedanken und Gefühle unsere emotionale Verfassung in unserem Körper wider. Du kennst das bestimmt, wenn du in bestimmten Situationen einen Kloß im Hals bekommst, Schmetterlinge im Bauch oder Schnappatmung.

Der Fachbegriff dafür ist »Embodiment«, die Wechselwirkung zwischen Geist und Körper[52]. Diese Wechselwirkung kann einerseits negative Konsequenzen für unseren Körper haben, wie zum Beispiel Stress und negative Gedanken, die uns krankmachen können. Andererseits können wir diese Körperwahrnehmung für mehr Selbstbewusstsein, Selbstachtung und mehr Tadaaa nutzen.

Das **»Field mind«** ist eine weitere, die dritte Intelligenz, über die wir verfügen. Das ist das, was ich mit deinem »Markenversum« meine. Mein Steffiversum, dein Katharinaversum oder das Uliversum. Es ist das »Feld«, der Raum um uns herum. Wir sind verbunden mit dem Außen. Kennst du das Gefühl, wenn du in einem Zimmer bist und den Raum um dich herum spüren kannst?

Forscher haben herausgefunden, dass unsere Faszien das Sinnesorgan dafür sind und sie werden deshalb als unser »sechster Sinn« bezeichnet, *»stellen die Tiefensensibilität und Bewegungswahrnehmung, auch Propriozeption (Eigenwahrnehmung [...]) dar. So können wir [...] unsere Bewegungen und die Lage unseres Körpers im Raum wahrnehmen, ebenso die Stellung einzelner Körperteile zueinander. Diese Informationen beeinflussen außerdem unsere Emotionen und unsere Stimmung.«*[53]

Den maximalen Tadaaa-Zustand erreichen wir, wenn alle drei Intelligenzen miteinander verbunden sind. Dann sind wir *»zentriert, offen, gewahr, verbunden und haltend«*[54]. Englisch: centered, open, aware, connected, holding. Dieser C.O.A.C.H.-Zustand ist genauso wie die Haltung einer starken Marke, wie wir sie in diesem Buch bereits definiert haben: »Tadaaa, hier bin ich! Mit meiner vollen Freude, Liebe und aus vollem Herzen, mit meinem Wissen, meinem Tun und meiner ganzen Leidenschaft.«

Die Verbindung unserer drei Intelligenzen ermöglicht es uns, dass wir uns öffnen für unsere Intuition, die Sternschnuppen, die uns das Universum jeden Tag in unser Markenversum als »Einfälle« schickt, sodass wir unserem Ruf folgen können. Wo zieht es uns hin? Das ist es, was wir in unserem Tadaaa-Zustand wieder spüren können, weil wir keine »Ego-Ziele« mehr verfolgen, sondern uns öffnen und vertrauen. Und darin liegen die Goldklumpen Glück, Zufriedenheit und Erfolg!

Mit Personal Branding – so wie ich es verstehe – bist du begleitet und geleitet von deinen Zielen, Ressourcen und Stärken, von deiner Energie, deinem »Warum« als Fixstern und all den Dingen für alle Sinne, die dich ausmachen und die du liebst.

So kannst du dich tragen lassen in einen verbundenen Zustand mit dir selbst und zentriert, offen und deiner selbst gewahr sein. Das Einzige, was in deiner Personal Brand eventuell fehlt, ist: Bewegung! Also, tanz zu deiner Marken-Playlist, mach Yoga, fahr Ski, hab Sex – und tu all die Dinge, die dir Freude machen und die dich mit dir selbst in Verbindung bringen!

Die 5 Stufen zum Erfolg

Selbstvertrauen, Selbstbewusstsein, Selbsterkenntnis, Selbstverantwortung, Selbstliebe

In diesem Buch habe ich dir meine Art von Personal Branding vorgestellt. Bestimmt hast du gemerkt, dass ich darunter kein reines Marketing-Tool verstehe und auch kein Schema F für Business-Aufbau.

MARKE LEBEN! –
Mein Motto für ein ganzheitlich geiles Leben im Tadaaa-Zustand.

»Marke leben« nimm bitte wörtlich! Lass dich dazu inspirieren, den gesellschaftlich vorgegebenen Lebensrahmen durchzusägen und dir dein Leben so zu machen, wie es dir gefällt und ganz dir entspricht. Wir dürfen damit aufhören, verstaubten Ansprüchen unhinterfragt genügen zu wollen und Dinge zu tun, weil »man sie halt so macht«. Vielleicht findest du das egoistisch – ich glaube es ist das Gegenteil – es ist rücksichts- und verantwortungsvoll uns selbst und anderen gegenüber. Weil wenn wir dauernd versuchen es allen recht zu machen, werden wir mit der Zeit ungenießbar. Dann kommen unsere individuellen Bedürfnisse zu kurz und wir gehen anderen Leuten mit unserer schlechten Laune und unserem Drama auf die Nerven. Deshalb finde ich es richtig und wichtig, dass jeder Mensch herausfindet, was er für ein zufriedenes Dasein braucht. So profitieren alle von uns.

Viel zu lange haben wir Menschen uns selbst das Joch auferlegt, dass Dienst Dienst und Schnaps Schnaps zu sein habe. Wir haben uns reinquetschen lassen in gesellschaftliche Normen und industrialisierungsbedingte Strukturen.

Was bedeutet also »Marke leben«? Seine Personenmarke zu leben, ist für mich, in seiner besten Energie zu sein, sie auszustrahlen und zu kommunizieren. Das braucht:

Selbstvertrauen – hab Vertrauen in dich, dass du genug bis. Trau dir zu, dass du alles schaffen kannst und dass bereits alles in dir steckt, was du für dein glückliches Widde-Widd-Leben brauchst.

Selbstbewusstsein – sei dir deiner selbst bewusst. »Selbstbewusst« nicht nur im Sinne von »Brust raus«. Sei dir deiner Stärken, deiner Selbstwirksamkeit bewusst. Mit deinem Bewusstsein, deiner Aufmerksamkeit, kannst du kreieren und erschaffen.

Selbstverantwortung – du bist der Denker deiner Gedanken. Deine Gedanken erschaffen deine Realität. Du bist deines Glückes Schmied. Du bist mächtig, DEINE Angelegenheiten zu verändern. Sei bereit für Commitment und halte dir gegenüber deine Versprechen.

Selbsterkenntnis – erkenne, was deine Aufgabe hier ist. Erkenne dich an, wie du gemacht bist. Ich glaube, das ist die einzige Lebensaufgabe, die wir haben. So zu sein, wie wir gedacht sind. Und um das zu können, dürfen wir alles weglassen, was nicht zu uns gehört.

Selbstliebe – da ist der Selbstwert drin. Selbstachtung. Achtsamkeit und Güte. Die Milde uns selbst gegenüber und das Annehmen unserer Persönlichkeit mit all ihren Facetten.

Mir geht es bei Personal-Branding darum, dass du deine Essenz findest. Und alles weglässt, was dich aus deiner Markenumlaufbahn schmeißt. Also auch die doofen Kommentare von anderen, den Vergleich mit der Konkurrenz, die gut gemeinten Ratschläge und Zweifel der anderen. DU allein entscheidest, was dir entspricht. Du bist die Basis für alles und übrigens: »nein« ist ein ganzer Satz.

Diese Ideen können dir dabei helfen, dass du in deiner guten Markenfrequenz bleibst: Folge auf Social Media nur noch denen, die dir guttun. Antworte nur noch auf Fragen, die dir gestellt werden. Lies nur noch Nachrichten, die dich in eine gute Energie bringen. Kümmere dich nur noch um die Dinge, die in deiner Macht liegen. Deine Persönlichkeit ist die Sonne, um die sich alles in deinem System dreht. Sie ist dein größter Schatz, dein Kapital. Lass nicht zu, dass dich jemand »in den Schatten« stellt. Nicht vergessen: Wer nicht hinter dir steht, steht dir im Weg. Dahin zu kommen, ist ein Prozess und es ist dein Weg. Meinen gehe ich immer noch und ich erhebe nicht den Anspruch darauf, diese schlauen Weisheiten, die ich dir in diesem Buch um die Ohren gehaut habe, mit dem Löffel gefressen zu haben.

Wissen und umsetzen, kennen und fühlen sind immer zwei Paar Schuhe. Mein Ding ist Wissensvermittlung durch Schreiben. Und genau wie alle anderen Menschen darf ich täglich Schritt für Schritt umsetzen, scheitern und daran wachsen.

Jeden einzelnen Tag dürfen wir beide uns erneut fragen, was es für uns noch zu verändern, loszulassen, umzusetzen oder freizusetzen gibt. Marke ist nicht, das eigene Ego in den Mittelpunkt zu stellen. Marke ist, der Welt ein Beitrag zu sein.

Das fühlt sich gut und angekommen an. Es ist so befreiend und dieses befreite Gefühl wünsche ich dir von Herzen und möchte dir mit meiner Art von Personal-Branding dabei helfen, es zu spüren.

Du bist okay. Und zwar ganz genau so, wie du gedacht und gemachtbist. Und nicht nur okay, sondern ganz wunderbar! Und am wunderbarsten bist du, wenn du ganz du bist. Wie eine winzig kleine Amöbe, die mit dem genau richtigen PH-Wert am genau richtigen Platz als ein wichtiges Zahnrädchen im Getriebe »Welt« dazu beiträgt, dass sie nicht aus den Fugen gerät.

GUTE FRAGEN:

Finde heraus, wie du in deiner besten Energie sein kannst.

- Was hilft dir dabei, dich mit deinen drei Intelligenzen verbunden zu fühlen?
- Was würde dir dein zukünftiges Ich im Alter von 99 Jahren heute raten?
- Welches Versprechen möchtest du dir hier und heute geben?

JUST DO IT!

Weil ich möchte, dass du auf deinem Weg immer wieder daran erinnert wirst, welches großartige, wunderbare und einzigartige Wesen du bist, habe ich ein Geschenk für dich. Lade dir meinen »Starke-Marke-Reminder« für dein Smartphone herunter.

MARKELEBEN.COM/BUCH-BONUS

JUHU, JETZT GEHT'S LOS FÜR DICH!

Liebe Leserin! Danke.
Danke, dafür, dass du mein Buch gelesen hast.
Danke, dass du an dich glaubst.
Danke, dass du jetzt losgehst für deine Idee.
Für dein Ziel. Für deine Vision. Einfach für dich.

Starte genau JETZT. Hier findest du das komplette Bonus-Material zu diesem Buch, das dich direkt in die Umsetzung bringt:
MARKELEBEN.COM/BUCH-BONUS

Vielleicht fragst du dich gerade auch »Und jetzt?« Wie finde ich denn jetzt krass-konkret meine Positionierung als Marke und wie gewinne ich denn jetzt Lieblingskunden und mache konstanten Umsatz? Aus eigener Erfahrung weiß ich, dass etwas vor sich herzuschieben bis zum nächsten runden Geburtstag, keine gute Idee ist. Und ich weiß auch: Am Tun führt kein Weg vorbei.

Also los! Mach den ersten Schritt. Und dann den nächsten ...
Werde mit dem, was du liebst, reich, berühmt, glücklich und lebe dein allerschönstes Marke-Leben! Ich wünsche dir von ganzem Herzen, dass du deinen Platz auf der Welt voller Freude und Liebe und mit großem Erfolg einnehmen kannst.

Du bist gut, genauso wie du jetzt bist.
Du bist wertvoll. Und du bist mit allem ausgestattet, was du dafür brauchst, um glücklich, zufrieden und erfolgreich zu sein. Und falls es dir noch niemand so direkt gesagt hat: Du darfst dir all deine Träume erfüllen! Das ist dein Job! Und lass dir das bitte von niemandem ausreden und schon gar nicht davon abhalten – nicht mal von dir selbst ...

Darf ich dich um einen kleinen Gefallen bitten?
Bewerte das Buch in einer Rezension auf Amazon und berichte, wie es dir gefallen hat! Inspiriere andere Frauen mit deiner Bewertung und ermutige sie, ihr Ding zu machen. Wenn du das über Social Media tun willst, nutze gerne den Hashtag #markeleben.

Gerne kannst du mir auch eine E-Mail an buch@markeleben.com schreiben und von deiner Erfahrung mit diesem Buch erzählen.

Lass uns in Verbindung bleiben!
Folge mir auf meinen Social-Media-Kanälen Facebook, Instagram und LinkedIn. Werde Teil meiner MARKE LEBEN!®-Community und hol dir Inspiration, konkrete Tipps und ganz viel Steffi-Power für dich und deine Personal Brand.

Du findest mich auf diesen Kanälen:
Facebook: *FACEBOOK.COM/MARKELEBENCOM*
Instagram: *INSTAGRAM.COM/MARKE.LEBEN*
LinkedIn: *LINKEDIN.COM/IN/MARKELEBEN*

Ich freue mich sehr, wenn wir uns vernetzen und uns kennenlernen. Schreib mir gerne und »oute« dich als Leserin, ich liebe Feedback von echten Menschen!

Übrigens stehe ich auch sehr gerne für Lesungen, Vorträge und Workshops live und in Farbe zur Verfügung.

So schön, dass es dich gibt. Mach's dir fein!

Alles Liebe, deine Steffi.

DANKE

Mein herzlichster Dank gilt folgenden Menschen, ohne die dieses Buch nicht entstanden wäre:

Den Herrschaften Scanner, Tausendsassa, HSP, Monsieur Imposter, Frau »Wenn-dann« und Muddi. Ich danke euch, dass ihr mich begleitet, herausfordert, Beine stellt und mich am Schlaffitchen packt und mich immer wieder daran erinnert, welche Geschenke mein Leben für mich parat hat und dass es ganz schön geil ist, mit so vielen Extras ausgestattet worden zu sein.

Meinen Kundinnen möchte ich dafür danken, dass sie sich so mutig auf den Weg machen, ihre Träume zu leben und ihre Berufung zu finden. Ihr seid so großartig und ohne euch würde es dieses Buch, die »Marke-leben-Methode« und eine glückliche Steffi nicht geben. Ich danke euch für euer Vertrauen, eure motivierenden Feedbacks und eure kritischen Fragen. Ihr inspiriert mich jeden Tag dazu, zu wachsen und für euch noch besser zu werden. Und ich danke Barbara, Nadine, Fox, Iris und Antonia stellvertretend für alle, die als Kundinnen kamen und als Freundinnen geblieben sind.

Meiner besten Freundin Cosima Eirich danke ich von Herzen dafür, dass sie für mich immer den ganz großen Erfolg für meine Idee mit dem »Branding-Ding« gesehen und daran geglaubt hat. Danke für deine Klugheit, deine Ruhe, deine Ehrlichkeit und deine Loyalität und deine wunderbare Unterstützung in meinem Team und in allen Lebenslagen.

Ich danke dem Musikverein Stetten/Filder e. V., dem ich elf Jahre »Vorständin« sein durfte und all den Menschen und guten Freunden, die mich dort seit über 20 Jahren durch die Schule des Lebens begleiten und von denen ich so viel lernen und an und mit denen ich wachsen durfte.

Ich danke meinen Coaches und Mentoren Stephanie, Heike, Uli, Elisabeth, Marike und Maria, die mit ihrem Wissen, ihrer Erfahrung und ihrer Arbeit Vorbilder für mich sind. In Coachings und Masterminds war ich umgeben von großartigen Menschen. Ich danke euch für den wertvollen Austausch, die tollen Gespräche und dafür, dass ihr mir inspirierende, treue Wegbegleiter seid.

Meinem großartigen Team danke ich! Für eure Unterstützung, eure Kreativität, euren Pragmatismus und einfach dafür, dass jede einzelne von euch so ein großartiges Weib ist.

Ich danke meiner Buchmentorin Fitore Brahimi, die diesem Buch als wunderbare Hebamme auf die Welt geholfen hat und alle Phasen der Geburt immer mit den richtigen Worten, unerschütterlicher Motivation und klaren Ansagen im perfekten Moment mit ihrer klugen, warmen und herzlichen Energie begleitet hat. Und ich danke Nathalie Spiegelfeld, die als großartige Lektorin diesem Buch den letzten Feinschliff gegeben hat.

Ich danke meiner Familie, in die mich meine Mama als Sonntagskind hineingeboren hat. Danke für eure Liebe und danke besonders an meinen Opa Willy dafür, dass er mich als kleines Mädchen Pippi Langstrumpf hat sein lassen und ich in so vielen Abenteuern mit ihm meiner Phantasie freien Lauf lassen konnte.

Ich danke meinem Deutschlehrer Helmuth Dreher, bei dem ich gelernt habe, Dinge auf intellektueller Ebene zu hinterfragen und dass man »Schreiben durchs Schreiben« lernt.

Meiner Freundin Nadja Griehl danke dafür, dass sie mir schon vor 15 Jahren gesagt hat, dass ich halt einfach mal ein Buch schreiben soll.

Meinem Sohn Theo danke ich für seine Geduld mit mir, dass er so ein grundehrlicher Spiegel für mich ist, für seine klugen, lustigen und furztrockenen Sätze, die er genau zur richtigen Zeit raushaut und dafür, dass ich seine Mama sein darf.

Besonders danken möchte ich meinem Mann Jochen. Danke, dass du seit 20 Jahren der Mann an meiner Seite bist, der beste Papa für unseren Sohn und mein bester Freund. Du hast immer, immer, immer an mich geglaubt, hast mich bestärkt darin, meinen Weg zu gehen und nie aufzugeben. Danke, dass ich bei dir so sein darf, wie ich bin und dass du mich und meine verrückten Ideen nicht nur aushältst, sondern auch der Partner in crime zum Pferdestehlen und mein Fels in der Brandung bist. Ich liebe dich.

Ich danke dem Universum, dem lieben Gott oder wer auch immer dafür zuständig war, mir in diesem Leben so viel Gutes zu schenken, dass es eh nicht für eins reicht, und ich garantiert an anderer Stelle wiederkommen werde.

Zum Schluss möchte ich ganz besonders dir danken, liebe Leserin. Schön, dass es dich gibt und danke, dass du die Welt mit deiner Einzigartigkeit zu einem besseren Ort machst.

JUST-DO-IT-AUFGABEN

ÜBUNG 1: »HERZENSSACHE«
Plane dein Leben als Mottoparty und mache eine Bestandsaufnahme. Mache eine Liste mit lauter »Herzenssachen«, an denen man dich erkennt.

ÜBUNG 2: »DAS-KANN-WEG-LISTE«
Schreib alles auf, was du auf gar keinen Fall mehr haben möchtest. Was lässt du gehen?

ÜBUNG 3: »5-MENSCHEN-PRINZIP«
Als Kapitän auf deinem Schiff bestimmst du, wer mitfährt. Mach dir dein Umfeld sichtbar.

ÜBUNG 4: »DAS LEBEN IST EIN PONYHOF«
Finde deine Vision von deiner persönlichen widde-widde-wie es dir gefällt Marken-Vision.

ÜBUNG 5: TEST »MARKENENERGIE«
Finde deine Werkseinstellung heraus und »wie du einfach gedacht bist«. Dann weißt du auch, was deine Haare mit deinem Logo zu tun haben.

ÜBUNG 6: »5-MINUTEN-PRODUKT«
Finde heraus, welches Problem deiner Wunschkunden du löst und kreiere für sie dein bestes Angebot.

ÜBUNG 7: »FINDE DEIN WARUM«
Schau dir mein Video über den Markenkern – das »Warum« – an und finde heraus, warum du tust, was du tust.

ÜBUNG 8: »PARTY-PITCH«
Formuliere einen knackigen Satz, damit deine Lieblingskunden gleich verstehen, was du für sie tun kannst.

ÜBUNG 9: »MARKEN-WELT«
Stell dir deine Markenwelt für alle Sinne zusammen.

ÜBUNG 10: »HELDENREISE«
Erzähle deine Geschichte und mach dich den Menschen vertraut – und vertraue dir!

ÜBUNG 11: »STARKE-MARKE-REMINDER«
Erinnere dich jeden Tag daran, dass du gut bist, so wie du bist!

VORLAGEN, WORKSHEETS & ÜBUNGEN KANNST DU DIR IM BONUS-BEREICH HIER HERUNTERLADEN:

MARKELEBEN.COM/BUCH-BONUS

BUZZWORDS

ALLEINSTELLUNGSMERKMAL –
Was dich von anderen unterscheidet und unverwechselbar macht.

BAUCHLADEN –
Alles, was wir so mit uns rumschleppen, damit wir es auch ja allen recht machen können.

BRAND TOUCH POINTS –
Alle Berührungspunkte und Erlebnisse, die ein Kunde irgendwann, irgendwo und irgendwie mal mit einer Marke hat.

CLAIM –
auch Slogan. Bringt die Kernaussage der Marke auf den Punkt.

COMMITMENT –
sich zu etwas verpflichten oder bekennen. Finde kein treffenderes, deutsches Wort dafür, deshalb von mir »eingedeutscht«.

EIN THEMA HABEN –
Positiv formuliert für »ein Problem«, »nicht das gewünschte Ergebnis« oder »eine Baustelle« haben.

FREEBIE –
Kostenloses, mehr oder weniger nützliches Zeug, das man sich online im Austausch zur eigenen E-Mail-Adresse runterladen kann.

FUNNEL –
wörtlich aus dem Englischen »Trichter«, in den ein potenzieller Kunde im Online-Business-Zirkus oben reingeschmissen und dann automatisiert mit allerlei E-Mails, interessanten Inhalten und zum Schluss Angeboten gepampert wird.

GEDANKENBULLSHITBINGO –
Glaubenssätze und Geschichten, die uns unser Kopf erzählt, die wir ungeprüft glauben und die uns davon abhalten, die richtig geilen Sachen in unserem Leben zu tun. Und die wir so oft sagen oder denken, bis der Schweinehund »Bingo« bellt.

GLAUBENSSÄTZE –
Annahmen, die wir (uns) glauben. Das, was wir für wahr halten.

IDENTITÄT –
Das, was wir uns selbst glauben zu sein.

KLEINUNTERNEHMERREGELUNG –
Ein Unternehmen gemäß gesetzlicher Vorgabe klein halten müssen.

KOMMUNIKATION –
Die mächtigste Fähigkeit, die Menschen besitzen.

LAMENTIEREN –
Sich ausführlich darüber auslassen, warum etwas nicht geht. (Und wer dran schuld ist, außer man selber.) Zu deutsch: jammern. In Österreich: sudern. In der Schweiz: chlöne, hüle.

MARKE LEBEN! –
Mein Motto für ein ganzheitlich geiles Leben im Tadaaa-Zustand.

MARKENCOACHING –
Begleiteter Prozess zur Selbstfindung und Business-Entwicklung.

MARKENMAGNETISMUS –
Das »Gesetz der Anziehung« konkret angewendet im Marketing. Manifestieren für Marken sozusagen.

MARKEN-STUFF –
alle Dinge in deiner Markenwelt.

MARKENVERSPRECHEN –
Das, worauf deine Kunden bei dir immer zählen können und warum sie dich mitten in der Nacht anrufen würden.

MINDSET –
Unser Guckloch durch den Zaun, durch das wir die Welt sehen. Unsere Denkweise, die unsere Realität bestimmt. Oder einfacher: unser Denkrahmen.

NLP – NEUROLINGUISTISCHES PROGRAMMIEREN
Durch manipulative Methoden schmieriger Autoverkäufer und Politiker in den 90ern in Verruf geratene Kommunikationstechnik, die – reinen Herzens eingesetzt – ein brillantes Coaching-Tool für schnelle, effektive Lösungen, eine hilfreiche Lebensanschauung und ein probates Mittel gegen Gedankenbullshitbingo ist.

POSITIONIERUNG –
Wer du bist, wem du hilfst und womit du das tust – damit am Ende ein bestimmtes Ergebnis rauskommt.

PROKRASTINATION –
Das Prinzip von »Was du heute kannst besorgen, das verschieb getrost auf morgen!«, das besonders gerne von kreativen Köpfen dafür genutzt wird, Deadlines maximal auszureizen und sich selbst unter Druck zu setzen.

SEELEN-FARBE –
Alle Gegenstände, Dinge aus der Natur und Farben in einer bestimmten Energie, die dich schon als kleines Mädchen magisch angezogen haben.

SELBSTWERT –
Was wir uns selbst wert sind.

SELBSTZWEIFEL –
Die Mutter des Perfektionismus und die Großmutter aller Probleme.

SICHERHEIT –
Eine Illusion durch bewährte Maßnahmen, Strategien und Angestelltenjobs eine Überlebensgarantie zu haben.

SICHTBARKEIT –
nötig um Kunden zu gewinnen.

STORYTELLING –
Geschichten erzählen im Marketing und der Grund, warum die Regenbogenpresse so super funktioniert.

SUPERKRÄFTE –
Sind unsere Fähigkeiten, die für uns so selbstverständlich sind, dass wir sie schon gar nicht mehr bemerken.

SWEET SPOT –
Punkt der Überschneidung von den Dingen, die du liebst, gut kannst und wofür andere Leute bereit sind, Geld in die Hand zu nehmen.

TRÄUME –
Ideen unserer Seele, die darauf warten, von uns manifestiert und gelebt zu werden.

UNIQUE PERSONAL PROPOSITION –
Unsere Persönlichkeit ist unser einzig echtes Alleinstellungsmerkmal, das uns von den »anderen« da draußen unterscheidbar macht, wie ein Fingerabdruck.

UNIVERSUM –
von lat. universus = gesamt.
Auch Weltall oder Kosmos, das große Ganze mit Energie und Materie um uns herum. Das alles ist auch in uns und wir können aus Energie Materie werden lassen und aus Materie Energie.

ZERTIFIKAT –
Ein Zettel, auf dem uns irgendwer irgendwas bescheinigt zu sein.

LITERATURVERZEICHNIS

1 Vgl. Bucay Jorge, **Komm, ich erzähl dir eine Geschichte**, 2011, S. Fischer Verlag.

2 Schwarzer Jessica, **Hin und Her macht Taschen leer**, 2017, Börsenmedien AG.

3 Vgl. Byron Katie and Mitchell Stephen, **Lieben was ist: Wie vier Fragen Ihr Leben verändern können**, 2012 Arkana.

4 Widener Chris, **7 years with Jim Rohn, Mentored by the Master,** 2014, Made For Success Publishing.

5 Bauer Joachim, **Kleine Zellen, große Gefühle – Wie Spiegelneurone funktionieren.** Neurodidaktik. Grundlagen und Vorschläge für gehirngerechtes Lehren und Lernen, 2009, 2. Jg., S. 49–57.

6 Ebd.

7 Allen James, **Wie wir denken, so leben wir, As a Man Thinketh,** Weisheiten aus Jahrtausenden, 2013, Books on Demand, S. 37.

8 Allen James, **Wie wir denken, so leben wir, As a Man Thinketh,** Weisheiten aus Jahrtausenden, 2013, Books on Demand, S. 11.

9 Kershner Irvin, Brackett Leigh, Kasdan Lawrence, Lucas George, **Star Wars: Episode V – Das Imperium schlägt zurück,** Original title: Star Wars: Episode V – The Empire Strikes Back, 1980, 20th Century Fox.

10 Hertz Sarah, **Das Universum liefert immer zweimal,** 2020, Frank Havera LLC, S. 30.

11 Raiser Stephanie, **Millionärin von nebenan,** 2021, FinanzbuchVerlag, S. 64.

12 Kershner Irvin, Brackett Leigh, Kasdan Lawrence, Lucas George, **Star Wars: Episode V – Das Imperium schlägt zurück,** Original title: Star Wars: Episode V – The Empire Strikes Back, 1980, 20th Century Fox.

13 Schmitz Gregor Peter, **Die seltsamen Geschäfte des Donald Trump**, 2015, https://www.wiwo.de/politik/ausland/wahlkampf-in-den-usa-die-seltsamen-geschaefte-des-donald-trump/12122220.html, abgerufen am 15.01.2022.

14 Dilts Robert B., **NLP II – die neue Generation: Strukturen subjektiver Erfahrung – die Erforschung geht weiter,** 2013, Junfermann Verlag GmbH, S. 84.

15 Bührle Ulrich, **Zielbestimmung mit den logischen Ebenen nach Robert Dilts,** NLP Basic, 2019, S. 31.

16 Sher Barbara, **Du musst dich nicht entscheiden, wenn du tausend Träume hast,** 2016, Deutscher Taschenbuch Verlag, S. 18.

17 Sher, Barbara, **Du musst dich nicht entscheiden, wenn du tausend Träume hast,** 2016, Deutscher Taschenbuch Verlag, S. 22.

18 Sher, Barbara, **Du musst dich nicht entscheiden, wenn du tausend Träume hast,** 2016, Deutscher Taschenbuch Verlag, S. 18.

19 Sher Barbara, **Du musst dich nicht entscheiden, wenn du tausend Träume hast,** 2016, Deutscher Taschenbuch Verlag, S. 12.

20 Vgl. Konrad Sandra, **Hochsensibilität (HSP),** 2018, https://www.hsu-hh.de/diffpsych/forschung/hochsensibilitaet-hsp, abgerufen am 13.01.2022.

21 Vgl. Klinkhammer Monika, Saul-Soprun Gunta, **Organisationsberatung, Supervision, Coaching 16 (2),** 2009, VS Verlag für Sozialwissenschaften, S. 165 – 182.

22 Vgl. Rohrmann Sonja, **Wenn große Leistungen zu großen Selbstzweifeln führen,** 2019, Hogrefe Verlag, S 9 ff.

23 Vgl. Kurier Online, **Hochstapler-Syndrom: Diese Stars zweifeln schlimm an sich selbst,** 2020, https://kurier.at/stars/hochstapler-syndrom-diese-stars-zweifeln-schlimm-an-sich-selbst/401095749, abgerufen am 17.09.2021.

24 Rohrmann Sonja, **Wenn große Leistungen zu großen Selbstzweifeln führen,** 2019, Hogrefe Verlag, S 7.

25 Kurier Online, **Hochstapler-Syndrom: Diese Stars zweifeln schlimm an sich selbst,** 2020, https://kurier.at/stars/hochstapler-syndrom-diese-stars-zweifeln-schlimm-an-sich-selbst/401095749, abgerufen am 17.09.2021.

26 Vgl. Crittin Jean-Pierre, **Ayurvedische Psychologie,** 2010, Windpferd Verlagsgesellschaft mbH, S. 27.

27 Crittin Jean-Pierre, **Ayurvedische Psychologie**, 2010, Windpferd Verlagsgesellschaft mbH, S. 27.

28 Vgl. Sivananda Yoga Vedanta Zentrum, **Gesund und entspannt mit Ayurveda,** Praktische Anleitungen für mehr Balance und Energie, 2018, Dorling Kindersley Verlag GmbH, S. 14 ff.

29 Häusel Hans-Georg, **Think Limbic!**, 2019, Haufe-Lexware GmbH & Co KG, S. 48.

30 Vgl. Häusel Hans-Georg, **Think Limbic!**, 2019, Haufe-Lexware GmbH & Co KG, S. 182.

31 Radatz Sonja, **Einführung in das systemische Coaching,** 2010, Auer Verlag, S. 26.

32 Sinek Simon, Mead David, Docker Peter, **Finde dein Warum,** 2019, Redline Verlag, S. 29.

33 Sinek Simon, Mead David, Docker Peter, **Finde dein Warum,** 2019, Redline Verlag, S. 130.

34 De Saint-Exupéry Antoine, **Der kleine Prinz,** 2000, 9. Auflage, Karl Rauch Verlag, S. 93.

35 Von Kopp Diana, **Focusing,** 2015, Springer, S. 27.

36 Ebd.

37 Häusel Hans-Georg, **Think Limbic!,** 2019, Haufe, S. 184.

38 Ebd.

39 Ebd.

40 Häusel Hans-Georg, **Think Limbic!,** 2019, Haufe, S. 182.

41 Vgl. Häusel Hans-Georg, **Think Limbic!,** 2019, Haufe, S. 183.

42 Seidl Conrad, Beutelmeyer Werner, **Die Marke ICH®,** 2003, Redline Verlag, S. 28.

43 Kilian Karsten, **Markenversprechen,** https://www.absatzwirtschaft.de/markenlexikon/markenversprechen/, abgerufen am 13.11.2021.

44 Vgl. Lindemann Holger, **Die große Metaphern-Schatzkiste,** Band 2: Die Systemische Heldenreise: Systemisch arbeiten mit Sprachbildern, 2016, Vandenhoeck & Ruprecht, S. 13 ff.

45 Vgl. ebd.

46 Vgl. ebd.

47 Vgl. Wala Hermann, **Ich, endlich einzigartig: Authentisch. Persönlich. Echt. Wie du zur Marke wirst und im Gedächtnis bleibst,** 2018, Redline Wirtschaft, S. 99.

48 Vgl. Wala Hermann, **Ich, endlich einzigartig: Authentisch. Persönlich. Echt. Wie du zur Marke wirst und im Gedächtnis bleibst,** 2018, Redline Wirtschaft, S. 100 ff.

49 Dilts Robert B., **NLP II – die neue Generation: Strukturen subjektiver Erfahrung – die Erforschung geht weiter,** 2013, Junfermann Verlag, S. 294.

50 Bührle Ulrich, **NLP Basic DVNLP,** 2019.

51 Vgl. Dilts Robert B., **NLP II – die neue Generation: Strukturen subjektiver Erfahrung – die Erforschung geht weiter,** Junfermann Verlag GmbH, 2013, S. 159.

52 Vgl. Patzel-Kohler Karin, KRÖBER Kommunikation, 2019, Stuttgart.

53 Tempelhof Siegbert, Weiss Daniel, Cavelius Anna, **Faszientraining – Mehr Beweglichkeit,** Gesundheit und Dynamik, 2015, Gräfe und Unzer Verlag, S. 29.

54 Bührle Ulrich, **NLP Basic DVNLP,** 2019.

Printed in Germany
by Amazon Distribution
GmbH, Leipzig

28608714R00147